edition suhrkamp 2780

Ist es für einen Herrscher besser, geliebt oder gefürchtet zu werden? Da sich beides schwer vereinen lasse, gibt Machiavelli in *Der Fürst*, seiner berühmten Abhandlung zu den Grundsätzen der Staatsräson, der Furcht den Vorrang. In ihrem neuen Buch schließt die israelische Soziologin Eva Illouz in zweierlei Hinsicht an Machiavelli an: Sie unterstreicht die Bedeutung von Emotionen in der Politik und arbeitet heraus, wie rechtspopulistische Politikerinnen und Politiker bestimmte Gefühle instrumentalisieren.

Israel ist seit seiner Gründung wie kaum ein anderes Land von Sicherheitsfragen geprägt. In dieser Situation sei dem langjährigen Ministerpräsidenten Benjamin Netanjahu das machiavellistische Kunststück gelungen, gerade wegen der Furcht, die er sät, geliebt zu werden. Anhand ausführlicher Interviews mit u. a. Kibbuz-Bewohnerinnen und Menschenrechtsaktivisten zeigt Illouz, wie Angst und Ressentiment Gesellschaften spalten und die Demokratie unterminieren – Entwicklungen, die sich unter der seit Dezember 2022 amtierenden Regierung weiter verschärfen könnten.

Eva Illouz, geboren 1961, ist Professorin für Soziologie an der Hebräischen Universität Jerusalem und Studiendirektorin am Centre européen de sociologie et de science politique (CESSP) in Paris. Für ihr Werk wurde sie vielfach ausgezeichnet, ihre Bücher werden in zahlreiche Sprachen übersetzt. Im Suhrkamp Verlag erschienen zuletzt *Warum Liebe endet. Eine Soziologie negativer Beziehungen* (2018) und (mit Dana Kaplan) *Was ist sexuelles Kapital?* (2021).

Eva Illouz

Undemokratische Emotionen

Das Beispiel Israel

Unter Mitarbeit von Avital Sicron

Aus dem Englischen von Michael Adrian

Suhrkamp

Klimaneutral
Druckprodukt
ClimatePartner.com/14438-2110-1001

2. Auflage 2024

edition suhrkamp 2780
Erste Auflage 2023
Deutsche Erstausgabe

Umschlag gestaltet nach einem Konzept von Willy Fleckhaus: Rolf Staudt
Satz: Satz-Offizin Hümmer GmbH, Waldbüttelbrunn
Druck: C.H. Beck, Nördlingen
Printed in Germany
ISBN 978-3-518-12780-3

www.suhrkamp.de

Inhalt

Zum Gedenken an meinen Vater Haim Illouz,
der Israel so sehr liebte

Einleitung: Der Wurm im Apfel

1967 hielt Theodor W. Adorno in Wien einen Vortrag, der trotz aller Unterschiede zwischen seiner und unserer Zeit von erstaunlicher Relevanz für die Gegenwart ist. Obwohl die Niederlage des Faschismus offiziell besiegelt sei, so Adorno, bestünden die gesellschaftlichen Voraussetzungen für faschistische Bewegungen fort. Die Hauptschuld daran lastete er der unverändert herrschenden »Konzentrationstendenz des Kapitals« an, bedeute sie doch nach wie vor »die Möglichkeit der permanenten Deklassierung von Schichten, die ihrem subjektiven Klassenbewußtsein nach durchaus bürgerlich« seien, »die ihre Privilegien, ihren sozialen Status festhalten möchten und womöglich ihn verstärken«. Diese von Abwärtsmobilität bedrohten Gruppen seien es, die

> zu einem Haß auf den Sozialismus oder das, was sie Sozialismus nennen, [tendieren], das heißt, sie verschieben die Schuld an ihrer eigenen potentiellen Deklassierung nicht etwa auf die Apparatur, die das bewirkt, sondern auf diejenigen, die dem System, in dem sie einmal Status besessen haben, jedenfalls nach traditionellen Vorstellungen, kritisch gegenüber gestanden haben [...].[1]

In diese wenigen Zeilen packte Adorno einige der zentralen Einsichten der Kritischen Theorie. Für ihn ist der Faschismus kein Unfall der Geschichte und auch keine Anomalie. Er ist vielmehr im Inneren der Demokratie am Werk und gehört zu ihr dazu. Er ist, um eine altbekannte Metapher zu gebrauchen, der Wurm im Apfel, der die Frucht, für das nackte Auge unsichtbar, von innen heraus zerfrisst. In einem Handbuch zur Kritischen Theorie heißt es: »Es war eines der großen Themen der frühen Frankfurter Schule, dass zwischen dem Extrem des politischen Faschismus und den eher alltäglichen sozialen Pathologien des westlichen bürgerlichen Kapitalismus keine scharfe Grenze zu ziehen ist.«[2] Damit ist zugleich gesagt, dass Faschismus nicht als voll ausgebildetes Regime in Erscheinung treten muss. Er könnte auch einfach nur eine Tendenz sein, ein Bündel pragmatischer Orientierungen und Vorstellungen, die sich innerhalb einer Demokratie zur Geltung bringen. In Adornos Bemerkungen steckt darüber hinaus die Behauptung, dass der Kapitalismus zur Konzentration von Kapital und Macht neigt, ein wenig überraschender Gedanke für einen Marxisten, den aber selbst Nichtmarxisten nur schwerlich würden bestreiten können. Adorno hatte noch nicht miterlebt, auf wie spektakuläre Weise demokratische Wahlen durch konzentriertes Kapital vereinnahmt werden können. Er bezog sich vielmehr auf Dynamiken, die das Kapital in liberalen Gesellschaften entfesselte und die unablässig genau die bürgerlichen Klassen zu degradieren drohten, die zuvor zum kapitalistischen System beigetragen und von ihm profitiert hatten. Man beachte, dass Adorno die Träger dieses neuen Faschismus in der bürgerlichen Klasse (einer Mischung aus der Oberschicht und bestimmten Segmenten der Mittelschicht) ausmacht, nicht im Proletariat. In Anlehnung an eine soziologische Tradition, die den Faschismus als Ausdruck der Angst vor Abwärtsmobilität verstand,[3] behauptet Adorno, dass die Klasse, die über Privilegien verfügt hat und immer noch verfügt, den Faschismus befürwortet, wenn sie diese Privilegien bedroht sieht. Der Verlust von Privilegien scheint somit ein entscheidendes Motiv dafür zu sein, antidemokratische Führer zu unterstützen (bei den US-amerikanischen Präsidentschaftswahlen 2016 lag die Zustimmung zu Trump in Gruppen mit hohem und mittlerem Einkommen tendenziell höher als bei Bürgerinnen und Bürgern mit sehr niedrigen Gehältern, die sich eher für Clinton entschieden[4]). Der Wunsch, Privilegien zu bewahren, oder die Angst, sie zu verlieren, ist, wie Adorno sagt, eine treibende

Kraft in der Politik im Allgemeinen und in der faschistischen Politik im Besonderen.

Der dritte und vielleicht (zumindest für das vorliegende Buch) bedeutendste Schritt in Adornos bündigen Bemerkungen besteht in der These, die Identifikation mit dem Faschismus gründe in einer bestimmten Weise, über Ursachen nachzudenken (also darüber, warum die Dinge so sind, wie sie sind) sowie Schuld und Verantwortung zuzuschreiben. Die degradierte bürgerliche Klasse wird gerade nicht dem kapitalistischen System wirtschaftlicher Konzentration die Schuld geben, das ihren Verlust an Status und Privilegien herbeiführt. Stattdessen wird sie die Schuld auf diejenigen abschieben, die genau dieses System kritisieren. Bei aller lakonischen Kürze gibt uns Adorno zu verstehen, dass die abstiegsbedrohte Klasse ihre soziale Welt wie in einer Camera obscura wahrnimmt, als ein auf dem Kopf stehendes Bild der äußeren Welt. In der marxistischen Tradition der Ideologiekritik benennt Adorno hier einen sehr wichtigen kognitiven Prozess, der im Protofaschismus am Werk ist: die Unfähigkeit, die Kausalkette zu verstehen, die für die eigene gesellschaftliche Situation verantwortlich ist. Adorno legt damit nahe, dass Menschen die soziale Welt unter Umständen grundlegend verzerrt wahrnehmen. Die bürgerliche Klasse (wie andere wahrscheinlich auch) kann die Ursachen ihres Statusverlusts nicht richtig bestimmen und sich daher auch nicht mit jener Kritik solidarisieren, die zwar nicht gerade die bürgerlichen Interessen verteidigt, aber doch zumindest das System infrage stellt, das für ihre Abstiegserfahrung verantwortlich ist.

In seinen knappen Ausführungen stellt Adorno somit eine Behauptung über das beharrliche Fortbestehen faschistischer Tendenzen in unseren Gesellschaften auf, die sich sowohl ökonomischen Prozessen der Kapitalakkumulation und -konzentration als auch bestimmten verzerrten oder lückenhaften

Denkweisen verdanken, wie sie sich insbesondere einschleichen, wenn wir Kausalketten konstruieren, uns Ereignisse verständlich machen wollen und Schuldige suchen. In einem anderen Zusammenhang hat Jason Stanley dies als eine fehlgeleitete Ideologie (*flawed ideology*) bezeichnet. Eine fehlgeleitete Ideologie – so die Definition in seinem Buch *How Propaganda Works* – beraubt »Gruppen des Wissens über ihre eigenen mentalen Zustände, indem sie ihnen ihre eigenen Interessen systematisch verschleiert«.[5] Was die *wahren* Interessen einer Klasse oder Gruppe von Menschen sind, versteht sich natürlich nicht von selbst. Jedes Urteil darüber setzt bestimmte Vorannahmen seitens derjenigen Wissenschaftlerinnen und Wissenschaftler voraus, die zwischen wahren und falschen Interessen unterscheiden möchten und dabei eine gewisse epistemische Autorität für sich reklamieren. Wenn wir aber die soziale Welt verstehen wollen, scheint mir das Einnehmen einer solchen Position der epistemischen Autorität unvermeidlich zu sein. Ansonsten geraten wir in eine Situation des Relativismus oder des epistemologischen Chaos, in der jeder Versuch, sich der Wahrheit zumindest anzunähern, sinnlos wäre. Es gibt kein Denken ohne Lücken, Verdrängung, Fehler und Verleugnung. Diese Verleugnungen und Auslassungen ans Licht zu bringen, bleibt daher die Aufgabe der kritischen sozialwissenschaftlichen Analyse.

Die Idee der Ideologiekritik ist ausgiebig kritisiert worden, doch wie uns die jüngsten politischen Entwicklungen zeigen, können wir nicht gut auf sie verzichten. Für manche ist diese Form von Kritik im Regelfall unredlich,[6] weil sie nur an anderen, nicht an sich selbst geübt werde, während sie anderen Stimmen zufolge der kritisierenden Person zu viel Autorität einräumt. Ein weiteres Argument gegen die Ideologiekritik lautet, dass jede Wahl, die Menschen treffen, insofern rational ist, als sie ihre Präferenzen widerspiegelt. Und gewiss sollte die soziologische Analyse die Gründe respektieren, die Bürgerinnen und Bürger für ihre Meinungen und Entscheidungen haben, statt sie lächerlich zu machen oder vom Tisch zu wischen. In einer Zeit aber, in der haarsträubende Verschwörungstheorien um sich greifen und die demokratischen Prozesse der Meinungsbildung behindern, können wir uns den Luxus der Annahme, dass alle Perspektiven gleich oder gleich gut fundiert sind, nicht mehr leisten. Genauso wenig können wir es uns leisten, die Manipulationen zu ignorieren, die eine zunehmend raffiniertere, in den Fertigkeiten der Meinungssteuerung und im Streuen von Gerüchten außerordentlich versierte politische Klasse vornimmt. Die Macht dieser Formen von Manipulation hat sich mit der rasanten Übermittlung von Informationen durch die sozialen Medien verzehnfacht.[7] Ob wir wollen oder nicht, müssen wir somit auf die Idee der Ideologiekritik zurückkommen.

Eine Ideologie ist dann fehlgeleitet, wenn sie die folgenden Bedingungen erfüllt: Sie widerspricht den Grundprinzipien der Demokratie und damit dem Wunsch der Bürgerinnen nach politischen Institutionen, die sie repräsentieren; die konkrete Politik, die die Verfechter einer Ideologie verfolgen, steht im Widerspruch zu ihren erklärten ideologischen Grundsätzen oder Zielen (wenn etwa der Anspruch, die kleinen Leute zu vertreten, mit Maßnahmen einhergeht, die ihnen den Erwerb von Wohneigentum sehr erschweren); und sie ist blind für die Schwächen der politischen Anführerinnen und Anführer (wie selbstsüchtiger Korruption oder einer Gleichgültigkeit gegenüber der Wohlfahrt der Nation). Es sollte freilich klar sein, dass nicht nur die Anhängerinnen und Anhänger populistischer Protofaschisten in diese kognitive Falle gehen und solche blinden Flecke aufweisen können; zu zahlreich sind die Gegenbeispiele. So hat Jerome McGann die Ansicht vertreten, die romantische Dichtung habe die materiellen Bedingungen, unter denen sie entstand, durch Ausflüchte und Auslassungen verleugnet.[8] Und die französischen Kommunisten, die noch in den fünfziger Jahren an das sowjetische Regime glaubten, als ihnen Stalins Mordlust hätte bekannt sein können, sind kein weniger triftiges Beispiel für eine solche fehlgeleitete Ideologie.[9]

Um an Adornos Gedanken festzuhalten, wirkt der Faschismus also nach wie vor aus dem Herzen demokratischer Gesellschaften heraus, weil viele derjenigen, denen die Logik der wirtschaftlichen Konzentration am meisten zusetzt, die einzelnen Glieder der Kausalkette nicht zu verbinden wissen und sich sogar gegen jene stellen können, die sich bemühen, diese Logik aufzudecken. So entsteht seltsamerweise ein Gegensatz zwischen denen, die sich darum bemühen, Ungerechtigkeit und Ungleichheit anzuprangern, und denen, die genau darunter zu leiden haben. Dieser Gegensatz ist zu einem zentralen Merkmal vieler Demokratien rund um den Erdball geworden. Das Thema der fehlgeleiteten Ideologie ist für unsere Gegenwart von besonderer Bedeutung, weil die Demokratie auf der ganzen Welt und besonders in Israel von einem »nationalistischen Populismus« unter Beschuss genommen wird, wie Francis Fukuyama dieses Phänomen nennt. Der nationalistische Populismus ist eine politische Form, die die Institutionen der Demokratie von innen heraus aushöhlt und es damit den mächtigsten Akteuren der Gesellschaft – Unternehmen und Lobbys – ermöglicht, den Staat für ihre eigenen Interessen einzuspannen, zum Schaden des *demos*, der sich dadurch ausgerechnet von den Institutionen entfremdet fühlt, die historisch seine Souveränität garantiert haben. Wie die Politikwissenschaftler Steven Levitsky und Daniel Ziblatt meinen, sterben Demokratien nicht nur durch Militärputsche und andere dramatische Ereignisse dieser Art. Sie können auch einfach dahinsiechen.[10] Der Populismus ist eine politische Form, die dieses Dahinsiechen annimmt.

Populismus per se ist nicht faschistisch, sondern eher eine faschistische Tendenz, ein Vektor, der das politische Feld in Richtung regressiver Züge und antidemokratischer Einstellungen verschiebt. Eine umfangreiche Forschungsliteratur hat sich darum bemuht, das Aufkommen solcher faschistischer Tendenzen zu erklären.[11] Manche verweisen auf die ökonomische Globalisierung; andere sehen im Populismus eine Reaktion auf einen kulturellen Wertewandel. Fehlgeleitete Ideologien verdanken sich aber auch einer Transformation der medialen Landschaft, bei der in vielen Ländern Zeitungen oder TV-Sender in der bewussten Absicht lanciert oder gekauft werden, um die vermeintlich »linksliberale Agenda« der »Mainstreammedien« zu revidieren. In Frankreich etwa besitzt der milliardenschwere Geschäftsmann Vincent Bolloré mehrere Fernsehsender, darunter CNews, einen 24-Stunden-Nachrichtenkanal mit stramm rechter Ausrichtung. Bolloré ist als Geldgeber der Kampagne Éric Zemmours genannt worden, eines rechtsextremen französischen Populisten.[12] Ein anderes Beispiel ist der aus Australien stammende US-amerikanische Milliardär Rupert Murdoch, der weltweit Hunderte Zeitungen und TV-Sender – darunter in den USA die Propagandamaschine Fox News – besitzt und beschuldigt worden ist, diese zur Unterstützung seiner politischen Verbündeten zu nutzen.[13] In Israel wiederum übt die von einem mittlerweile verstorbenen Kasinomogul finanzierte Gratiszeitung *Israel Hayom* enormen Einfluss aus. So hat die Konzentration des Kapitals überall auf der Welt das Schmieden beachtlicher Waffen zur Verzerrung des Bewusstseins ermöglicht.

Parallel zu dieser zunehmenden Kontrolle von Informationsflüssen hat die Globalisierung der Wirtschaft die Arbeiterschicht in prekäre Lebensumstände versetzt.[14] Die globalisierungsfreundliche Politik von Präsident Bill Clinton, etwa die Unterzeichnung des Nordamerikanischen Freihandelsabkommens Nafta, hat viele Wähler aus den arbeitenden Klassen wütend gemacht; der seinerzeitige Vorsitzende einer Gewerkschaft der Beschäftigten der Elektroindustrie wird mit den Worten zitiert: »Clinton hat uns verarscht, und wir werden das nicht vergessen.«[15] Diese Klassen fühlen sich von der Linken nicht mehr vertreten und zweifeln an ihrer Fähigkeit, ihre Interessen zur Sprache zu bringen, ein Umstand, in dem sich die Implosion sozialdemokratischen Gedankenguts rund um den Erdball und vielleicht auch die schiere Erschöpfung des Liberalismus widerspiegeln.[16] Die Kombination dieser Faktoren erklärt, warum wir in vielen als gefestigt geltenden Demokratien eine Zunahme faschistischer Tendenzen sehen – noch keinen regelrechten Faschismus, aber eine Geisteshaltung, die zweifellos für einen solchen prädisponiert.

Das vorliegende Buch konzentriert sich auf einen Aspekt dieser komplexen Mischung: die Wahrnehmung der sozialen Welt anhand fehlgeleiteter sozial-kausaler Bezugssysteme, mithin falsche Erklärungen gesellschaftlicher und ökonomischer Zusammenhänge. »Fehlgeleitet«, das scheint dem Wort »falsch« vielleicht unangenehm nahezukommen und uns zu den epistemologischen und moralischen Problemen der Ideologiekritik zurückzubringen. Und doch sollte man »fehlgeleitet« von »falsch« unterscheiden, weil ersteres Attribut das Denken und Empfinden der Bürger nicht abqualifiziert und verneint. Es birgt die Möglichkeit, dass dieses Denken zwar nicht perfekt, aber auch nicht falsch, sondern schlicht fehlgeleitet ist. Es ist insofern nicht falsch, als es die Spur einer echten sozialen Erfahrung enthält, die von der Analyse eingeholt werden muss. Diese Spuren bringen Gründe ans Licht, die sowohl verstanden als auch in Rechnung gestellt werden müssen. Ich interessiere mich für diese Gründe, wie sie aus einem Dutzend Interviews hervorgehen, welche ich mit Menschen geführt habe, die sich zu rechten, populistischen, ultranationalistischen Weltanschauungen bekennen: Ich versuche die innere Logik ihrer Weltanschauungen zu verstehen und frage, wo und wie genau Gedanken über unsere soziale Umwelt verdreht worden sind. *Undemokratische Emotionen* beschäftigt sich mit den kausalen Rahmen zur Erklärung unserer sozialen Welt und mit den Mechanismen, durch die sie die politische Wahrnehmung und das Verhalten der Bürger tiefgreifend beeinflussen.

Wenn wir verstehen wollen, warum manche Bezugnahmen unsere Wahrnehmung der sozialen Welt verzerren können, warum wir unfähig sind, eine echte Misere beim Namen zu nennen, müssen wir Adornos Überlegungen auf neue Bereiche anwenden und die Verquickung des sozialen Denkens mit Gefühlen klarer erfassen, als er es tat. Nur Gefühle verfügen über die Macht, empirische Beweise zu leugnen, unsere Motivation zu bestimmen, unsere eigenen Interessen in den Schatten zu stellen und dabei zugleich Antworten auf konkrete soziale Situationen zu geben. Damit folgt dieses Buch dem Vorschlag der schwedischen Soziologin Helena Flam, den Einfluss von Emotionen auf die Makropolitik zu untersuchen und »Gefühle zu kartografieren, die soziale Herrschaftsstrukturen und -verhältnisse aufrechterhalten«.[17] Die Politik ist mit affektiven Strukturen verwoben, ohne die wir nicht verstehen können, wie fehlgeleitete Ideologien die sozialen Erfahrungen der Akteurinnen durchdringen und ihre Bedeutung prägen. Dies ist das generelle Thema des vorliegenden Buches. Es nimmt Israel als seine Haupt-Fallstudie in der Hoffnung, dass sich seine Befunde entweder verallgemeinern oder zumindest mit denen zu anderen Ländern vergleichen lassen.

Raymond Williams, der bedeutende britische Literaturtheoretiker, prägte den Begriff »Gefühlsstrukturen« zur Bezeichnung von Denkweisen, die sich zwischen der Hegemonie der Institutionen, den Reaktionen der Bevölkerung auf die offiziellen Regelungen und den literarischen Texten herausbilden, in denen diese Reaktionen zum Ausdruck kommen.[18] Das Konzept der Gefühlsstruktur verweist auf eine rudimentäre, noch unausgereifte Erfahrung, etwas, das wir heute vielleicht als Affekt bezeichnen würden und das sich unterhalb der Ebene kohärenter Bedeutungen abspielt. Es handelt sich um eine geteilte Weise des Denkens und Fühlens, die die Kultur und Lebensform einer bestimmten Gruppe beeinflusst und von ihr beeinflusst wird.[19] Dabei deutet der Begriff der Struktur darauf hin, dass dieser Erfahrungsebene Muster zugrunde liegen, dass sie also eine Systematik aufweist. Solche Strukturen können eine wichtige Rolle bei der Herausbildung von individuellen und Gruppenidentitäten spielen.[20] Auch die Politik prägt derartige Gefühlsstrukturen und wird durch sie geprägt,[21] und sei es in der Form von Angst, Ressentiment, Abscheu oder Nationalstolz, wie sie in diesem Buch untersucht werden. Politische Akteure sind in einer besonders starken Position, um Narrative in Umlauf zu bringen, die sozialen Erfahrungen emotionale Bedeutungen beilegen.[22] Sie sprechen die Wählerschaft unmittelbar mit Erzählungen an, die sie mithilfe von Beratern, Expertinnen und PR-Fachleuten austüfteln. Diese von politischen und medialen Eliten gestalteten Erzählungen können mit dem emotionalen Habitus in Einklang stehen, den jede Person in ihrer Sozialisation entwickelt (wie sich etwa Wut oder Empörung über eine wahrgenommene Ungerechtigkeit oder die Geringschätzung »niederer« sozialer Gruppen üblicherweise in der Familie herausbilden[23]). Sie können aber auch gesellschaftlichen Erfahrungen Bedeutung verleihen, noch während diese gemacht werden, beispielsweise dem Erleben von Abwärtsmobilität. Emotionen können materielle sozioökonomische Interessen stützen, mitunter müssen diese aber auch unter dem Ansturm von Gefühlen zurückstehen[24] oder können sogar in Widerspruch zu ihnen geraten. Dies geschieht etwa, wenn Angehörige der arbeitenden Klassen für Politiker stimmen, die die Steuern für die Reichen senken, die Gewerkschaften schwächen, das Arbeitsrecht deregulieren und Sozialleistungen abbauen. Emotionen nehmen entscheidenden Einfluss auf das Abstimmungsverhalten und andere politische Entscheidungen der Bürgerinnen und Bürger.[25]

Emotionen können sich in Affekte, also weniger bewusste Arten des Fühlens, verwandeln. Solche Affekte gründen nicht nur in der eigenen sozialen Position oder Erfahrung. Sie durchdringen auch Räume, Bilder und Geschichten, die im sozialen Verbund zirkulieren, und schaffen dabei öffentliche Atmosphären, auf die wir unterhalb und jenseits unserer Selbstwahrnehmung reagieren.[26] Wir reagieren auf sie, indem wir die zentralen emotionalen Assoziationen in uns aufnehmen, die Worte, Ereignisse, Geschichten oder Symbole erzeugen. Der Affekt bewegt sich auf einer nicht- oder vor-kognitiven Ebene der Erfahrung. Er ist sozusagen in öffentlichen und kollektiven Objekten oder Ereignissen wie Ansprachen, Nationalfeiertagen, Militärparaden, staatlichen Symbolen und Politiken »eingelagert«.[27] Dieses symbolische und emotionale Material ist gleichermaßen der Effekt bewusster Manipulation durch mächtige politische Akteure und eine Art von roher Energie, die durch soziale Medien, zwischenmenschliche Interaktionen und nichtstaatliche Organisationen in der Zivilgesellschaft zirkuliert.[28] Solche Emotionen verfügen über eine bestimmte »Klebrigkeit« (*stickiness*), wenn sie mit Geschichten verbunden werden, die uns im sozialen Raum Orientierung verleihen und unsere soziale Identität sowie unser Verständnis der Welt prägen. Aus dieser Perspektive beeinflussen Emotionen folglich unser Gespür für die Themen, die wirklich wichtig sind, manchmal unterschwellig, oder sie tun dies ersichtlich, wenn sie von Akteuren im politischen Feld manipuliert werden. Sie sind weder völlig rational (da sie oft das Eigeninteresse vernachlässigen und die wahren Ursachen von Ereignissen ignorieren) noch irrational (da sie die eigene Position in der sozialen Welt zum Ausdruck bringen).[29] Weil Gefühle eudämonistisch sind – das heißt die Wahrnehmung des eigenen Wohlbefindens in einer gegebenen Situation ausdrücken –, fügen sie sich nicht nahtlos in die Rational/irrational-Unterscheidung. In der folgenden Analyse werden Gefühle somit als Reaktionen auf soziale Bedingungen verstanden, Reaktionen, die durch kollektive Narrative geformt werden, wobei diese Narrative gezielt Ursachen und Wirkungen in einer bestimmten Weise miteinander verbinden, Schuldzuweisungen vornehmen und Lösungen für Notlagen anbieten. Wie Arlie Russell Hochschild in ihrer bemerkenswerten Untersuchung über die Trump-Wählerschaft in Louisiana nachgezeichnet hat, sind Gefühle in »Tiefengeschichten« eingelassen, die nicht notwendigerweise wahr sind oder sich auf Tatsachen stützen, die sich aber wahr *anfühlen* müssen.[30] Dass Gefühle unsere politischen Orientierungen anleiten, gilt für das gesamte politische Spektrum, doch bei manchen führenden Politikern, manchen Ideologien und unter manchen historischen Umständen trifft diese Tatsache in besonderem Maße zu – wie im Fall des gegenwärtigen Populismus. So mag das Übergewicht emotionaler Orientierungen der Grund dafür sein, warum sich an Trumps Popularität im Lauf der Jahre kaum etwas geändert hat, ganz gleich, in welche Skandale er verwickelt war.[31]

Man kann Gefühlsstrukturen eine doppelte Eigenschaft zusprechen: Eine Gefühlsstruktur kann auf eine soziale Erfahrung verweisen, die von den Angehörigen einer sozialen Gruppe geteilt und im Lauf der Zeit gesammelt wird; sie kann dabei, muss aber nicht explizit benannt werden, und sie kann, muss aber nicht Teil des politischen Diskurses werden.[32] So beneideten die nicht jüdischen Österreicher beispielsweise an der Wende zum 20. Jahrhundert die Juden, die überproportional häufig in Berufen wie Medizin, Recht und Journalismus vertreten waren.[33] Dieser Neid bildete wahrscheinlich ein wichtiges Element in dem aggressiven ideologischen Antisemitismus, der zum Nazismus führte, doch wurde diese affektive Erfahrung, obwohl sie in der außergewöhnlichen sozialen Mobilität der Juden gründete, nicht explizit bei ihrem Namen genannt: Sozialneid. Sie nahm vielmehr den Umweg einer Dämonisierung der Juden in Schmähschriften, Zeitungsartikeln, Karikaturen, Gerüchten und pseudowissenschaftlichen Theorien. Sie bildete ein Meinungsklima und eine öffentliche Atmosphäre.

Die andere Dimension der Gefühlsstruktur betrifft den öffentlichen Charakter der Politik und politischer Maßnahmen sowie ihr Vermögen, die Affekte ihrer Adressatinnen zu prägen. Sie bezieht sich auf die Fähigkeit von Führungspersönlichkeiten, öffentlichen Medien, staatlichen Stellen, offiziellen politischen Akteuren und Parteivorsitzenden, Emotionen oder affektive Atmosphären mehr oder weniger bewusst und mehr oder weniger manipulativ zu gestalten, indem sie (vergangene, gegenwärtige oder künftige) Ereignisse mit bestimmten Etiketten und Interpretationsrahmen versehen. Führende Politiker berufen sich oft auf ihre eigenen Gefühle, um dieselben Gefühle bei ihrer Wählerschaft auszulösen und somit deren Identifikation zu bewirken. Wie Walter Lippmann 1927 in *The Phantom Public* schrieb:

> Da die allgemeinen Meinungen einer großen Zahl von Personen mit ziemlicher Sicherheit ein vages und verwirrendes Sammelsurium bilden, kann erst dann gehandelt werden, wenn diese Meinungen heruntergebrochen, kanalisiert, komprimiert und vereinheitlicht worden sind. Die Bildung eines Gemeinwillens aus der Vielzahl allgemeiner Wünsche ist kein hegelsches Mysterium, wie so viele Sozialphilosophen geglaubt haben, sondern eine Kunst, auf die sich Führer, Politiker und Lenkungsausschüsse sehr gut verstehen. Sie besteht hauptsächlich aus der Verwendung von Symbolen, die Gefühle bündeln, nachdem sie von ihren gedanklichen Gehalten losgelöst worden sind.[34]

Diese beiden Arten von Interpretationsrahmen – der aus der sozialen Erfahrung abgeleitete und der gezielt konstruierte – sind manchmal auf komplexe Weise miteinander verflochten und spiegeln die kognitiven und affektiven Bedeutungen wider, mit denen Bürgerinnen und Wähler ihre soziale Welt interpretieren. Der Prozess des Bündelns von Symbolen, aus denen gewissermaßen ihre affektive Bedeutung herausgezogen wird, ist der Schlüssel zum Verständnis der Art und Weise, wie sich Emotionen und Affekte, sobald sie in öffentliche Sprache und Bilder überführt sind, mit fehlgeleiteten Ideologien verbinden. Politische Gefühlsstrukturen bestehen aus der erfolgreichen Verbindung zwischen beiden Ebenen, der geteilten sozialen Erfahrung und der von Elitegruppen (Politikerinnen und Politikern, Medienleuten, Lobbyisten) bewusst manipulierten. Natürlich kann eine soziale Erfahrung die eines allgemeinen und vagen Unbehagens sein. Um politische Relevanz und Wirksamkeit zu erlangen, muss sie auf einen Bedeutungsrahmen bezogen werden, der das Unbehagen in eine bestimmte Reihe von Vorstellungen und Gefühlen codiert. Der Populismus ist eine – oft erfolgreiche – Strategie, Unbehagen zu codieren oder eine soziale Erfahrung umzucodieren.

Das vorliegende Buch entfaltet die These, dass die populistische Politik in Israel drei einflussreiche soziale Erfahrungen umcodiert hat. Da sind zunächst die verschiedenen kollektiven Traumata, die die Jüdinnen und Juden während ihrer gesamten Geschichte erlebt haben, einschließlich der Geburt des Staates Israel und der damit verbundenen Kriege gegen die britische Kolonialmacht und die arabischen Nachbarstaaten. Diese Traumata wurden in eine allgemeine Angst vor dem Feind übersetzt. Die zweite wirkmächtige soziale Erfahrung ist die israelische Landnahme, die seit 1967 zunehmend zum Gegenstand intensiver ideologischer Kämpfe um den Charakter des israelischen Nationalismus geworden ist, wobei die entsprechenden Gebiete längst auch eine wirtschaftliche Ressource darstellen.[35] Die Besatzung bringt emotionale Praktiken der Spaltung, ja sogar des Abscheus zwischen verschiedenen Gruppen in der israelischen Gesellschaft hervor. Die dritte soziale Erfahrung, von der das mächtige Gefühl des Ressentiments zehrt, ist die lang anhaltende Diskriminierung und Ausgrenzung der Mizrachim, also jener Jüdinnen und Juden, die oder deren Vorfahren aus arabischen Ländern stammen. Dieses Ressentiment wiederum bewirkte eine radikale Veränderung der politischen Landschaft Israels, die sich weit nach rechts verschoben hat. Diese drei sogenannten negativen Emotionen (Angst, Abscheu und Ressentiment) sind alle in der Liebe zur Nation und/oder zum jüdischen Volk aufgehoben. Sobald diese Gefühle in der Öffentlichkeit mobilisiert werden, verbinden sie sich mit einem Überschuss imaginärer Affekte, wie ich das nennen möchte: Gefühle speisen sich aus sozialen Erfahrungen ebenso sehr wie aus der Beschwörung imaginierter Drehbücher, die beispielsweise vom »Feind« handeln oder vom »wahren Volk« und ihrerseits starke affektive Orientierungen nach sich ziehen. Der öffentliche Gebrauch von Gefühlen lädt uns somit ein zu analysieren, wie konkrete soziale Erfahrungen in öffentlichen Narrativen, die einen Überschuss imaginärer Affekte produzieren, gerahmt und (um)codiert werden, denn Gefühle reagieren gleichermaßen auf die Wirklichkeit wie auf Gegenstände der Imagination.

Gefühle, Charakter und Politik

Dieses Buch charakterisiert den Populismus in Israel als eine Politik, die vier bestimmte Emotionen – Angst, Abscheu, Ressentiment und Liebe – vermengt und zu prägenden Vektoren des politischen Prozesses macht. Es nimmt sich Israel als Fallstudie vor, weil das Land trotz seiner höchst einzigartigen Probleme und Geografie als paradigmatisch für den inzwischen weltweit verbreiteten nationalistischen und populistischen Politikstil betrachtet werden kann. Zweifellos ist Israel als ein jüdischer Staat, der in eine überwiegend arabische Region eingezwängt ist und über eine bedeutende arabische Minderheit verfügt, in vielerlei Hinsicht ein Sonderfall. Nicht zuletzt schafft diese Konstellation einen Nährboden für militärische Konflikte, wie es sie in vielen anderen Ländern, in denen der Populismus zu einer dominanten Stimme geworden ist, nicht oder nur in viel geringerem Maße gibt. Doch genau das macht Israel auch zu einem Paradebeispiel für die Entwicklung populistischer Bewegungen, ist doch der Populismus in den Worten des israelischen Politikwissenschaftlers Dani Filc ein »politisches Projekt, das durch eine Reihe gemeinsamer ideologischer Prämissen gestützt wird, wie sie in Gesellschaften auftauchen, in denen Konflikte um die Einbeziehung oder Ausgrenzung untergeordneter Gruppen herrschen«.[36] Selbstverständlich wollen die folgenden Seiten nicht besagen, dass Israel in seiner Hinwendung zum Populismus schlimmer sei als andere Demokratien. In Wirklichkeit ist das Gegenteil der Fall. Angesichts der beträchtlichen Menge äußerer Konflikte und innerer Spannungen, die diese junge Demokratie erlebt hat, haben sich ihre Institutionen verblüffend lang als erstaunlich und außergewöhnlich stabil erwiesen (wobei sie nun unter dem Angriff der populistischen und messianischen Rechten zusammenbrechen könnten). Vor allem im Vergleich zu Ländern wie Polen, Ungarn, den Vereinigten Staaten oder Brasilien, die keine Feinde an ihren Grenzen haben (und von denen die ersten beiden sogar relativ homogen sind), kann man nur beeindruckt von der Tatsache sein, dass sich Israel nicht in eine kraftstrotzende Militärdemokratur verwandelt hat. Nichtsdestotrotz war Benjamin Netanjahu einer der ersten Politiker, die auf einen populistischen Regierungsstil setzten. Die Entscheidung für Israel als Fallstudie ist umso gerechtfertigter, als Netanjahu diplomatische, politische und persönliche freundschaftliche Beziehungen zu vielen antidemokratischen Staatsführern wie dem ehemaligen philippinischen Präsidenten Rodrigo Duterte, Jair Bolsonaro, Trump, Wladimir Putin, Narendra Modi und Viktor Orbán geknüpft hat.[37] Diese Charaktere teilen einen bestimmten politischen Stil und gemeinsame Interessen:[38] Sie sind extrem maskulin (von Netanjahu ist nie eine feministische Initiative bekannt oder sichtbar geworden, und das in einer Zeit, in der sich alle führenden sozialdemokratischen Politiker diesem Thema verpflichtet fühlen); sie greifen den Rechtsstaat und etablierte demokratische Institutionen an; sie schüren Verschwörungstheorien über einen »tiefen Staat« (der genau der Staat ist, den sie repräsentieren sollen); sie spielen gesellschaftliche Gruppen gegeneinander aus; sie identifizieren Feinde, die (angeblich) den Staat oder die Integrität der Mehrheitsgesellschaft bedrohen; und, was am wichtigsten ist, sie behaupten, das Volk gegen die Eliten zu vertreten, ein Punkt, der in der wachsenden Literatur zum Populismus oft festgestellt worden ist. Auch wenn diese Politiker die Parteien, die sie angeblich repräsentieren, in vielen Fällen kontrollieren und sich völlig unterwerfen, wird ihre ideologische Plattform von einem Parteiapparat getragen. Sie alle misstrauen dem Völkerrecht und internationalen Organisationen, nicht wenige verabscheuen die EU, und einer wie der andere hätte gerne eine freiere Hand, um sein Land ohne ein starkes Parlament oder Justizsystem zu regieren.

Die heutige israelische Partei Likud (Zusammenschluss) wird immer wieder als eine extreme Version ihrer Vorgängerin, der von Menachem Begin geführten Cherut-Partet, bezeichnet. Doch vergessen wir dabei, dass die Cherut zumindest anfangs als Terrororganisation betrachtet wurde, die außerhalb des zionistischen Konsenses stand. Am 4. Dezember 1948 veröffentlichte eine Gruppe amerikanischer Intellektueller anlässlich von Begins Staatsbesuch in den USA ein vernichtendes Urteil über seine Partei. Darin hieß es unter anderem:

> Zu den beunruhigendsten politischen Phänomenen unserer Zeit im neugegründeten Staat Israel gehört die Entstehung der »Freiheitspartei« (Tnu'at haCherut), einer politischen Partei, die in Organisation, Methoden, politischer Philosophie und gesellschaftlicher Anziehungskraft Nazi- und faschistischen Parteien sehr nahekommt. Sie wurde aus Mitgliedern und Anhängern der ehemaligen Irgun Zwai Leumi [IZL] gebildet, einer terroristischen, rechten, chauvinistischen Organisation in Palästina. [...] Der Vorfall von Deir Yasin veranschaulicht den Charakter und die Vorgehensweise der Freiheitspartei.
>
> In der jüdischen Gemeinschaft hat sie eine Beimischung von Ultranationalismus, religiöser Mystik und rassischer Überlegenheit gepredigt. Wie andere faschistische Parteien hat sie sich als Streikbrecher betätigt und auf die Zerstörung freier Gewerkschaften hingear-

beitet. Stattdessen hat sie Standesverbände nach dem Vorbild des italienischen Faschismus angeregt.

Während der letzten Jahre sporadischer Gewalt gegen die Briten haben die IZL und die Stern-Gruppen in der jüdischen Gemeinschaft in Palästina ein Terrorregime errichtet. Lehrer wurden verprügelt, wenn sie sich gegen sie äußerten, Erwachsene wurden erschossen, wenn sie ihren Kindern verboten, sich ihnen anzuschließen. Mit ihren Gangstermethoden, Prügelattacken, eingeworfenen Scheiben und weitverbreiteten Raubüberfällen haben die Terroristen die Bevölkerung eingeschüchtert und ihr einen schweren Tribut abverlangt.

Die Mitglieder der Freiheitspartei haben keinen Anteil an den konstruktiven Errungenschaften in Palästina gehabt. Sie haben kein Land wiedergewonnen, keine Siedlungen gebaut und lediglich die jüdischen Verteidigungsmaßnahmen beeinträchtigt.[39]

Unterzeichnet war dieser Brief von Geistesgrößen wie Albert Einstein, Hannah Arendt und Sidney Hook. In den Augen dieser liberalen Juden und Jüdinnen war die Cherut eine gefährliche rechtsradikale Partei. Sie wollte weiteres Land annektieren, verweigerte die Anerkennung der Souveränität Jordaniens und war gegen einen Frieden mit den Arabern. Begin wurde von Ben-Gurion (was diesem selbst nicht unbedingt zur Ehre gereicht) sogar mit Hitler verglichen. Als er sich unter dem Eindruck des Sechstageskriegs einer Regierung der nationalen Einheit anschloss, leitete er damit den Prozess der Legitimierung der Rechten ein, die sich zu einer moderateren Version ihrer selbst entwickelte. Netanjahu trat ein zweideutiges Erbe an, als er den Vorsitz der Likud übernahm, die 1973 gegründet worden und seinerzeit in vielen Aspekten eine moderate Partei war, vergleichbar der gemäßigten Rechten in ihren europäischen oder nordamerikanischen Varianten. In den neunziger Jahren gelang es ihr, die Mittelschicht hinter sich zu versammeln und zur Partei der Liberalen zu werden, die freie Märkte sowie Rechtsstaatlichkeit und Menschenrechte verteidigte. Netanjahu verwandelte diese Partei unumkehrbar in eine populistische und führte sie in vielerlei Hinsicht zur früheren radikalen Ideologie ihres Vorläufers zurück, wenn auch auf einem anderen Weg.

Es gibt noch einige weitere Gründe, warum sich Israel als Fallstudie anbietet, um die populistische Politik zu verstehen. Zum einen, wie Yonatan Levi und Shai Agmon erläutern,

> aufgrund der Langlebigkeit seines populistischen Regimes. [...] Israel hat in den vergangenen zehn Jahren populistische Regierungen gehabt. [...] Es ist deshalb ein lehrreiches Beispiel dafür, wie ein volles Jahrzehnt ununterbrochener populistischer Herrschaft aussieht.[40]

Den beiden Politologen zufolge sind demnach die entscheidenden Merkmale des Populismus – von der Delegitimierung der Presse und der Gerichte bis zur Politisierung der staatlichen Bürokratie – seit mindestens einem Jahrzehnt Teil der israelischen Politik.[41] Hinzu kommt:

> Israel spielt eine zentrale Rolle in der neuen populistischen Achse auf internationaler Bühne – wie seine immer engeren Beziehungen zu Brasilien und Indien zeigen, aber auch die Einladung an Israel, sich der Visegrád-Gruppe anzuschließen, einem Bündnis mitteleuropäischer Länder, die von rechten Populisten regiert werden.[42]

Ich möchte einen weiteren wichtigen Grund hinzufügen: Netanjahu hat neoliberale Maßnahmen umgesetzt und kann sich trotzdem der konstanten Unterstützung einer Vielzahl benachteiligter sozialer Gruppen erfreuen.[43] Insofern steht er exemplarisch für das Rätsel, das die populistische Politik insgesamt kennzeichnet: Es ist eine Politik, die ungerührt Steuersenkungen für Reiche, eine Verschlankung des öffentlichen Sektors sowie eine Verschärfung von Ungleichheiten betreibt und die dennoch von genau denen unterstützt wird, die unter einer solchen Politik am meisten zu leiden haben. So stiegen etwa die Immobilienpreise in Israel zwischen

2011 und 2021 um sage und schreibe 345,7 Prozent und damit stärker als irgendwo sonst auf der Welt. Im selben Zeitraum legten die israelischen Gehälter um 17,5 Prozent zu.[44] Eine solche Entwicklung kann klarerweise nur den obersten Rängen der Gesellschaft nützen, während es für Bürgerinnen und Bürger mit geringerem sozioökonomischem Status praktisch unmöglich wird, bezahlbare Wohnungen zu finden. Trotzdem rekrutiert die Likud ihre Anhänger überwiegend abseits der gesellschaftlichen Eliten. Wie schon oft und von einem breiten Spektrum an Kommentatoren sowie Gelehrten festgestellt wurde, zeigt diese Tatsache deutlich, dass der Populismus ausgesprochen attraktiv sein kann, obwohl er den wirtschaftlichen Interessen seiner Anhängerinnen und Anhänger schadet.[45] Und sie zeigt zugleich, dass der Populismus vor allem eine Form der Identitätspolitik ist: Er zielt darauf ab, die Identität einer gesellschaftlichen Mehrheit zu stärken, (reale oder imaginierte) symbolische Verletzungen zu heilen und verschiedene Gruppen gegeneinander auszuspielen.

Dani Filc beschreibt drei Dimensionen der von ihm als Post-Populismus bezeichneten Politik Netanjahus: eine materielle in Form des ökonomischen Neoliberalismus, eine politische in Form des Autoritarismus und eine symbolische in Form des konservativen Nationalismus.[46] Die drei Dimensionen von Netanjahus (Post-)Populismus verbinden sich zu einem nahtlosen Ganzen, in dessen Zentrum ein emotionaler Stil steht, der den Bürgerinnen Überzeugungen und Geschichten einprägt, die besonders gut haften bleiben. Sie überzeugen eine Vielzahl von Israelis, weil sie sich vor dem Hintergrund der realen sozialen Bedingungen und kulturell mächtiger Symbole und Bedeutungen als plausibel erweisen. Die Argumentation der folgenden Kapitel nimmt Filcs Triptychon zum Ausgangspunkt. Ich möchte das Phänomen Populismus weniger erklären als vielmehr durch das Prisma der Emotionen beschreiben. Dabei werde ich darlegen, dass Autoritarismus und konservativer Nationalismus auf vier Emotionen beruhen: Der Autoritarismus legitimiert sich durch Angst, während der konservative Nationalismus (ein Verständnis der Nation, das auf der Tradition und der Ablehnung des Fremden beruht) von Abscheu, Ressentiment und einer sorgsam kultivierten Liebe zum Land lebt. Diese vier zentralen Gefühle sollen im Folgenden untersucht werden, da ihre Verflechtung entscheidend für das Verständnis der Wende zur populistischen Politik ist. Die Betonung dieser Gefühle schließt die Bedeutung anderer Emotionen nicht aus, mit denen sie ja eng benachbart sind – so ist Ressentiment eng mit Wut verbunden und Abscheu mit Hass. Doch zumindest im israelischen Fall scheinen die genannten vier Gefühle am genauesten die Affektstruktur des Populismus zu erfassen, der sich zwar je nach nationalem Kontext als vielgestaltiges Phänomen erweist, aber dennoch einen identifizierbaren ideologischen Kern hat; das so entwickelte Analyseraster kann und sollte für andere Länder entsprechend deren Besonderheiten modifiziert werden. Zweifellos können dieselben Gefühle auch im linken Populismus eine Rolle spielen, wenngleich sie sich dort mit anderen Inhalten verbinden, doch möchte ich mich hier mit dem rechten Populismus befassen, weil sich diese Form in der israelischen Politik durchgesetzt hat und weil sie in der Welt viel weiter verbreitet ist. Die *Kombination* dieser vier Gefühle und ihre unablässige Präsenz auf der politischen Bühne könnte für die populistische Politik bezeichnend sein. Diese Vermutung deckt sich mit Befunden wie denen von Mikko Salmela und Christian von Scheve, die den Aufstieg des rechten Populismus einer Verbindung mehrerer zusammenwirkender Emotionen zuschreiben; in ihrem Fall sind es Ressentiment, Angst,

Scham und Wut.[47] Deshalb sollten Angst, Abscheu, Ressentiment und Liebe zur Nation als ein kompaktes Bündel verstanden werden, auch wenn jedem dieser Gefühle ein eigenes Kapitel gewidmet ist. Im realen sozialen Leben sind sie eng miteinander verwoben und bilden womöglich ein einziges Narrativ, das aus vielen Erzählsträngen besteht.

* * *

In seiner *Politik* fragte sich Aristoteles bekanntlich, »ob man die Tugend des guten Mannes und des rechtschaffenen Bürgers als ein und dieselbe ansetzen soll oder nicht«.[48] Insofern Tugend gewisse emotionale Dispositionen voraussetzt (und wir uns beispielsweise Neid nicht als Charakterzug einer tugendhaften Person vorstellen können), ist dies zugleich eine Einladung, über die Emotionen zu reflektieren, die in einer guten Gesellschaft kultiviert oder gerade nicht kultiviert werden sollten. Genauer gesagt regt uns Aristoteles zu der Frage an, wie bestimmte Emotionen jenseits der simplen Beschwörung von Gefühlen in der Rhetorik gewisser Führungsfiguren den Denkhorizont einer Bürgerschaft verändern können. Obwohl Aristoteles kein uneingeschränkter Befürworter der Demokratie war (er bevorzugte eine Mischform mit demokratischen und oligarchischen Elementen), können wir seinem Beispiel folgen und erkennen, wie eine bestimmte Reihe emotionaler Dispositionen, die von populistischen Führern kultiviert werden, den Wurm in der Demokratie nährt. Martha Nussbaum hat in ihrem Opus magnum *Politische Emotionen* mit einer solchen Analyse begonnen und gefragt, welche Emotionen in liberalen Demokratien gefördert werden sollten und welchen man entgegentreten sollte (als Beispiel für Letztere nennt sie Abscheu, als Beispiel für Erstere Liebe und Mitgefühl).[49] Das vorliegende Buch verfolgt diese Analyse weiter, indem es Emotionen als integralen Bestandteil dessen betrachtet, was Pierre Bourdieu als Habitus bezeichnete, jene Reihe von Dispositionen, die eine Matrix des Denkens und Handelns strukturieren.[50] Doch wo sich Bourdieu dafür interessierte, wie der Habitus soziale Ungleichheiten reflektiert und reproduziert, untersuchen die folgenden Kapitel die Herausbildung spezifischer emotionaler Habitus oder Dispositionen im Bereich der Politik. Das wirft die Frage auf: Nach welchen Kriterien sollten wir ein Gefühl als populistisches verstehen, das heißt, wie sollten wir unterscheiden zwischen Gefühlen, die in vielen politischen Regimen ganz alltäglich zum Ausdruck kommen, und solchen, die besonders in populistischen Regimen Wirkung entfalten? Zweifellos spielen Gefühle im demokratischen öffentlichen Leben in der Regel eine große Rolle (Empörung, Mitleid und Hoffnung sind nur die offensichtlichsten Beispiele), *manche* Gefühle aber können eine demokratische Öffentlichkeit davon abhalten, ihrer Bestimmung nachzukommen.

Jan-Werner Müller, einer der weltweit führenden Experten auf diesem Gebiet, hat den Populismus als »Schatten der repräsentativen Demokratie« bezeichnet,[51] eine Diagnose, die erstaunlich mit der Adornos übereinstimmt. Seine markante Formulierung deutet genau auf einen der wichtigsten Befunde der nachfolgenden Seiten hin: wie schwierig es ist, populistische Ansprüche von demokratischen zu trennen. Noch schwieriger wird diese Aufgabe, wenn wir es mit Emotionen zu tun haben. Zusammen mit einer Gruppe israelischer Master-Studenten, die zuvor Jura-Abschlüsse erworben hatten, haben wir die folgenden Kriterien aufgestellt, um zu versuchen, zwischen populistischen und gewöhnlichen Gefühlen zu unterscheiden, wie sie in Demokratien am Werk sind: Populistische Gefühle trennen die Menschen und hetzen Gruppen gegeneinander auf; sie sind darauf ausgerichtet, die

Bürgerinnen ein und desselben Landes zu spalten; sie lassen sich häufig von der Wahrnehmung greller Unterschiede zwischen Gruppen leiten; sie verursachen oder rufen nach direkten oder indirekten Formen von Gewalt, Ausgrenzung, Zensur oder unmittelbarer Körperverletzung; sie leugnen die Legitimität von Positionen, die sich von ihrer eigenen unterscheiden; sie sehen politische Rivalen schnell als Verräter; sie appellieren an einen imaginären Kern der Größe und Authentizität der Nation, welche die Menschen bedingungslos lieben und verehren sollen; sie speisen sich oft aus Narrativen einer Opferrolle und drohenden Gefahr. Und schließlich werden diese Gefühle, obwohl sie die Fantasie eines Volkes entzünden sollen, von den Führern oft opportunistisch eingesetzt, um ihre Machtstellung auszubauen oder zu erhalten. Tatsächlich ist ein zentrales Merkmal solcher Emotionen, dass sie von einem Misstrauen in die staatlichen Institutionen herrühren und dadurch ein tiefes Gefühl der Entfremdung von genau den Institutionen auslösen, deren Aufgabe es ist, die Demokratie zu beschützen, während sie zugleich eine starke Identifikation mit dem und sogar Liebe zum Machthaber bewirken.

Die folgenden Kapitel beanspruchen nicht, das Spektrum der Möglichkeiten, die israelische Öffentlichkeit zu verstehen, erschöpft zu haben. Sie bieten lediglich ein Interpretationsraster an, das sich mit entsprechenden Abwandlungen vielleicht auch auf andere Länder übertragen lässt. Die vier für diese Untersuchung gewählten Emotionen bilden eine Matrix, mit der sich beschreiben lässt, wie der politische Prozess von antidemokratischen populistischen Impulsen beschädigt wird, die wir auch als faschistische Tendenzen bezeichnen könnten. Wie solche Gefühle dazu kommen, das Feld der Wahrnehmung sozialer Akteure in Israel zu strukturieren, das ist das Thema dieses Buches.

1. Versicherheitlichte Demokratie und Angst

Oderint dum metuant.
Caligula

In einem berühmten, Lorenzo de' Medici gewidmeten Werk empfahl Niccolò Machiavelli dem Fürsten zu lernen, wie er in seinen Untertanen Liebe und Angst wecken könne. Geliebt und gefürchtet zu werden sei die beste Methode, um Macht auszuüben; müsse man sich aber für eines von beidem entscheiden, dann sei es besser, gefürchtet zu werden, denn die Angst vor dem Fürsten werde wenigstens die soziale Ordnung aufrechterhalten (unter der Voraussetzung, dass der Fürst nicht grausam ist).[1] Furcht, sofern sie anderen eingeflößt wird, ist zweifellos das Gefühl, an dem Tyrannen den größten Gefallen finden.

Die Furcht war auch für einen anderen Denker zentral, nämlich Thomas Hobbes, den englischen Philosophen des 17. Jahrhunderts, in dessen Augen zwei entscheidende Leidenschaften die politischen Wünsche der Menschen leiten: die Angst vor dem Tod und der Wunsch nach Bequemlichkeit.[2] Das ist nach Hobbes der Grund, warum Menschen bereit sind, ihre natürliche Freiheit aufzugeben und sich von einem starken Staat beherrschen zu lassen, solange er Sicherheit verspricht. Dieser Ansicht zufolge würde die Angst allmählich beseitigt, wenn der Staat die einzige Einrichtung wäre, die sowohl die Instrumente der Angst monopolisieren als auch die Angst lindern dürfte, indem er die Sicherheit aller garantiert. Die politische Philosophin Judith Shklar definierte den Liberalismus geradezu als die politische Regierungsform, die Furcht verabscheut.[3] Für sie kann Freiheit nur angemessen ausgeübt werden, wenn der liberale Staat die Bedingungen schafft, unter denen die Furcht aus dem alltäglichen Leben der Bürgerinnen verschwindet. Rechtsstaatlichkeit, demokratisch geteilte Macht und verfassungsmäßig garantierte Menschenrechte sollen die Furcht hinfällig machen.

Doch fällt es selbst demokratisch gewählten Politikern mitunter schwer, die machiavellische Einsicht in die Nützlichkeit und Zweckdienlichkeit der Furcht preiszugeben. Viele populistische Regierungschefs wie etwa Netanjahu verdanken ihre lange und weitreichende Machtausübung einer Fähigkeit, auf die die Fürsten und Tyrannen der Renaissance nur neidisch sein könnten: der Fähigkeit, *durch die Angst*, die sie säen, *geliebt zu werden*.

Israel und Sicherheit

Thomas Hobbes behauptete, bei seiner Geburt habe seine Mutter Zwillinge zur Welt gebracht, ihn selbst und die Furcht.[4] Dasselbe ließe sich über den Staat Israel sagen. Als er entstand, wurde als sein Zwilling die Angst geboren.

Die Schoah hat das jüdische Bewusstsein für alle Zeiten verändert. Das europaweite Massaker verlieh dem Antisemitismus eine quasi metaphysische Bedeutung und machte den Judenhass zu etwas Ewigem, Unausweichlichem und Absolutem, einem Teil der Weltordnung selbst. Die Feinde des Judentums bildeten eine ununterbrochene, endlose Kette des Bösen: Amalek, die Personifizierung des quasi theologischen Prinzips einer gewollten Vernichtung der Juden; Haman, der eine Intrige zur Ermordung der Juden im Babylonischen Reich spann; die Römer, die die Juden unterdrücken wollten; die Christen und die Inquisition, die Juden folterten, töteten oder verbannten; die polnischen Bauern, die Pogrome verübten; ihre Feudalherren, die ihnen stillschweigend signalisierten, dies zu tun: Sie alle schienen sich als Elemente in diese historische Kette einzureihen, die bis zu ihrem Kulminationspunkt Hitler reichte. Die Radikalität der Schoah machte es ausgesprochen schwierig, wenn nicht unmöglich, die Welt nicht in ihrer Absicht und Entschlossenheit zur Auslöschung der Juden zu sehen.

Es ist keine geringe historische Ironie, dass die frühen Zionisten für ihr nationales Projekt ein kleines Territorium in einer von Arabern und Muslimen bevölkerten Großregion wählten. Letztere teilten zu diesem Zeitpunkt nicht den bösartigen Antisemitismus der christlichen Länder (oder säkularer Bewegungen wie des Nazismus). Andererseits hatten sie auch keinen besonderen Grund, eine zunächst von einer ausländischen Kolonialmacht unterstützte Handvoll Osteuropäer zu begrüßen, und tatsächlich widersetzten sich die Araber dem zionistischen Unternehmen, wie es wohl die meisten tun würden, weil die Juden nationale Ansprüche auf ihr Land erhoben. In Bezug auf den arabischen Widerstand gegen die Juden in Palästina schrieb Ze'ev Jabotinsky, der Gründer und Anführer der rechten revisionistischen Bewegung, 1923 hellsichtig: »Einheimische Bevölkerungen, ob zivilisiert oder unzivilisiert, haben sich Kolonialisten noch immer hartnäckig widersetzt, unabhängig davon, ob diese zivilisiert oder grausam waren.«[5]

Statt die Opposition der Araber gegen den Zionismus aber so zu verstehen wie Jabotinsky, nämlich als vorhersehbaren Widerstand gegen Enteignung und Kolonialisierung, verschmolz die arabische Ablehnung des Zionismus im aufkommenden zionistischen Bewusstsein allmählich mit dem Antisemitismus, dem sie selbst und ihre Ahnen in Europa ausgesetzt gewesen waren. Dieser Wandel vollzog sich graduell, vielleicht 1929 (mit dem Massaker von Hebron, dem etwa siebzig Jüdinnen und Juden zum Opfer fielen) oder nach 1936 infolge der arabischen Aufstände in Palästina, spätestens aber, als das Ausmaß und die Tragweite des europäischen Massakers an den Juden deutlich wurde. Während Jabotinsky den Widerstand der Araber gegen die Juden in den zwanziger Jahren als vorhersehbare und verständliche politische Reaktion hatte betrachten können, begann die arabische Ablehnung des zionistischen Projekts im sich herausbildenden israelischen Bewusstsein die Leerstelle von Amalek zu füllen, jener dämonischen Figur in der jüdischen Geschichte: »Sie wollen uns in Meer treiben« verband die Realität der arabischen antikolonialen Feindseligkeit mit den Intrigen und Charakteren eines jüdischen Unbewussten, das für alle Zeiten von einer unauslöschlichen Geschichte traumatisiert war, in einer einzigen Formel.

In seiner kurzen Geschichte, die gerade einmal der durchschnittlichen Lebenserwartung eines Menschen entspricht, war Israel in mindestens zwölf militärische Konflikte oder Kriege verwickelt; außerdem führte es bei mindestens fünfzig weiteren Gelegenheiten militärische Aktivitäten unterschiedlichen Ausmaßes und unterschiedlicher Intensität durch (Raketenbeschüsse, Luftangriffe, Operationen auf fremdem Territorium usw.). Dabei ist der Zustand eines unterschwelligen Krieges mit den Palästinensern in den besetzten Gebieten seit 1967 noch gar nicht berücksichtigt. Zwar ist Israel nicht das einzige Land, das in lang anhaltende Konflikte verstrickt ist (man denke etwa an Armenien, Afghanistan oder Südsudan), doch ist es das einzige, das in einem Zeitraum von siebzig Jahren Gegenstand direkter Angriffe von mindestens sieben Ländern war; das einzige, das einen anhaltenden militärischen Konflikt geringer Intensität mit einer Bevölkerungsgruppe hat, die mit seiner eigenen verflochten ist; und das einzige, das zwanzig Prozent seiner Bürger als Verbündete seiner (potenziellen oder tatsächlichen) Feinde betrachtet. Israel ist somit ein völlig einzigartiger Fall, insofern es sich durch Feinde jenseits seiner Grenzen, durch Feinde in der Nähe seiner Nichtgrenzen und durch die (reale und imaginierte) Präsenz ähnlicher Feinde innerhalb seiner Grenzen definiert. So gesehen, legt Israel das Wesen »des Politischen« an den Tag, wie Carl Schmitt es bestimmte: die Unterscheidung zwischen Freund und Feind.[6] Wenn sich Gruppen feindlich gegenüberstehen, besteht das Potenzial für Krieg und Totschlag zwischen ihnen, und das ist für Schmitt das Wesen des Politischen. (Deshalb verachtete Schmitt den Liberalismus, den er für unfähig hielt, die konstitutive Rolle der Feindschaft in der Politik zu verstehen.) Diese Unterscheidung zwischen Freund und Feind steht im Zentrum des Selbstverständnisses des israelischen Gemeinwesens. Aus diesem Grund können wir sagen, dass Israel keine Demokratie wie andere ist. Aufgrund seiner Geografie und inneren Verwundbarkeit war es gezwungen, sich zu einer »versicherheitlichten«, einer »sekuritären« (*securitist*) Demokratie zu entwickeln, wie es sie auf der Welt vielleicht kein zweites Mal gibt. Staat wie Bürgerinnen sind also nicht nur darauf bedacht, sondern werden permanent aktiv dafür mobilgemacht, Israel zu verteidigen. Zu *überleben* ist der entscheidende Operationsmodus des Landes. Institutionell bedeutet dies, dass seine Armee, seine Polizei und seine Geheimdienste eine Schlüsselrolle im alltäglichen Verhalten des Staates spielen und dass »Sicherheit« ein zentrales geistiges Merkmal seiner Bürger geworden ist. Politisches Leben, Moral und Kultur bilden eine Matrix von Gewohnheiten des Denkens und Handelns, die sich in Israel als »Sicherheitlichkeit« oder »Sekuritarismus« (*securitism*) bezeichnen lässt.

* * *

Die zentrale Kategorie, die sich in der zionistischen Führung durchsetzte, war die des Überlebens. Dieses Schlüsselmoment kam bereits in der Nacht vom 14. auf den 15. Mai 1948 auf, als die arabischen Staaten das Land unmittelbar nach der Unabhängigkeit angriffen; weitere wichtige Etappen waren in den fünfziger Jahren Angriffe von in Ägypten ausgebildeten Fedajin auf Zivilisten auf israelischem Gebiet. Im April 1956 töteten ägyptische Soldaten drei Israelis. Israel beschoss darauf den Gazastreifen und tötete 62 Menschen, darunter Zivilisten. Ende April lauerten Araber dem 21-jährigen Sicherheitsoffizier Roi Rotberg aus dem Kibbuz Nahal Oz auf. Sie ermordeten ihn und rissen ihm die Augen heraus, sein verstümmelter Leichnam wurde UN-Beobachtern übergeben. Der legendäre einäugige israelische General Mosche Dajan hielt eine Traueransprache, die als eine der einflussreichsten Reden in der israelischen Geschichte gilt:

> Wir sollten heute nicht von der Schuld der Mörder sprechen. Wer sind wir, dass wir gegen ihren brennenden Hass argumentieren? [...] Wir sind die Siedlergeneration: Ohne Stahlhelm und ohne Waffe können wir keinen Baum pflanzen und kein Haus bauen. Unsere Kinder werden nicht überleben, wenn wir keine Bunker graben, und ohne Stacheldrahtzäune und Maschinengewehre werden wir keine Straßen pflastern und nicht nach Wasser bohren können. Millionen von Juden, die ausgelöscht wurden, weil sie kein Land hatten, blicken uns aus dem Staub der jüdischen Geschichte an und fordern von uns, dass wir uns ansiedeln und ein Land für unser Volk errichten. [...] Lasst uns nicht zurückschrecken vor dem Anblick des Hasses, der das Leben von Hunderttausenden von Arabern begleitet und erfüllt, die um uns herum leben und nur darauf warten, bis sie stark genug sind, um an unser Blut zu kommen. Lasst uns unseren Blick nicht ab-

> wenden, damit wir nicht geschwächt werden. Das ist das Los unserer Generation.[7]

Dajans Rede ist beispielhaft für die damals einsetzende Entwicklung der israelischen Psyche. Seine Ansprache rückt Juden, die auf der ganzen Welt und in der gesamten Geschichte ausgelöscht wurden, in den Mittelpunkt des israelischen Bewusstseins. Sie sind es, an die sich die Nation von nun an wendet und die sie repräsentiert. Araberinnen und Araber werden zu einer undifferenzierten hasserfüllten Masse, in der sich die uralte Drohung der Auslöschung spiegelt. Eine kleine Gruppe von Fedajin wird zu einer gewaltigen bedrohlichen Größe. Diese Rede war zweifellos vielen noch in Erinnerung, als Israel sechs Monate später im Zusammenhang mit der Sueskrise eine Invasion auf der Sinaihalbinsel durchführte, womit es eine internationale diplomatische Krise auslöste, aber auch seine militärische Macht unter Beweis stellte. Stacheldrahtzäune und Maschinengewehre wurden unverzichtbar in der sich abzeichnenden überlebensorientierten Konzeption des Staatswesens, die den Sinn einer versicherheitlichten Demokratie klar machte: Sich vor dem Feind zu schützen und den Feind zu töten wurden die beiden zentralen Überlebensgebote. Eine versicherheitlichte Demokratie richtet ihre geistigen, moralischen, politischen und ökonomischen Ressourcen aufs »Überleben« aus, das alle anderen Erwägungen übertrumpft; sie teilt die Welt in Freunde und Feinde ein und denkt bei ihren Entscheidungen immer daran, Letztere zu besiegen. Aufgrund des ständigen Gefühls der Bedrohung wird im Namen des Überlebens regelmäßig auf dem Recht herumgetrampelt. Dies sollte der grundlegende politische Entwurf für Israels Politik und Rechtssystem werden.[8] Ein Jahrzehnt nach Dajans Rede und drei Wochen nach dem Sechstagekrieg – einem Krieg, in dem Israel (in Reaktion auf Gamal Abdel Nassers Schließung der Straße von Tiran) zuerst zuschlug und beträchtliche territoriale Gewinne erzielte – äußerte sich der damalige Stabschef Jitzchak Rabin in Worten, die an jene Dajans erinnerten:

> Unsere Piloten, die die Flugzeuge des Feindes so präzise trafen, dass kein Mensch auf der Welt versteht, wie sie das gemacht haben, weshalb man nach technischen Erklärungen oder Geheimwaffen sucht; unsere Panzereinheiten, die den Feind schlugen, obwohl ihre Ausrüstung seiner unterlegen war; unsere Soldaten in allen anderen Waffengattungen [...], die unsere Feinde überall trotz ihrer zahlenmäßigen Überlegenheit und besseren Befestigungen überwältigten – all dies ließ nicht nur Kaltblütigkeit und Mut in der Schlacht erkennen, sondern [...] die Einsicht, dass einzig und allein ihr persönlicher Widerstand gegen die größten Gefahren den Sieg für ihr Land und ihre Familien erringen würde und *dass, wenn der Sieg nicht ihrer wäre, die Alternative Auslöschung hieße*.[9]

Rabin umriss hier die Alternative, wie sie in zunehmendem Maße von den Israelis gesehen wurde: Entweder man schlägt den Feind, oder man wird vernichtet. Im selben Atemzug, in dem Rabin militärisches Können, Präzision, Mut und Stärke der Israelis herausstrich, beschwor er ihre Auslöschung herauf. »Stärke oder Auslöschung« wurde zur grundlegenden politischen und moralischen Blaupause der israelischen Psyche. Israels Sicherheitsdoktrin für viele Jahrzehnte findet sich in einem offiziellen Dokument bündig zusammengefasst:

> Die Annahmen, die der traditionellen Doktrin zur nationalen Sicherheit zugrunde lagen, lauteten, dass der Staat einer existenziellen Bedrohung ausgesetzt war; dass eine deutliche Asymmetrie zugunsten der arabischen Staaten bestand (in Bezug auf Raum, Bevölkerung, ökonomische Basis, politische und militärische Unterstützung und die Fähigkeit, den Konflikt maßgeblich zu entscheiden); und dass Israel keine Verbündeten hatte, auf die es sich verlassen konnte.[10]

Nach dem Eichmann-Prozess 1961 und dem Sechstagekrieg gewann Israel an militärischer Stärke und territorialer Ausdehnung, und doch nahm die Angst vor Auslöschung größere, quasi mythische Ausmaße an, weil sich die Schoah im internationalen Bewusstsein als das radikale Böse etablierte[11] und in der kollektiven Psyche der Israelis eine zentrale Rolle einzunehmen begann. Mit Idith Zertal gesprochen, wurde der Feind (die Araber) mit den Nazis gleichgesetzt,[12] obwohl dieser Feind in Wirklichkeit mit dem europaweiten Massaker an den Juden kaum etwas zu tun gehabt hatte. 1982 verkündete Menachem Begin zur Begründung, warum er den Libanon-Krieg führe: »Die Alternative ist Treblinka, und wir haben beschlossen, dass es kein weiteres Treblinka geben wird.«[13]

Am Beginn des Zionismus stand eine Reihe von Milizen, die an drei Fronten kämpften: Sie alle kämpften gegen die einheimischen Araber und die britischen Machthaber, zusätzlich aber bekriegten sich diese Milizen – Lechi, Etzel und Hagana – mitunter auch gegenseitig. Diese drei gleichzeitigen Fronten führten dazu, dass der militärische Kampf zu einer zentralen Komponente der neuen zionistischen Identität wurde. Die meisten nationalen Kämpfe enden, wenn der Nationalstaat geschaffen ist, die Soldaten werden ins zivile Leben entlassen und übergeben ihre Waffen dem Staat, der sich der Aufgabe widmet, eine neue Zivilgesellschaft aufzubauen. In Israel war das nicht der Fall. Das Militär und die Geheimdienste entwickelten sich zum Rückgrat des Staatsapparates und beeinflussten die öffentliche Ordnung genauso wie die gewöhnliche Sprache und die Anschauungen der Bürgerinnen und Bürger, denen sie etwas anerzogen, was Baruch Kimmerling als kognitiven Militarismus bezeichnet hat.[14] Mit diesem Begriff ist eine Geisteshaltung gemeint, bei der die Zivilgesellschaft pauschal die Denkweise des Militärs übernimmt – Zivilisten sind demzufolge Militärs im Wartestand, zivile Institutionen bereiten sich permanent auf die

Möglichkeit eines Krieges vor, der den Horizont alles Denkens und Planens bildet, und Probleme werden als Machtkampf begriffen, bei dem es nur Sieg oder Niederlage geben kann.

Zwei Beispiele sollen genügen, um zu veranschaulichen, wie tief und dauerhaft diese Vorstellung von »Sicherheit« den israelischen Regierungsstil und die israelische Kultur geprägt hat: Zum einen weist Ronen Bergman in seinem außergewöhnlichen Buch *Der Schattenkrieg* (im Original: *Rise and Kill First*) nach, dass gezielte Tötungen von Anfang an zum Repertoire des israelischen Staatsapparates gehörten.[15] Ihm zufolge hat Israel durch den Mossad mehr Menschen ermordet als die Geheimdienste aller anderen westlichen Länder seit dem Zweiten Weltkrieg. Immer wieder, ja fast routinemäßig sind britische Kolonialbeamte, deutsche Wissenschaftler (ehemalige Nazis, die mit den Ägyptern an der Entwicklung von Raketen arbeiteten), Vertreter von PLO, Hamas und Hisbollah sowie iranische Atomwissenschaftler israelischen Anschlägen zum Opfer gefallen, mit denen sie an der Entwicklung von Waffen oder Verübung von Anschlägen auf Israel gehindert werden sollten. Es wurde zur Selbstverständlichkeit, dass Israel – auch jenseits des eigenen Staatsgebiets – extralegale Hinrichtungen durchführt. (Ich glaube nicht, dass man mit Gewissheit sagen kann, ob es einen anderen Weg zur Gewährleistung der israelischen Sicherheit gegeben hätte oder nicht; ich jedenfalls sehe mich dazu nicht imstande.) Das zweite Beispiel ist die Demografie, die in den meisten Ländern der Welt als ökonomische Frage betrachtet wird, in Israel aber zu einer Sicherheitsfrage geworden ist. Gewiss, in Europa wird die Einwanderung nicht weniger als Bedrohung der eigenen Werte und Identität angesehen. In Israel versteht man unter einer solchen Bedrohung jedoch viel buchstäblicher die Auslöschung des jüdischen

Volkes als solchem. »Demografische Bedrohung« ist mittlerweile eine gängige Formel, die jede/r mühelos begreift: In Israel muss es mehr jüdische Babys als nichtjüdische Babys geben – eine Auffassung, die unschön an die Überzeugungen heutiger weißer Rassisten erinnert, der einzigen Gruppe, für welche die Demografie ebenfalls ein Sicherheitsrisiko darstellt, mit dem Unterschied allerdings, dass die Juden nur einen winzigen Bruchteil der Menschheit bilden und selbst mehrere sogenannte »Rassen« umfassen. Aus diesem Sekuritarismus speiste sich auch das 2003 novellierte Staatsbürgerschaftsrecht, mit dem ausgeschlossen wurde, dass Palästinenserinnen und Palästinenser, die Israelis heiraten, die israelische Staatsangehörigkeit erwerben können (wie es in den meisten Ländern der Fall ist, wo eine Ehe den Zugang zur Staatsangehörigkeit eröffnet). Wie Samara Asmir festgestellt hat, ist der Ausdruck »Sicherheit« in Israel zu einem metaphorischen schwarzen Loch geworden, das viele Aspekte des Verhältnisses zwischen Israelis und Palästinensern dem Blick entzieht. Neben den Geburtenraten der Palästinenserinnen und der arabischen Israelis wird auch arabischer Grundbesitz von manchen jüdischen Israelis als Sicherheitsfrage beschrieben. Weil internationale rechtliche Standards zulassen, dass Bürgerrechte ausgesetzt werden können, um gegen einen Sicherheitsverstoß vorzugehen, erlaubt es die Erklärung eines Problems zum Sicherheitsrisiko dem Staat, diejenigen, die er als Bedrohung wahrnimmt, restriktiv zu behandeln. Das ist die Lage, in der sich die arabischen Israelis befinden – Mechanismen, die im Namen der Sicherheit greifen, diktieren und regulieren viele ihrer Lebensbereiche. Darüber hinaus macht Asmir geltend, dass Araber in Israel als eingewurzelte Bedrohung der israelischen Sicherheit angesehen werden, weshalb ihnen ihre Rechte in vielen Fällen institutionell und legal vorenthalten werden.[16]

Zweifellos haben viele Länder mit der Verstärkung von Überwachungs- und Sicherheitsmaßnahmen sowie der Aussetzung von Freiheitsrechten auf Terrorangriffe geantwortet. Die Reaktion der USA auf die Attentate vom 11. September, zu der unter anderem die Ausweitung der polizeilichen Überwachung von Zivilisten und bestimmte Einschränkungen des Schutzes der Privatsphäre gehörten, ist dafür nur ein Beispiel.[17] Israels Fall liegt jedoch etwas anders, weil es nicht zwischen Bedrohungs- und Normalzustand unterscheidet. In seiner Selbstwahrnehmung ist vielmehr Israels gesamte Existenz durch eine ständige, nicht enden wollende existenzielle Bedrohung beeinträchtigt – ein Zustand, den Uriel Abulof als »tiefgreifende Versicherheitlichung« bezeichnet. Diese definiert sich und wird erkennbar.

> durch ihr Ausmaß und ihre Tragweite: Bedrohungen werden ausdrücklich als wahrscheinliche und anhaltende, die Existenz der Nation/des Staates gefährdende dargestellt, und dieser Diskurs wird in der Gesellschaft unablässig und mit breiter Anteilnahme geführt.[18]

Eines der interessantesten Merkmale eines Staates und einer Kultur, die Sicherheit zu ihrem obersten Prinzip machen, besteht darin, dass sie Angst in einen wesentlichen Bestandteil des Nationalbewusstseins verwandeln. Man stelle sich vor, dass ich unbekümmert die Straße entlanglaufe und übers Abendessen nachdenke, als ich plötzlich auf zwei mit Gewehren bewaffnete Männer treffe, die in dieser Straße Streife gehen. Das verändert meine Gedankengänge und Gefühle. Ich werde auf die möglichen terroristischen Bedrohungen aufmerksam, an die ich vor einem Moment gar nicht dachte, als ich Gemüse im Kopf hatte. Die Gewehre werden mich angesichts einer Bedrohung beunruhigen, die mich eben noch nicht beschäftigt hat, und mir gleichzeitig versichern, dass Vorsorge gegen sie getroffen ist. So funktioniert ein Militärstaat: Seine permanente Demonstration von Stärke und Macht, ständige Ausnahmesituationen, Waffen, militärische Sprache, Siegesfeiern und Gedenkfeiern für gefallene Soldatinnen und Soldaten rufen den Feind und die Angst vor dem Feind unentwegt in Erinnerung, während der Staat gleichzeitig die Mittel aufbietet, um Sicherheit zu gewährleisten. Die Angst vor dem Feind wird im gesamten Staatsapparat und in der Zivilgesellschaft verankert; die militärische Macht erscheint als notwendig und einziges Gegenmittel. Steht die Angst erst einmal im Mittelpunkt der kollektiven Psyche, wird es praktisch unmöglich, sich ihr zu widersetzen, da Angst ein auf das eigene Überleben bezogenes Grundgefühl ist. Das Denken schrumpft auf automatische Formeln wie »Wir oder sie«, »Es wird nie Frieden geben« oder »Einem Araber kann man nicht trauen« zusammen. Die Welt ist entweder für uns oder gegen uns, Probleme werden unter dem Vorzeichen von Sieg oder Niederlage angegangen. Israel gehört (hinter Ländern wie Eritrea und einigen Golfstaaten) zu den Ländern mit den höchsten Verteidigungsausgaben im Verhältnis zum Bruttoinlandsprodukt.[19] Zusammen mit den USA verfügt es über die fortschrittlichsten Unternehmen für Überwachungs- und (Cyber-)Sicherheitstechnik weltweit, von denen sich einige darauf spezialisieren, Schurkenstaaten und reichen Einzelpersonen dabei zu helfen, sich dem Gesetz zu entziehen und bestimmte Verbrechen zu begehen, wie die diversen Skandale um die Sicherheits- und Spionagefirmen Black Cube und NSO zeigen.[20] Mit Ausnahme Chinas ist die israelische Bevölkerung wahrscheinlich die am stärksten überwachte der Welt; ein Telefon anzuzapfen bedarf zweier Unterschriften, von denen keine die eines Richters ist.[21] Und wahrscheinlich könnte sie bald die am stärksten überwachte Bevölkerung der Welt werden, da Israel plant, im ganzen Land Kameras zur Gesichtserkennung zu installieren.[22] Sicherheit, militärischer Kampf und Angst bilden eine einzige Matrix im Kern der israelischen Politik und Psyche.

Sicherheit steht nicht nur für eine gewaltige Palette an Waffen, Technologien und Kampftechniken. Sie ist zuallererst eine Idee, ein Begriff und eine Weise, sich in der Welt zu orientieren. Begriffe, die uns in unserem Bewusstsein und unseren Handlungen ständig präsent sind, bahnen Wege des Denkens, Fühlens und Handelns. »Sicherheit« teilt die Welt in Feinde und Freunde ein: Feinde und die Angst vor dem Feind werden zu einem integralen Bestandteil des Bewusstseins. Ilana Hammerman, eine linke Aktivistin und Autorin, beschreibt im Folgenden, wie es sich anfühlt, in einem Bewusstsein aufzuwachsen, in dem Furcht einen zentralen Platz einnimmt:

> Die Schießereien und Explosionen und später die Bombardements, die wir aus der Unterstadt hörten, flößten mir gewaltige Angst vor den Arabern ein. Ich wollte nur, dass sie verschwinden und wieder Ruhe herrscht.
>
> Diese Furcht ließ mich viele Jahre nicht mehr los. Im Krieg von 1956 [der Sueskrise] floh ich in Panik vom Balkon unserer Wohnung im obersten Stock, weil ich ein Gesicht in einer roten Kufiya sah, das mich vom Dach aus anblickte. Daran erinnere ich mich bis heute. Vielleicht war es ein arabischer Arbeiter, der den Motor des Aufzugs reparierte, oder aber es war vielleicht das Gesicht aus meinen Alpträumen, das mir plötzlich erschien. Als Kind und Teenager bin ich jedenfalls in der gemischten Stadt, in der ich geboren wurde, nie einem Araber unter normalen sozialen Umständen begegnet, nicht als Klassenkamerad und nicht in der Jugendbewegung. In der Mittelstufe, als es um die Wahl der zweiten Fremdsprache ging, die ich lernen sollte, entschied ich mich für Französisch statt für Arabisch. Unsere »französische« Gruppe ragte im Schulhof heraus und stichelte gegen die kleinere Gruppe, die Arabisch gewählt hatte. Die meisten von ihnen sind wahrscheinlich später zum Geheimdienst gegangen.[23]

Was Hammerman hier beschreibt, ist das subjektive Bewusstsein jener Israelis, die in der noch jungen Nation im Schatten realer Feinde lebten; solche Feinde können im Bewusstsein eine derartige Präsenz erlangen, dass man sie sich manchmal auch einbildet. Eine solche Angst verbindet das Individuum mit dem Kollektiv, um das man umso mehr fürchtet, als nur das Kollektiv das Individuum schützen kann. In ihrer Beschreibung des verängstigten Kinds ist der Feind ein Schemen, real und irreal zugleich, und die Angst führt am Ende dazu, dass echte Feinde und unschuldige Fremde verwechselt werden. Die Angst schreibt dem Feind eine Essenz zu und lässt ihn in dieser Essenz erstarren; sie macht ihn sowohl unverständlich als auch böse, böse, weil unverständlich.

Das ist auch die grundlegende Denkweise, die den israelischen Soldaten eingetrichtert wird, vor allem denjenigen, die in Gaza oder im Westjordanland zum Einsatz kommen. Nadav Weiman ist Vizepräsident und Leiter der pädagogischen Abteilung der NGO Schovrim Schtika (»Das Schweigen brechen«, engl. »Breaking the Silence«). Diese Organisation ermutigt israelische Veteranen, von Menschenrechtsverletzungen zu berichten, deren Zeuge sie womöglich während ihrer Dienstzeit wurden, und betreibt verschiedene Plattformen, um diese Vorfälle öffentlich zu machen. Zwischen 2005 und 2008 diente Weiman in einer Eliteeinheit der Nachal-Brigade in einem Scharfschützenteam. 2012 schloss er sich der NGO an, nachdem er erkannt hatte, was die israelische Armee tat. Ich interviewte ihn während der Corona-Pandemie über Zoom.

EVA ILLOUZ: Wie haben Sie in Ihrer Erinnerung als Soldat die Palästinenser wahrgenommen?

NADAV WEIMAN: Wir nannten sie nicht Palästinenser, sondern Araber. Araber sind eine homogene Masse, keine Individuen oder Personen mit Wünschen. Sie sind eine homogene Masse, und dieses Etwas ist der Feind, und man sollte vor ihnen allen Angst haben. Man ist wirklich verängstigt. Wir kriegen ständig gesagt, dass die Palästinenser Terroristen sind, dass sie ihren Kindern das Morden beibringen. Ich war während der zweiten Intifada in der Oberstufe, ich komme aus Tel Aviv, Busse explodierten um uns herum, Freunde meines Bruders starben in der Armee. Als ich also zur Armee ging, dachten meine Freunde und ich, dass sie [die Palästinenser] alle Terroristen seien, bis das Gegenteil erwiesen war. Selbst eine Schwangere, die an dir vorbeigeht, kann etwas in ihrem Bauch verbergen, selbst ein Kind auf dem Weg zur Schule könnte Sprengstoff in seinem Ranzen haben.

EVA ILLOUZ: Wo erlernt man diese Sichtweise? Woher kommt das? Sind Sie mit dieser Vorstellung zum Militär gekommen? Oder haben Sie sie sich während der Grundausbildung angeeignet?

NADAV WEIMAN: Ich kam mit ihr zur Armee. Ich bin in Ramat Aviv Gimel aufgewachsen, dem nördlichen Teil von Tel Aviv [einem wohlhabenden und säkularen Stadtteil], mit Palästinensern habe ich aber nie gesprochen. Ich hatte Freunde unter den Seepfadfindern in Jaffa und merkte nicht, dass es Palästinenser waren. Für mich waren Palästinenser also etwas weit Entferntes, eine Art Feind, der sich hinter Bergen von Dunkelheit befindet. Während der zweiten Intifada war das unsere größte Angst – einen Terrorangriff zu erleben oder dergleichen. In dieser Hinsicht sind sie [die Palästinenser] böse, und sie sind unsere Feinde. In der Armee instruieren sie einen dann von morgens bis abends. Es gibt Lektionen über das »Feindbewusstsein«, in denen man lernt, wer der Feind ist. Man wird über die verschiedenen Palästinenserorganisationen und ihre ganzen Untergruppen unterrichtet und welche Waffen sie haben. Und jede Woche lernt man etwas über die Probleme bei anderen Einsätzen, bei denen Soldaten verwundet oder getötet wurden. Die Perspektive darauf ist immer, was die Soldaten richtig oder falsch machen bei ihren Aufgaben, nicht was man empfindet, so wird man ausgebildet. Du gehst zum Einsatz, du kehrst zurück. Bevor du auch nur die Tarnschminke entfernt hast, machst du dir einen schwarzen Kaffee, setzt dich hin, um ihn zu trinken, und jeder sagt, was er gut gemacht hat und was er nicht gut gemacht hat. Zum Beispiel als wir zusammen in einen Raum eindrangen, waren wir zu sehr Schulter an Schulter ... Du redest nicht über die Tatsache, dass du mitten in der Nacht ein Kind aus dem Bett zerrst, das sich in die Hose macht, und wie du dich dabei fühlst. Der ganze Diskurs ist ein machohafter Militärdiskurs – ob wir als Soldaten erfolgreich waren oder nicht. Das Ziel ist es, den Staat Israel zu schützen, der Auftrag ist, Terroristen in der Gegend von Dschenin anzugreifen, die Aufgabe des Teams ist, aufs Dach zu gehen und das andere Team zu decken, meine Aufgabe als Beobachtungsoffizier bestand darin, die Ziele zu lokalisieren, die Entfernung mit dem Laser zu messen und zu zählen, »Drei, zwei, eins, Feuer«. Also von der Verteidigung des Staates Israel dazu, dass Nadav auf dem Dach eines palästinensischen Familienhauses sitzt und einen Scharfschützen dirigiert.

Wer also hat mich das gelehrt? Auf der einen Seite hat mich die Realität gelehrt und die Angst, mit der ich aufgewachsen bin, und die sehr militaristische Familie, aus der ich komme. Und auf der anderen Seite haben sie mir in der Armee beigebracht, dass es so etwas wie einen unschuldigen oder einen schuldigen Palästinenser nicht gibt – es gibt einen Palästinenser, der beteiligt oder unbeteiligt ist. Wenn wir kamen, um Palästinenser festzunehmen, nannten wir sie Terroristen, und wir gebrauchten nie den Namen des Palästinensers, wir nannten ihn Johnny. Es ist eine Art ... [generischer] Name, der es einem vom Leib hält. Es klingt, als würde ich jemanden im

Wilden Westen fangen. Wir sagten dann »Der Johnny ist in unserem Gewahrsam. Mit dem Johnny auf dem Weg zum Wagen.« So hält einen die Sprache von alldem fern, und die Realität versetzt einen in den ganzen Hass und die Wut über die Palästinenser, die uns nur töten wollen. Es kommt der Moment, wenn man die militärische Ausbildung abgeschlossen hat ... Du bist an der Spitze der Welt ... Dann kommst du in die besetzten Gebiete, mit einem Mal verlässt du bewaffnet die Basis, und alle Palästinenser, die du siehst, schauen dich mit einem Ausdruck von Furcht und Hass an. Sie haben schreckliche Angst vor mir, weil ich ein Soldat bin, und in einer Sekunde kann die Lage explodieren, und ich werde tun, was ich will, Gewalt oder Festnahmen oder was weiß ich, aber sie hassen mich auch, weil ich ein Besatzungssoldat bin. Ich brauchte ein paar Wochen, um es zu begreifen, aber plötzlich spürt man, dass jeder einen mit diesen Blicken betrachtet, und im Gegenzug hat man selber Angst vor jedem und hasst selber jeden. Es ist also nicht nur, was man uns beigebracht hat, oder die militärische Sprache, es ist auch die Realität selbst. Wie sehr ich mich auch bemühte, ein guter Soldat zu sein oder der moralische Soldat, der moralische Besatzer, die Realität selbst war stärker als alles andere. Selbst wenn ich jeden Palästinenser, den wir hatten, mit Samthandschuhen angefasst hätte, würde mich trotzdem jeder hasserfüllt ansehen. Selbst wenn ich ihn bequem auf den Stuhl gesetzt oder ihn nicht zu fest gefesselt hätte, wäre ich immer noch ein Besatzungssoldat. Ich komme aus einem Mapai-, Arbeiterpartei-Haushalt. Ich befürworte die Zweistaatenlösung, aber trotzdem versuchen die Palästinenser, uns zu ermorden. Und ich hatte das Gefühl, dass ich alles tat, was ich konnte, aber jeder hasst mich, jeder fürchtet mich. Das bedeutet, dass sie mein Feind sind, Punkt.

Nadav Weiman berichtet in durchaus bemerkenswerter Weise, wie die Angst den gesamten Wehrdienst durchdringt – eine greifbare Angst mit einem echten Gegenstand, da Soldaten zur Zielscheibe oder getötet werden können, was ja auch oft genug geschieht. Die Angst ist auch das Gefühl, das es ihm ermöglichte, die Bereitschaft zu entwickeln, einen Feind zu töten. Ohne seine eigene Angst wäre es ihm viel schwerer gefallen, seine Rolle als Soldat zu erfüllen, sich mit ganzem Herzen dem riesigen Sicherheitsapparat zu verschreiben, den Israel aufbietet. Die Angst hilft dabei, sich ins Bewusstsein zu hämmern, dass die Palästinenser der Feind sind, und ermöglicht dadurch ihre Entmenschlichung. Die Angst steht somit aus vielen Gründen im Mittelpunkt der israelischen Psyche: Sie gründet in der traumatischen Geschichte der Juden; sie ist ein Ausdruck der umkämpften Geografie Israels; sie wird zur Routine durch eine Sicherheitsdoktrin, für die unentwegt eine existenzielle Bedrohung über dem Land schwebt.

* * *

Benjamin Netanjahu verstand intuitiv, dass der Kern der israelischen Seele die Angst ist, und perfektionierte die Formel, die seine Vorgänger von der Arbeitspartei erfunden hatten: Araber = Schoah. Er machte sich dieses Verständnis rücksichtslos und manipulativ nicht für das kollektive Interesse zunutze (wie man es wohl von Ben-Gurion sagen kann), sondern für seine eigenen wahltaktischen Interessen. Wenige demokratisch gewählte Regierungschefs legitimer Demokratien haben sich der Angst so unverfroren bedient wie Netanjahu. Im Vergleich zu Regimen, die als weniger demokratisch gelten als Israel, kommt einem jedoch ein ähnlicher Fall in den Sinn: Auf den Philippinen[24] hat Ex-Präsident Duterte einen »pönalen« oder »Strafpopulismus« ins Leben gerufen, wie manche Forscherinnen das nennen, indem er die im Land herrschende Angst vor Verbrechen und Drogen angeheizt und zum politischen Werkzeug gemacht hat.[25] Während Dutertes Präsidentschaft nach der ersten Amtszeit endete, erklärt in Netanjahus Fall vielleicht die Angst, die er erfolgreich einzuflößen wusste, warum er der am längsten amtierende Ministerpräsident in der israelischen Geschichte ist. Peter Beinart hat dies treffend auf den Punkt gebracht: »Für Netanjahu steht Israel immer demselben Feind gegenüber: Ob man ihn als Amalek, als Haman oder als Nazi-Deutschland bezeichnet – er will dasselbe: die Vernichtung des jüdischen Volkes.«[26]

Zynischer als jeder andere israelische Politiker hat Netanjahu den biblischen und theologischen Charakter der jüdischen Geschichte mit den geopolitischen Verstrickungen Israels vermengt. In seinem Buch *A Durable Peace* aus dem Jahr 2000 schrieb Netanjahu, dass die Vorstellung, die Palästinenser seien ein eigenes Volk mit dem Recht auf Selbstbestimmung, unmittelbar von den Nazis entlehnt sei.[27] 2002 drängte er die USA dazu, in den Irak einzumarschieren, weil »wir heute wissen, dass die fürchterlichsten Schrecken der Geschichte hätten vermieden werden können, wenn die Demokratien in den dreißiger Jahren vorbeugende Maßnahmen ergriffen hätten, um Hitler zu stürzen«.[28] 2006 sagte er: »Wir schreiben das Jahr 1938, und der Iran ist Deutschland.«[29] 2010 gelobte er: »[W]ir werden nicht vergessen, auf den neuen Amalek vorbereitet zu sein, der auf der Bühne der Geschichte auftaucht und erneut damit droht, die Juden zu vernichten.«[30]

Schon viel früher, nämlich bereits 1994, stellte Netanjahu Rabin als Verräter dar und tauchte die Osloer Abkommen in ein Klima der Angst.[31] Er dämonisierte den Iran, indem er eine mundtot machende Analogie zwischen ihm und dem Holocaust herstellte.[32] Er ersann die historische Lüge, die Endlösung der Nazis sei eine Idee des palästinensischen Großmuftis gewesen.[33] Auf der Münchner Sicherheitskonferenz von 2018 sprach Netanjahu über den Holocaust,[34] während er auf der Holocaust-Konferenz in Yad Vashem im selben Jahr über Sicherheit redete und damit Sicherheit und Schoah perfekt verschmolz.[35] So hielt er es auch 2015 in seiner Ansprache vor dem amerikanischen Kongress. Zum Beginn seiner Ausführungen verglich Netanjahu das iranische Regime mit Haman, Amaleks völkermörderischem Erben aus dem Buch Esther, um es am Ende mit Nazi-Deutschland zu vergleichen. »Die Tage, in denen das jüdische Volk angesichts genozidaler Feinde passiv blieb«, verkündete er, »diese Tage sind vorbei.«[36] In einer Analyse, in der sie den aktuellen serbischen Präsidenten Aleksandar Vučić mit Netanjahu vergleicht, kommt Dahlia Sheindlin zu dem Schluss:

> Beide Männer beharrten gegenüber der Welt darauf, dass die Aggression ihrer Länder gerechtfertigt sei, weil ihre Völker zum Opfer geworden seien. Vučić bestand [in seiner damaligen Funktion als Informationsminister] auf der Notwendigkeit militärischer Gewalt, um sich gegen die Befreiungsarmee des Kosovo zu verteidigen, die von Serbien als Terrororganisation eingestuft wird. Netanjahu verband seine persönliche Karriere mit Israels Überlebenskampf gegen den Terrorismus. Beide kritisierten die westliche Presse dafür, dass sie ihre Länder verleumden würden, und verunglimpften Nachrichtenorganisationen mit dem Vorwurf, sie fielen auf Propaganda herein.[37]

Beide Politiker förderten einen ausgesprochen illiberalen Demokratiestil, gerade weil es ihnen gelang, ihr eigenes Land als Opfer darzustellen und das entsprechende Angstgefühl auszulösen. Dadurch, dass er politische und diplomatische Probleme als drohende Vernichtung ausgeben konnte, erstickte Netanjahu strategische Diskussionen im Keim. Stattdessen beschwor er zwei Lager herauf: eines, das das Überleben des Staates verteidigen, und ein zweites, das es bedrohen würde. So funktionieren Gefühle: Sie richten sich unmittelbar auf ihren Gegenstand und schieben jedes Kalkül beiseite. Die Angst erlaubte es Netanjahu, Menschenrechts-NGOs und arabische Knesset-Abgeordnete als gefährlich zu brandmarken und das zu tun, was auch faschistische Führer seit je getan haben: Er zog eine gerade Linie zwischen äußeren Feinden und inneren Rivalen. Er erregte Angst innerhalb der Grenzen Israels und zeichnete die linken Parteien zusammen mit ihren arabischen Partnern als einen Feind, der anderen Feinden vergleichbar ist. Um im Wahlkampf von 2015 so viele Likud-Wählerinnen und -Wähler wie möglich an die Urnen zu bringen, wandte sich Netanjahu in der Sprache des militärischen Ernstfalls an sie:

> Die arabischen Wähler gehen scharenweise zur Wahl. Die linken Organisationen fahren sie mit Bussen dorthin ... Wir haben jetzt »Tzav 8« [ein Notruf für die Reservekräfte in Kriegszeiten]. Wir haben nur euch. Geht wählen. Nehmt eure Freunde, eure Familien, wählt Mahal [Likud], wir werden die Lücke zwischen uns und der Awoda [Arbeitspartei] schließen. Mit eurer Hilfe und mit Gottes Hilfe werden wir eine nationale Regierung bilden, die Israel sicher bewahren wird.[38]

Dieser kurze, aber eindringliche Appell macht Netanjahus Strategie kristallklar: Er stellt die linken Parteien und die Araber gleich; beide sind Staatsfeinde und sollen eine Quelle der Angst bilden. Der politische Kampf wird in eine Sprache gekleidet, die den Israelis höchst vertraut ist, nämlich die militärische. Die Furcht vor den Linken und der Hass auf sie sind von der Angst vor den Arabern und dem Hass auf sie nicht zu unterscheiden. Netanjahu hat so wenig ein Problem damit, Angst vor seinen politischen Gegnern zu schüren (die mutmaßlich dabei sind, das jüdische Volk zu vernichten), wie er ein Problem damit hat, die nuklearen Fähigkeiten Irans ins

Feld zu führen. Der Zynismus dieser Strategie nimmt mitunter fast komische Züge an, etwa wenn die Likud-Partei Isaac Herzog, einem altgedienten Zionistenführer der gemäßigten Linken, vorwirft, er habe auf der Münchener Sicherheitskonferenz den Regierungschef diskreditiert und die Sicherheit des Landes gefährdet – wobei man möglicherweise darauf setzte, dass allein die mit dem Ort verbundenen historischen Assoziationen diesen Auftritt in die Nähe des Verrats rücken würden.[39]

Politische Rivalen zu beschuldigen, sie stellten eine Gefahr für die Sicherheit des Landes dar, war eine durchgängige Strategie Netanjahus und der wesentliche politische Inhalt der israelischen Rechten.[40] Vielleicht weil sie ihren Widerstand gegen den Friedensprozess nicht mehr mit rationalen Argumenten begründen kann, hat sich die Rechte zunehmend auf eine Politik der Angst verlegt und rechtfertigt ihn jetzt, indem sie die andere Seite als gefährlich, böse und kriminell verunglimpft. Doron Rosenblum hat diese Logik in einem Artikel für die *Haaretz* vom 6. Oktober 1993 analysiert, in dem er das Likud-Mitglied Uzi Landau zitiert:

> »Wenn Rabins Politik gegenüber Syrien fortgesetzt wird, dann werden sie [die israelischen Juden] eines Morgens aufwachen und Kolonnen syrischer Panzer von den Golanhöhen herunterkommen sehen wie Schafherden ... Die Siedlungen in Galiläa werden dann mit einer Feuerkraft angegriffen werden, die stärker ist als die [im Krieg] von 1973 ... Da die Vorstellung der Auslöschung der Israelis im syrischen Bewusstsein bleibt [...], wird jeder [israelische] Rückzug von den Golanhöhen nur den Moment beschleunigen, in dem sich ein syrisches Messer der Kehle jedes Bewohners von Galiläa nähert ... Die syrische Politik ist durch einen Gencode festgelegt, der sich nicht leicht ändern lässt.«[41]

Rosenblum zitierte in seinem Artikel auch den Knesset-Abgeordneten Benny Begin, den Sohn Menachem Begins und selbst eine wichtige Figur der rechten Likud, bevor er 1997 sein Ministeramt niederlegte. Begin ging noch einen Schritt weiter als Landau. Die imaginierte syrische Invasion, behauptete er, habe dasselbe Ziel wie »die Pogromisten von Kischinjow«, nämlich »jüdische Kehlen durchzuschneiden«. Neben dem Bild historischer Pogrome ließ es sich Begin nicht nehmen, seine Ausführungen um das Bild einer bevorstehenden Apokalypse zu ergänzen, weil angeblich Atomwissenschaftler bei dem syrischen Unternehmen mithelfen würden.[42] Der ewige Hass auf die Juden, Pogrome und atomare Kriegführung ergänzten sich hier bruchlos und mussten notwendigerweise Angstaffekte auslösen. Natürlich ist zu betonen, dass der Antisemitismus wirklich einer der ältesten Dämonen ist, die unsere Zivilisation kennt. Doch während der frühe Zionismus nach einer Lösung für ihn suchte, indem er den Zustand der Unterwerfung der Juden beendete, hatte er nie die Absicht, den Antisemitismus zum Mittelpunkt des israelischen politischen Zusammenhalts und Seelenlebens zu machen.

Angst, eingebildete wie begründete, ist ein mächtiges politisches Werkzeug. Sie sticht alle anderen Gefühle und Erwägungen aus und setzt sich über sie hinweg. Sie planiert die gesamte politische Bühne und rechtfertigt die Aussetzung von Grundrechten und bürgerlichen Freiheiten. Sie ist gleichsam der Oberbefehlshaber aller Emotionen. Deshalb ist jemand, der glaubhaft über die Angst verfügen kann, in der Lage, über die politische Bühne zu verfügen. Indem er eine direkte Verbindung zwischen äußeren und inneren Feinden herstellte, kompromittierte Netanjahu mit dem obigen Zitat den ganzen Wahlprozess.

Als er 2019 seinen Wahlkampf gegen Netanjahu begann, war Benny Gantz bereits unter Druck. Gantz konkurrierte nicht nur um das Amt des israelischen Ministerpräsidenten, sondern er beanspruchte hochmütiger, Netanjahu *aus mora-*

lischen Gründen abzulösen. Um einen solchen Status zu erlangen, produzierte er eine Reihe von Videos mit dem Titel: »Nur die Starken überleben.« In einem dieser Videos rechnete es sich Gantz als Verdienst an, dass er die Einsätze geleitet hatte, bei denen im Gazakrieg von 2014 1364 Hamas-Terroristen getötet wurden.[43] Dass das der Mann sein sollte, der Bibi aus moralischen Gründen ablösen würde, zeigt nur das Ausmaß, in dem das Paar Angst/Sicherheit die Normen der öffentlichen Moral faktisch pulverisiert hat.

Wir können somit festhalten: Durch eine Kombination von historischer Erinnerung, der Realität der arabischen Feindseligkeit (zusammen mit der furchteinflößenden Rhetorik einiger muslimischer und arabischer Führer[44]), dem Fortbestand des Antisemitismus in vielen Teilen der Welt, der Stellung der Schoah im kollektiven Gedächtnis und der Manipulationen Netanjahus hat die Angst eine zentrale Stellung in der israelischen Psyche erlangt. Diese Angst macht es praktisch unmöglich, in anderen Begriffen als denen der Sicherheit, Feindschaft, Stärke, Macht, des Überlebens und der Vernichtung des Feindes zu denken. Ein solches Programm lässt die Delegitimierung der liberalen Linken plausibel erscheinen und ist zweifellos dafür verantwortlich, dass die israelische Linke nur noch eine marginale Rolle spielt. Das legen auch Befunde der israelischen Sektion von Amnesty International nahe. Avital und Jair Mohar, zwei ihrer Aktivisten, ziehen in einem noch unveröffentlichten Bericht der NGO aus ihren Nachforschungen sowie Gesprächen mit Regierungsvertretern und gewöhnlichen Bürgerinnen den Schluss, dass die Idee der Menschenrechte in Israel oft mit Misstrauen betrachtet wird, weil sie im Gegensatz zur »Sicherheit« stünde.[45] Da die Sicherheit alle anderen Werte übertrumpft, sind Regierungsbeamte und normale Bürger bereit, die Menschenrechte auszuhöhlen.

Ähnliche Prozesse finden auch anderswo auf der Welt statt, sie sind dort aber weniger ausgeprägt. In Frankreich hat man die Angst vor Einwanderung mit der schwindenden Unterstützung für linke Parteien in Verbindung gebracht.[46] Bei den europäischen Parlamentswahlen von 2014 richtete die UK Independence Party (Ukip) im Vereinigten Königreich ihr Wahlprogramm an der Angst vor Einwanderung aus und feierte große Wahlerfolge in Gegenden, die zuvor in der Hand der Labour Party gewesen waren.[47] In Europa und in den USA ähnelt die Angst vor der Immigration zunehmend der Politik der Angst in Israel: Migranten und Flüchtlinge werden als Feinde definiert, die die Nation an ihren Grenzen bedrohen; und die Demografie, das zeigt nicht zuletzt die Verbreitung der Verschwörungstheorie vom »Großen Austausch« (deren Anhänger überzeugt sind, Minderheiten sollten die Mehrheitsgruppe ersetzen), wird zu einem politischen Schlüsselthema.[48]

* * *

Indem unermüdlich die Gefahr einer Auslöschung Israels heraufbeschworen wird, zehrt die Angst von einer Vermischung von Fakten und Fiktionen. Die populistische Angst erzeugt affektive imaginäre Überschüsse, die schwer zu beweisen oder zu widerlegen sind und von der politischen Psyche Besitz ergreifen.

Diese Angst ist eine andere als die Angst der einfachen Bürgerinnen und Bürger, die in exponierten Teilen Israels leben. Um besser zu verstehen, was wir als »echte Angst« bezeichnen können, wie sie von Raketenangriffen und konkreten Bedrohungen des eigenen Lebens ausgelöst wird, bin ich im Januar 2020 zusammen mit Avital Sicron, einer Doktorandin an der Hebräischen Universität Jerusalem, die mich bei den Recherchen zu diesem Buch unterstützt hat, nach Otef Aza gefahren, einem nur wenige Kilometer von der Grenze zum Gazastreifen entfernt gelegenen Kibbuz im Nordwesten des Negev, also in die Region, wo vor fast siebzig Jahren Roi Rotberg ermordet wurde. Ich interviewte drei Frauen aus dem Kibbuz – Shelly, Rouhama und Efrat –, die alle ihr gesamtes Erwachsenenleben dort verbracht haben. Sie waren 1975, vor 45 Jahren, mit der sozialistischen Zionistengruppe Hashomer Hatzair in der Absicht hierhergekommen, das Land zu besiedeln und eine jüdische Präsenz in diesem entlegenen Winkel Israels zu schaffen. In Shellys großer und sauberer Küche führten wir ein langes Gespräch um eine Kanne heißen Tees, in dem ich zu verstehen versuchte, wie es sich anfühlt, in ständiger Angst zu leben.

EVA ILLOUZ: Hat sich Ihr allgemeines Lebensgefühl und Ihr Gefühl für das Leben hier in dieser Zeit verändert?

ROUHAMA: Ich kann sagen, dass ich früher immer getrampt bin, wir hatten überhaupt keine Angst. Auch Araber befuhren diese Straße, und wir haben uns nie gefürchtet. Ich glaube, einer der Gründe, warum ich mich entschied, hier zu leben, war die Ferne und die Ruhe. Es war ruhig hier. Heute ist das nicht mehr der Fall. Die Veränderung vollzog sich schleichend. Gaza war früher offen, wir waren dort zu Besuch, etwa 1976. Dann schossen dort Siedlungen aus dem Boden, und die Araber durften unsere Straßen nicht mehr benutzen. Es war allmählich, nicht plötzlich. Ich glaube, als die Gazasiedlungen geräumt wurden, da begannen die Schießereien.

EFRAT: Es fing klein an. Heute ist es groß. Klein heißt, dass es noch nicht wirklich beängstigend war. Wir hatten keine Alarmsysteme; es wurde nicht im Fernsehen angekündigt. Es war noch nicht organisiert; wir waren noch nicht geschützt [es gab in den Gebäuden im Kibbuz noch keine Schutzräume]. Die Armee sagte uns, wir sollten uns in den Flur stellen [wenn geschossen wurde]. Heute klingt das verrückt, im Flur zu stehen, aber für uns schien das in Ordnung. Es war, was die Armee sagte. [...] Wir waren sehr naiv, zu denken, dass wir im Flur stehen würden und alles in Ordnung wäre. Ich realisierte die Gefahr, als ein Kind in Nahal Oz getötet wurde, in seinem Haus, das geschützt war. Da begriff ich zum ersten Mal, dass Menschen wirklich dadurch sterben. Es ist gefährlich. Das war vor rund fünf Jahren. [...] Als es losging, war meine Tochter im Teenageralter, und sie rief mich dann immer an, und ich sagte ihr, sie solle im Hausflur stehen. Es wurde zu einem Teil unserer Routine. Dann begannen sie, die Gebäude zu schützen. Sie ergänzten jedes Haus um einen Schutzraum. Zuvor hatten sie bereits alle Gebäude für Kinder, die Kindergärten, mit Beton ummantelt. Und jedes Mal, wenn es einen Vorfall [einen Beschuss] gab, sollten wir die Kinder dorthin bringen.

ROUHAMA: Zu dieser Zeit hatten unsere Häuser noch keine Schutzräume.

SHELLY: Die Leute schliefen in den Kindergärten.

EFRAT: Ja, es war so, als kehrten wir zu Gemeinschaftsschlafsälen zurück. Eltern und Kinder schliefen da oder während der Kriege in den Schutzräumen. Und ich kenne Leute, die dort mit ihren Familien zum Schlafen hingingen, wenn es auch nur kleine Vorfälle waren.

SHELLY: Oder sie sind einfach weggezogen.

EFRAT: Am Anfang berührte es mich kaum. Wir machten einfach nach jedem Vorfall weiter. Und dann wurde ein guter Freund aus einem benachbarten Kibbuz getötet. Am selben Tag, an dem sie sagten, der Krieg [Operation Protective Edge] sei vorbei, traf eine Rakete den Kibbuz und tötete Zevik und Shachar. Zeviks Frau arbeitete hier im Kindergarten. Das war beängstigend. [...] Wir sind immer von Gebäude zu Gebäude gerannt, von meinem Haus zu ihrem, denn die Zwischenräume, das ist der schrecklichste Teil.

EVA ILLOUZ: Können Sie etwas mehr zu dem Punkt sagen, dass Sie mit der normalen Routine weitergemacht haben?

SHELLY: Wenn es ruhig ist, will ich es nicht wahrhaben. Ich denke nicht daran. Aber sobald etwas passiert, selbst nur etwas Geringfügiges wie ein paar Alarme, vielleicht nicht einmal hier, dann lähmt mich das nur. Ich gehe nicht aus dem Haus. Ich sitze in der Nähe meines Schutzraums. Ich plane meine Toilettenpausen und meine Dusche im Voraus. Es lähmt mich. Aber wenn es ruhig ist, ist es wie ...

EFRAT: Wir haben unser Schlafzimmer in unseren Schutzraum verlegt.

SHELLY: Ich auch.

EFRAT: Da ist es am sichersten.

SHELLY: Ich weiß, als das ... als es anfing. Ich machte einen Spaziergang mit einer Freundin, und wir mussten uns auf den Boden legen. Eine Rakete flog über uns hinweg, wir sahen sie und konnten nichts tun. Es gab einen Alarm, und wir waren auf dem Feld. Wenn also die Situation so ist, dann mache ich keine Spaziergänge auf dem Feld. Wenn ich meine Enkelkinder sehen will, die ganz in der Nähe leben, dann kommen sie und holen mich mit dem Auto ab, weil ich mich sicherer fühle, wenn jemand dabei ist.

EVA ILLOUZ: Was also tun Sie heute nicht mehr?

EFRAT: Ich mache keine Spaziergänge mehr außerhalb des Kibbuz. Weil ich Angst habe, auf dem freien Feld zu sein, wenn es passiert. Ich spaziere also im Hof, am Zaun entlang. Und selbst dann, nach einem Vorfall, brauche ich vielleicht eine Woche, um meine Spaziergänge wieder aufzunehmen. Es ist beängstigend. Meine Tochter war auf einem Spaziergang [während eines Raketenangriffs]. Ich werde das nie vergessen. Sie rief mich an, völlig entsetzt, sie schossen, sie war mittendrin, und man kann nichts tun, man ist völlig hilflos. [...]

Ein paarmal sind Raketen direkt über unsere Köpfe geflogen. Man hört dieses Pfeifen. Ich kann es nicht beschreiben. Es ist wie ein physischer Schmerz. Es kommt vor dem Alarm. Es fühlt sich an, als hatte man einen Herzinfarkt. Und dann hört man Bumm! Ich schließe die Augen und warte, dass sie runterkommt, so dass wir wissen, wo sie eingeschlagen ist. Einmal kam eine wirklich nahe bei meinem Haus herunter, neben dem Streichelzoo, das ist wirklich nah. Und für ein paar Momente herrschte Stille. Man hat Angst, sich zu bewegen, weil man nicht weiß, was man vorfindet, wenn man die Tür aufmacht.

Angst, echte Angst hat die Körper dieser Frauen gepackt und ihre alltäglichen Entscheidungen ebenso verändert wie ihre Häuser. Häusliche Gewohnheiten, die Lage der Schlafzimmer, Fenster, tägliche Spaziergänge, Familientreffen, Autofahren, selbst im eigenen Haus zu stehen – all das ist von Angst erfüllt, weil das eigene Leben plötzlich zu Ende sein kann, in jedem Moment. Diese Angst unterscheidet sich wesentlich von derjenigen, die durch die Bedrohung durch einen neuen Holocaust ausgelöst wird. Die Reaktion auf die Möglichkeit eines weiteren Holocausts mobilisiert die Geschichte und imaginierte Gegenstände. Eine Angst, die auf eingebildete Drohungen reagiert, kennt keine Möglichkeit, ihre Reaktion auf die Welt anzupassen. Wir können vielleicht sagen, dass imaginierte Befürchtungen der Angst näher kommen, wie Freud sie definiert. Für ihn hat die Furcht einen Gegenstand, während der Angst der Gegenstand fehlt; Erstere geht vorbei, während Letztere langlebig ist.[49] Nach diesem Verständnis kann uns Furcht helfen zu überleben, indem wir den Kampf aufnehmen oder fliehen, während Angst Körper oder Geist wahrscheinlich eher lähmt und sich diffus im täglichen Leben ausbreitet. Wir können hinzufügen, dass Letztere von der Einbildungskraft zehrt, die einen stärker im Griff hat als die Realität, weil sie nicht wirklich auf die Welt reagiert. Die Angst kann andauern, auch wenn sich die objektiven Bedingungen ändern.

* * *

Ami Ajalon war ein vorbildlicher Soldat. Vielfach für seine Tapferkeit ausgezeichnet, war er Generalmajor und von 1992 bis 1996 Oberbefehlshaber der israelischen Marine. Nach der Ermordung Jitzchak Rabins 1995 wurde Ajalon zum Leiter des Schabak [israelischer Inlandsgeheimdienst Schin Bet] ernannt und unternahm einige Vorstöße in die Politik, wobei er Positionen vertrat, die man als Mitte-links einordnen könnte. Ich interviewte ihn im Hauptsitz von Akim, dem nationalen Verband zur Unterstützung von Menschen mit geistigen Behinderungen, dessen Vorsitzender er zu dieser Zeit war.

AMI AJALON: Für Israelis sind historische Ereignisse wie der Exodus aus Babylon, der Exodus aus Spanien, die Pogrome und der Holocaust in die Gegenwart eingebettet. Es ist der einzige Staat auf der Welt, dessen Bürger sich ihres Überlebens in der nahen Zukunft, in vierzig Jahren nicht sicher sind. Der Begriff einer existenziellen Bedrohung ist für viele Israelis eine tägliche Realität. Einer der Kerngedanken dieser Wahrnehmung ist die Annahme, dass wir im Falle einer existenziellen Bedrohung selbst mit ihr fertig werden müssen, niemand wird uns zu Hilfe kommen. [...]

Der Staat Israel ist der am besten geschützte der Welt, vor

jeder Bedrohung durch Raketen und andere Geschosse, durch Flugzeuge, Terror, unsere Grenzen sind geschlossen. Es gibt keinen anderen Staat, der nach quantifizierbaren Parametern so gut geschützt ist. Gemessen an der Quantität und Qualität der Armee und ihrer Systeme im Verhältnis zu den quantifizierbaren Bedrohungen, denen wir ausgesetzt sind. Trotzdem fühlen sich die israelischen Bürger unsicherer als in den meisten Ländern, vielleicht sogar unsicherer als jedes andere Volk. Diese Kluft zwischen der Verteidigung [dem quantifizierbaren Aspekt der Sicherheit] und der Sicherheit [einem existenziellen Sicherheitsgefühl] ist die Grundlage unseres Verhaltens, die das israelische Sicherheitsempfinden prägt.

Die Angst, sagt Ajalon, ist der Schlüssel zur kollektiven israelischen Psyche, während Israel gleichzeitig das stärkste Sicherheitssystem der Welt hat. Das bedeutet, dass die Angst der Israelis in keinem Verhältnis zu ihrem real vorhandenen Verteidigungssystem steht. Doch geht er darüber noch hinaus:

AMI AJALON: In einer Realität der Furcht werden die Bürger immer die Sicherheit über [Menschen- und Bürger-]Rechte stellen, vor allem wenn es nicht die Rechte der Mehrheit sind, sondern die der »anderen«. Letztere werden als Bedrohung wahrgenommen. Gerichte sind dieser Linie in Kriegen gefolgt, die ein definiertes Ende haben, weil sie der Auffassung sind, dass Rechte für die Sicherheit »zurückgestellt« werden können, aber der Krieg gegen den Terror hat kein definiertes Ende. Also nehmen wir ihnen jedes Mal ein wenig mehr von ihren Rechten. […] Ein vernünftiger Staatsführer hätte sagen sollen, dass eine verängstigte Gesellschaft in sich zusammenbricht, also wird er alles tun, um Sicherheit zu schaffen, aber die Führer müssen wiedergewählt werden. In einer Zeit der

Furcht wählen wir folglich keinen Führer, der uns ein besseres Bildungssystem gibt, bessere Gesundheit oder Kultur, wir wählen Politiker, die unsere Feinde besser töten können, die besser darin sind, »den roten Knopf zu drücken«.

Sehr klar stellt Ami Ajalon die Spannung zwischen einer politischen Kultur der Rechte und der Versicherheitlichung heraus. »Ilan« ist ein leitender Mitarbeiter des Schabak, der anonym bleiben möchte und mit dem ich separat gesprochen habe:

ILAN: Ich glaube nicht, dass es ein zweites Land auf der Welt gibt, in dem es so leicht ist, diese Befugnisse [des Schabak] auszuüben. So ist es beispielsweise in Israel extrem viel leichter als in anderen westlichen Ländern, eine Ermächtigung zum Anzapfen von jemandes Kommunikation zu bekommen. Hier braucht man nur zwei Unterschriften: vom Direktor des Schabak und vom Ministerpräsidenten. Wenige Ministerpräsidenten haben wirklich nachgefragt, bevor sie diese Unterschriften setzten. Das gibt es in der restlichen Welt nicht, wo immer ein Richter unterzeichnen muss.

EVA ILLOUZ: Glauben Sie, dass das eine Kultur der Menschenrechte untergräbt?

ILAN: Potenziell schon. Diese Befugnis gibt es, und die Frage ist, wie wir sie anwenden. Im Prinzip aber kennen die Befugnisse in den Händen des Schabak-Leiters in der demokratischen Welt nicht ihresgleichen. Und mit jedem Tag, der vergeht, und der zunehmenden Technologie wachsen diese Befugnisse weiter.

Ilan führt aus, wie die Organisation des Schabak alle Bereiche des gesellschaftlichen und politischen Lebens durchdringt:

ILAN: Eine Organisation wie der Schabak ist für große Ausbrüche gebaut, wie die Intifada. Was machen all diese Leute, wenn es keinen Ausbruch gibt? Ich glaube also manchmal, dass sie dazu neigen, Probleme zu erfinden, und sei es nur, um dieses System zu rechtfertigen. Weil der Schabak keine Reservetruppe hat, deshalb muss ein sehr massives System am Laufen gehalten werden, damit es auf große Vorfälle reagieren kann, doch zwischen solchen Vorfällen gibt es nicht unbedingt für jeden etwas zu tun. Man muss also organisatorische Wege finden, um dieses System zu rechtfertigen, folglich ist es immer nötig, einen Gegner zu erschaffen, der es rechtfertigt. Es gibt zum Beispiel die Frage, wie stark der Schabak Minderheiten in Israel überwachen soll. Für einen demokratischen Staat ist eine übermäßige Überwachung schlecht, weil sie sich sozial negativ auswirkt [zwischen den Zeilen können wir heraushören, dass die Auswirkung in chronischem Misstrauen besteht]. Ami [Ajalon] war der Erste, der das verstand und fragte, welches Ausmaß eigentlich erforderlich ist. Es fällt einer Organisation sehr schwer, das für sich selbst zu analysieren, weil sie externe Aufsicht braucht. Wie kann eine Organisation sagen, richtig, ich habe zu viel [Befugnisse]? Man muss bereit sein, ein kleines Risiko einzugehen und die Zahl der Informanten so weit wie möglich zu reduzieren, doch der Schabak wird an seiner Fähigkeit gemessen, für Sicherheit zu sorgen, also hat er im Grunde kein Interesse daran, dieses Risiko einzugehen.

EVA ILLOUZ: Glauben Sie, dass es eine ungerechtfertigte Inanspruchnahme von Sicherheit gibt, wenn Sie rechtliche Fragen wie diese erörtern? Was würden Sie als Gesetzgeber tun? Glauben Sie, dass es in Israel einen Sicherheitsfundamentalismus gibt?

ILAN: Dieses Denken gibt allen Sicherheitserwägungen ein Übergewicht. Als sich die Regierung zum Beispiel mit den Eindringlingen von der Sinaihalbinsel befasste oder mit der Wiedervereinigung palästinensischer Familien, gab es einen enormen Druck, dass der Schabak dafür eine Sicherheitsrechtfertigung bietet, obwohl die Probleme an sich nichts mit Sicherheit zu tun hatten. Der Grund dafür ist, dass Sicherheitsaspekte immer schlagende Argumente sind. Dieser Druck, den ich auch persönlich erlebte, eine Rechtfertigung auf der Grundlage von Sicherheit anzubieten ... [...] Selbst im Zusammenhang mit sicherheitsrelevanten Themen gibt es Dinge, die missbraucht werden. Beispielsweise die Räumung von Amona [einer Siedlung im Westjordanland]. Das ist ein Sicherheitsthema. Ein Gericht urteilte, dass sie räumen müssen. Also kontaktierten sie den Leiter des Dienstes und baten ihn um seine fachliche Meinung, dass eine Räumung von Amona problematisch für die Sicherheit ist, dass es zu Blutvergießen und so weiter führen kann. Was lächerlich ist, weil das immer der Fall sein kann. Denkt irgendjemand daran, einen Gerichtsbeschluss nicht zu befolgen, weil es irgendjemand nicht gefallen würde? Aber in diesem Fall fragten sie nach unserer Meinung, und das Gericht hat das nicht akzeptiert. Ein kluger Schabak-Leiter sollte auf der Hut vor solchen Geschichten sein. In den ersten sechs Monaten nach der Ernennung eines Schabak-Direktors ist eine solche Situation wahrscheinlich. Es besteht die Gefahr, dass der Schabak-Direktor versuchen wird, der politischen Führung zu gefallen.

Ilan, der eine wichtige Rolle im Schabak spielt, vermittelt uns einen verblüffenden Einblick: Die Sicherheitsbehörde ist eine Organisation, die ihre eigene Rolle künstlich aufblasen kann. Es gibt eine klare Vorgehensweise, sagt er, wie man den Schabak und den Sicherheitsgedanken benutzt und mobilisiert, um krasse politische, parteiische Entscheidungen zu rechtfertigen, wie die Weigerung, eine illegale Siedlung zu räumen. Der Schabak verleiht Maßnahmen, die gegen Menschenrechte und das Völkerrecht verstoßen, eine Aura der Legitimität, indem er sie zu sicherheitsrelevanten Themen erklärt. Er zeigt damit, dass Sicherheit zu einem leeren Begriff wird, einer Fiktion, um umstrittene Maßnahmen durchzusetzen. Deutlich macht Ilan darauf aufmerksam, wie eine Institution wie der Geheimdienst politische Themen in Sicherheitsfragen übersetzt und verwandelt.

Die Auswirkungen der Angst auf das Gemeinwesen

Corey Robin unterscheidet zwischen der Angst, die mobilisiert wird, um Einigkeit im Volk zu schmieden, wie das etwa im Kriegszustand geschehen kann, und der Angst, die auf die Spaltungen und Ungleichheiten der Gesellschaft einwirkt, in der man sich ihrer bedient.[50] Im israelischen Fall hat Netanjahu beide Arten von Angst genutzt, die zweite allerdings bevorzugt, und unermüdlich Angst vor Arabern und Linken geschürt. Weil sich die Linke praktisch durch ihr Vertrauen auf den moralischen Fortschritt und die Fähigkeit von Institutionen, Kooperation zu fördern, definiert, ist Angst immer die emotionale Domäne der Rechten gewesen. Genauer gesagt, hat die Forschung nachgewiesen, dass Angst Menschen tendenziell dazu bringt, politisch nach rechts zu rücken,[51] insofern sie sich für vorbeugende Maßnahmen zur Abwehr einer Bedrohung aufgeschlossen zeigen. Die Angst ist der Verbündete der Rechten, weil sie es erlaubt, im Ausnahmezustand (Carl Schmitt) zu leben, in dem der Staat über die Fähigkeit gebietet, sich in seinem Namen oder dem der Nation und ihrer beider Sicherheit über die Herrschaft des Rechts hinwegzusetzen oder diese zu ignorieren.[52] Anders gesagt: Die Angst ermöglicht eine kostenfreie soziale Kontrolle und Umgehung von Gesetzen durch den Staat. Eine wenig bekannte Tatsache über Israel ist, dass sich das Land seit seiner Gründung im Notstand befindet. Die offizielle Website der Knesset stellt fest:

> Trotz der Tatsache, dass sich die Umstände, die während der ersten Jahre der Existenz des Staates Israel vorherrschten, geändert haben, besteht seit der Gründung des Landes 1948 ein nationaler Notstand. Er wurde regelmäßig von der Knesset und der Regierung verlängert, weil die Knesset im Lauf der Jahre viele Gesetze erlassen hat, die Vorschriften enthalten, welche von der Existenz des Notstands abhängig sind. Die Aufhebung des Notstands würde zur Annullierung dieser Vorschriften führen.[53]

Das schließt Gesetze und Vorschriften ein, die auf Sicherheit abzielen (beispielsweise ein Gesetz, das es ermöglicht, Individuen ohne Anklage oder gerichtliche Anordnung in Verwaltungshaft zu nehmen), aber auch Gesetze zu wirtschaftlichen Angelegenheiten (etwa die Befugnis des Staates, die Herstellung und den Verkauf bestimmter Güter zu überwachen und zu regulieren).[54]

Dieser permanente Ausnahmezustand bevollmächtigt den Staat erstens zu Formen des Handelns, die das Gesetz umgehen, was wiederum bestimmte Denkgewohnheiten und einen entsprechenden politischen Stil mit sich bringt, nämlich die unmittelbare Reaktion auf Bedrohungen statt der Entwicklung langfristiger Strategien. Wie Ilan im Interview betonte: Israel weiß sehr gut, wie man über Antworten auf eine Bedrohung nachdenken muss, es weiß aber nicht, wie man über die Konsequenzen nachdenken muss. Zweitens ermöglicht die Angst ein Regieren durch Chaos und verwandelt Chaos und Unordnung in eine Regierungsweise. Je größer das Chaos in einem Land – weil öffentliche Dienstleistungen vernachlässigt werden, weil gesellschaftliche Gruppen in zunehmendem Maße gegeneinander aufgebracht werden, weil manche Gruppen so fremd gemacht werden, dass sie mühelos als Feinde dargestellt werden können –, desto dringender wird das Bedürfnis nach einem starken Anführer verspürt, der die durch Unordnung erzeugte Furcht und Angst zu lindern vermag. Wie die bemerkenswerte Einlassung von Nadav Weiman nahelegt, verwandelt die Angst den Feind drittens in ein unverständliches Etwas, ein im Dunkeln verborgenes Tier, das unsichtbar und gefährlich ist. Wenn man etwas fürchtet, das man als gefühllos wahrnimmt, lässt es sich sehr viel leichter töten, foltern, festnehmen, terrorisieren, da es jeden Inhalts entleert ist, der über die Angst hinausgeht, die es in mir auslöst. Und viertens ist die Angst ein Privileg des rechten Lagers in der Politik, da die Rechte stets Sicherheit und Ordnung vor nahezu jedem anderen Aspekt den Vorrang gibt und mitunter auch nicht zögert, Menschenrechte und bürgerliche Freiheiten außer Kraft zu setzen, um die Sicherheit zu verteidigen.[55] Wie der US-amerikanische Terrorismusexperte Brian Jenkins schreibt: »Demokratie schließt eine freiwillige Unterwerfung unter den Despotismus nicht aus. Eine verängstigte Bevölkerung verlangt Schutz.«[56] Die ständigen Bedrohungen in Israel haben dazu geführt, dass die israelische Armee sehr eng mit der israelischen Gesellschaft verflochten ist. Dazu kommt neuerdings, dass sich der Sicherheitskomplex dank der Hightechindustrie in den letzten drei Jahrzehnten seinerseits zu einer milliardenschweren Industrie entwickelt hat, in der der private Sektor, das Militär und der Staat nahtlos ineinander übergehen. Vergleichbare Trends sind zweifellos auch anderswo zu beobachten: Zwischen 2011 und 2020 ist der weltweite Markt für Sicherheitsdienstleistungen von 78 Milliarden auf 132 Milliarden US-Dollar angewachsen. Ein erheblicher Teil dieser Zunahme entfällt auf die USA, deren Markt für Sicherheitsdienstleistungen sich von 18 Milliarden US-Dollar 2011 auf 32 Milliarden 2020 vergrößert hat. Ein weiterer treibender Faktor für diese Entwicklung ist Asien, wo die Zahlen im selben Zeitraum von 15 auf 27 Milliarden US-Dollar gestiegen sind.[57] Diese Sicherheitsdienstleistungen werden von Privatfirmen erbracht, die allerdings in vielen Fällen Aufgaben übernehmen, welche früher vom Staat wahrgenommen wurden, und damit die Logik des kapitalistischen Marktes mit der Ausübung staatlich sanktionierter Gewalt verschmelzen.

Das ist eine dramatische Abkehr von der bürgerlichen Kultur demokratischer Gesellschaften. Wie die Rechtsprofessorin Rosa Brooks, eine ehemalige Analystin im Pentagon und leitende Beraterin von US-Präsident Barack Obama, in einer erhellenden Analyse feststellt, haben menschliche Gesellschaften in der gesamten Geschichte klare Grenzen zwischen Krieg und Frieden, zwischen Kriegern und Zivilisten gezogen, und dies gelte umso mehr für demokratische Gesellschaften.[58] In sogenannten primitiven Gesellschaften verwendeten Gruppen Kriegsbemalung und Initiationsrituale, um Männer in Krieger zu verwandeln, die sich nach ihrer Rückkehr aus dem Krieg Wiedereingliederungsritualen unterziehen mussten. Denn was im Krieg erlaubt ist, ist in Friedenszeiten moralisch und rechtlich inakzeptabel. Andere zu töten ist im Frieden ein Verbrechen, kann einem im Krieg jedoch, wie Brooks sagt, einen Orden eintragen.[59] Wenn die Angst nun die allgegenwärtige Präsenz militärischen Handelns und Denkens rechtfertigt, hat sie gewaltige Auswirkungen auf die politische Kultur: Sie schwächt und trübt die Unterscheidung zwischen ziviler und militärischer Denk-, Handlungs- und Gefühlsweise.

Die folgenreichste Auswirkung der Angst besteht darin, dass man vergisst, dass der Feind ebenfalls ein verängstigtes menschliches Wesen ist, das in unserer Mitte lebt. Im Angstzustand zu leben verhindert die Einsicht, dass *genau die Menschen, die in Angst leben*, durch einen gewaltigen Sicherheitsapparat Bedingungen der Angst für andere schaffen.

* * *

Seit 2006 hat Israel Abertausende von Raketen auf den Gazastreifen abgefeuert und Tausende seiner Einwohner getötet oder verstümmelt. 2006 berichtete der *Guardian* über bislang unbekannte Verletzungen bei Opfern im Gazastreifen:[60] Sie wiesen schwere Verbrennungen und innere Verletzungen auf, was zu Amputationen oder zum Tod führte. Leichname waren in Stücke gerissen, zusammengeschmolzen und entstellt. Gerüchten zufolge war eine neue, experimentelle Waffe zum Einsatz gekommen, Dense Inert Metal Explosives (DIME; Sprengstoff mit dichtem, inertem Metall). (Israel hat bestritten, im Besitz solcher Granaten zu sein, die mutmaßlich darauf ausgelegt sind, den Radius der Explosion und ihre Kollateralschäden zu begrenzen.[61]) Seitdem hat es auf beiden Seiten zahlreiche Angriffe und Militäreinsätze gegeben, sind Raketen und Abwehrraketen abgefeuert worden. Der israelischen NGO B'Tselem zufolge wurden seit 2006 5713 Palästinenserinnen und Palästinenser im Gazastreifen durch israelische Sicherheitskräfte getötet,[62] während palästinensische Kämpfer 106 Israelis töteten (Zivilpersonen und Sicherheitskräfte).[63] Zählen wir die Verletzten und Traumatisierten mit hinzu, dann sind die Folgen dieses fortgesetzten Kriegs geringer Intensität weitaus größer und betreffen Zehntausende von Menschen. Man wird mit Sicherheit davon ausgehen können, dass in Gaza fast niemand der ständigen Angst vor Hunger, Entbehrungen, Terror, Verstümmelung oder Tod entkommen konnte.

So etwas wie eine Wirtschaft existiert im Gazastreifen praktisch nicht; es kommt regelmäßig zu schweren medizinischen Versorgungskrisen aufgrund fehlender Medikamente, kaum funktionstüchtiger Krankenhäuser und Mangel an Nahrungsmitteln; es fehlt an Arbeitsplätzen. Das Leben der einfachen Einwohnerinnen von Gaza ist im Kern zerrüttet, doch dringen ihre Daseinsbedingungen den Israelis kaum ins Bewusstsein. Auch sind sie nicht die Einzigen, die ein Dasein in Furcht und Elend fristen. Wenn auch bei Weitem nicht in solchem Ausmaß, so ließe sich dasselbe über die Araber sagen, die in Ostjerusalem leben und den jüdischen Israelis daher viel näher sind. Nisreen Alyan ist eine Anwältin, die für die studentische Rechtsberatung der Hebräischen Universität Jerusalem arbeitet und ihren Wohnsitz in Ostjerusalem hat.

NISREEN ALYAN: Eine normale Araberin lebt mit dem ständigen Risiko einer Inhaftierung, einer »Stop and frisk«-Aktion [»Anhalten und durchsuchen«, eine anlasslose polizeiliche Maßnahme, die in New York während der Amtszeit von Bürgermeister Michael Bloomberg massiv ausgeweitet wurde], der Angst, dass man auf der Straße über jemanden »stolpert«, der einen ins Gefängnis bringt. Wenn man in Ostjerusalem lebt, muss man jederzeit beweisen können, dass man dort seinen Hauptwohnsitz hat, sonst fliegt man aus seiner Wohnung raus. Stellen Sie sich vor, immer befürchten zu müssen, dass Sie Ihr Zuhause verlieren. Man lebt in der ständigen Angst, am falschen Ort zu sein.

Den Einwohnern Ostjerusalems werden zwei grundlegende Menschenrechte vorenthalten, die für die meisten Menschen auf der Welt selbstverständlich sind, nämlich das Recht auf Staatsbürgerschaft und das Recht, in der eigenen Wohnung zu Hause zu sein. (Sie können an kommunalen Wahlen teilnehmen, nicht aber an nationalen.) Sie sind staatenlos und daher völlig schutz- und wehrlos. In diesem Zustand politischer Entrechtung laufen sie Gefahr, ihr Zuhause zu verlieren, das für die meisten Menschen die Quelle ihrer Identität ist.

Eine Umfrage im Jahr 2010 ergab, dass 54 Prozent der israelischen Juden besorgt sind, sie oder ihre Angehörigen könnten bei ihren alltäglichen Routinen von Arabern angegriffen werden, während sich 43 Prozent diese Sorge nicht machen. Unter Palästinensern sind jedoch 75 Prozent besorgt darüber, dass sie von israelischen Kräften angegriffen oder dass ihr Besitz konfisziert oder ihr Haus planiert werden könnte, während dies für 25 Prozent nicht gilt.[64] Die überwältigende Mehrheit der Palästinenserinnen lebt in der beständigen Angst, dass man ihnen ihr Recht, nach Hause zu gehen oder sich frei auf der Straße zu bewegen, absprechen könnte.

Angst hat eine entscheidende politische Eigenschaft: Im Angstzustand wird der andere als jemand wahrgenommen, der uns vernichten möchte, und daher »alterisiert«, das heißt gleichermaßen als unserer Gruppe fernstehend und als bedrohlich für sie betrachtet. Die Angst rührt aus der Feindschaft, vertieft diese aber auch weiter. Zudem wird sie unablässig von Führungsfiguren instrumentalisiert, um zu spalten und Spaltungen zu vertiefen, um Machtpositionen auszubauen und autoritäre Herrschaft und Vorherrschaft zu rechtfertigen. Diese Wahrheit gilt für alle Seiten des palästinensisch-israelischen Konflikts.

Der oben erwähnte Bericht von Amnesty International betont darüber hinaus ein tiefgreifendes Paradox, das im Kern des Sicherheitsdenkens steckt: Sobald die Menschenrechte in den Hintergrund gedrängt werden, weil sie der Sicherheit angeblich abträglich seien, macht dieser Umstand Israel nicht sicherer, sondern *weniger* sicher, weil die Erosion der Menschenrechte in der Regel damit verbunden ist, dass Gruppen gegeneinander aufgehetzt werden und somit Gewalt tatsächlich gefördert wird.[65] Ironischerweise können versicherheitlichte politische Kulturen am Ende weitaus unsicherer sein – wodurch sie die Angst, auf der sie aufgebaut sind, zusätzlich rechtfertigen.

Resümee

Manche Menschen wachsen über ihre eigene Angst hinaus, überwinden die Automatismen des Denkens und Fühlens, die eine Folge der Angst sind. Eigentümlicherweise scheint man besser mit Angst umgehen zu können, wenn sie sich einem realen Gegenstand verdankt, als wenn sie auf einem imaginären Narrativ beruht. Die drei oben interviewten Frauen Efrat, Shelly und Rouhama, die sehr nahe an der Grenze zu Gaza leben, liefern uns ein bemerkenswertes Beispiel dafür, wie die Angst vor einer realen Bedrohung mit einer vernünftigen Betrachtungsweise angepasst werden kann.

EVA ILLOUZ: Hat sich Ihre Einstellung zu den Arabern im Lauf der Jahre verändert? Als Individuen wie auch als Gemeinschaft?

EFRAT: Ich bin pro-arabischer geworden.

ROUHAMA: Ich glaube immer noch, dass wir mit ihnen reden müssen. Viele Leute sehen das anders, aber ich glaube immer noch, dass sich der Ort, an dem ich lebe, nur retten lässt, wenn wir mit ihnen reden.

EFRAT: Ich schäme mich nicht, das meiner Familie zu sagen. Auch auf der Arbeit. Mein Arbeitsplatz gilt als linkslastig. Wenn die Dinge so weitergehen wie bisher, werden sie ihn irgendwann schließen. Alles, wovon wir Ihnen erzählt haben, die Schutzräume und das Geld, davon haben sie [die Palästinenser] nichts. Keinen Schutz, keine Gemeinschaft, keine medizinische Hilfe, nichts.

ROUHAMA: Warum sollten sie nicht wütend sein?

SHELLY: Sie haben nichts zu verlieren.

EFRAT: Ich halte sie für außerordentlich kreativ. Heute wurde eine Reihe von Ballons [aus Gaza] herübergeschickt, an denen Fußbälle hingen. Das Erste, was ich meinen Enkelkindern sagte, war: »Seht mal, das dürft ihr nicht berühren.« Bei uns ist ein Ballon mit Sprengstoff hier auf dem Spielplatz gelandet, glücklicherweise waren die Kinder nicht da. Das gehört zu den Dingen, die mich verängstigen, seit die Enkelkinder geboren wurden.

ROUHAMA: Als sie mit den Ballons angefangen haben, fragte ich mich, warum das nicht schon früher geschehen ist. Weil sie nichts zu verlieren haben. Es ist so kreativ, einen Ballon zu verwenden, so einfach, die gibt's überall. Und worauf schießt man, wenn dieser Ballon hier landet?

EVA ILLOUZ: Ist es schwer, nicht auf »Ihrer eigenen« Seite zu stehen? Sich manchmal mehr mit der anderen Seite zu identifizieren?

EFRAT: Für mich nicht.

ROUHAMA: Für mich auch nicht.

SHELLY: Es ist schwierig, weil ich feststelle, dass ich darüber in bestimmten Foren nicht sprechen kann, weil ich weiß, dass es keinen Sinn hat.

ROUHAMA: Ich debattiere nicht.

SHELLY: Ja, geht mir genauso. Weil ich sehe, dass die andere Seite nicht einmal zuhört. In unserer Gemeinschaft ist es besser, aber wenn ich auf der Arbeit bin, dann ist das so.

EVA ILLOUZ: Wer sind die Leute, mit denen Sie nicht sprechen wollen?

SHELLY: Leute, die das nachbeten, was sie im Fernsehen gehört haben, dass immer die andere Seite Schuld hat. Ich kann mit ihnen nicht reden.

ROUHAMA: Sie behandeln uns, als wären wir bescheuert.

EFRAT: Manchmal höre ich Leute sagen: »Wir müssen sie hart treffen« ... Ich reagiere gar nicht mehr darauf. Wen soll man da drüben überhaupt noch treffen?

EVA ILLOUZ: Also haben Sie alle gelernt zu schweigen.

ROUHAMA: Ja. Ich debattiere nicht.

Diese Frauen stehen zweifellos nicht für die Mehrheit in Israel. Aber sie stehen für eine andere Reaktion auf die Angst: Sie weigern sich, sich der Angst zu ergeben, weil sie verstehen, dass diese von allen kollektiven Emotionen vielleicht die schlimmste ist, da sie es erschwert, zwischen echten und eingebildeten Gefahren zu unterscheiden. Bereitwillig gibt sie unsere Freiheit unter dem Banner der Sicherheit preis; sie unterdrückt komplexes Denken, da sie die Welt in Freunde und Feinde teilt; sie ersetzt moralisches Denken und Deliberation durch eine Art Preppertum und macht aus der Selbstverteidigung eine Reflexreaktion, die das Gemeinwesen durchdringt. Zuletzt nährt die Angst den Hass, indem sie zu seiner Rechtfertigung beiträgt. Bürgerinnen und Bürger müssen ungewöhnlich reif sein, um zwischen der Angst, die an kollektiven vorgestellten Katastrophenszenarien hängt, und der Angst, die auf unmittelbare Gefahren reagiert, zu unterscheiden, wie sehr beide auch manchmal ineinandergreifen mögen; sie müssen reif genug sein, um die Bluffs der Manipulatoren zu durchschauen und zwischen echten und erfundenen Bedrohungen zu unterscheiden. Bürger wie die israelischen, die im Schatten eines historischen und anhaltenden Traumas leben und die oft aus guten Gründen mental wie emotional darauf trainiert sind, in Angst zu leben, können vielleicht nicht über die Reife von Bevölkerungen verfügen, die demokratische Freiheiten mit ihrer Sicherheit in Einklang zu bringen wissen. Sie werden versucht sein, sich dem Überschuss imaginierter Bedrohungen zu ergeben, den die permanente Furcht impliziert. In *Elemente und Ursprünge totaler Herrschaft* analysiert Hannah Arendt in eindrucksvollen Worten den Charakter solcher Methoden, die Bürgerinnen und Bürger zu vereinnahmen:

> Die Mentalität moderner Massen vor ihrer Erfassung in totalitären Organisationen ist nur zu verstehen, wenn man die Durchschlagskraft dieser Art Propaganda voll in Rechnung stellt. Sie beruht darauf, daß Massen an die Realität der sichtbaren Welt nicht glauben, sich auf eigene, kontrollierbare Erfahrungen nie verlassen, ihren fünf Sinnen mißtrauen und darum eine Einbildungskraft entwickeln, die durch jegliches in Bewegung gesetzt werden kann, was scheinbar universelle Bedeutung hat und in sich konsequent ist. Massen werden so wenig durch Tatsachen überzeugt, daß selbst erlogene Tatsachen keinen Eindruck auf sie machen. Auf sie wirkt nur die Konsequenz und Stimmigkeit frei erfundener Systeme, die sie mit einzuschließen versprechen. Wiederholung ist […] darum ein so wirksamer Bestandteil aller Massenpropaganda, weil […] Wiederholung Folgerichtigkeit in der Zeit sichert […].[66]

Die israelische Öffentlichkeit, als Treffpunkt eines souveränen Volkes, hätte ein Ort der Heilung von den kollektiven Traumata sein können, die dem jüdischen Volk zugefügt worden sind. Stattdessen hat man diese Traumata ihrem Bewusstsein eingebläut, nicht zuletzt, weil sie zu einer feindlichen Geografie zu passen schienen. Das aber hat es praktisch unmöglich gemacht, die komplexen Unterschiede zwischen vergangenen Judenvernichtungen sowie den geopolitischen und diplomatischen Herausforderungen festzuhalten, die in dem langwierigen Konflikt mit den Palästinensern liegen. Verängstigte Bürger bedienen sich sehr ausgiebig ihrer Einbildungskraft und vertrauen ihr in der Tat viel zu sehr.

2. Abscheu und Identität

> Ein Haus, das in sich uneins ist, kann nicht bestehen.
> *Matthäus 12,25*

Hitler verglich die Juden einmal mit Maden in einem verwesenden Leichnam.[1] Seine Metaphern waren alles andere als zufällig gewählt. Eine Made ist die Larve einer Fliege. Sie ist klein, schleimig und invasiv. Schleim ist eine weiche, nasse Substanz, die zu berühren wir normalerweise als eklig empfinden. Anblick und Geruch verwesender Leichen sind schwer zu ertragen. Hitler sprach in diesem doppelten Bild der Made und des verwesenden Leichnams gleich drei Sinne an – den Tast-, den Geruchs- und den Sehsinn –, um größtmöglichen Widerwillen und Abscheu zu erregen. Wahrscheinlich war es derselbe Antrieb, der jemanden dazu brachte, in den USA auf einer Kundgebung gegen den Corona-Lockdown die Zeichnung einer Ratte hochzuhalten, auf der ein Davidstern zu sehen ist. Mit der für Karikaturen von Juden typischen langen, spitzen Nase versehen, steht sie auf ihren Hinterbeinen und reibt sich die Hände, darüber die Aufschrift: »Die wahre Pest«.[2] Die kombinierte Assoziation von Ratte und Pest löst Widerwillen aus. Ist Angst das bevorzugte Gefühl von Tyrannen, so Abscheu das von Rassistinnen.

Als Emotion zeichnet sich Abscheu beziehungsweise Ekel insbesondere dadurch aus, dass der Anblick von Abfall, Fäkalien oder Fäulnis (wie etwa verwesenden Leichnamen) mit unmittelbaren physiologischen/körperlichen Reaktionen einhergeht und einen dazu drängt, sich von einem Objekt zu entfernen oder es aus dem Feld der sinnlichen Wahrnehmung zu schaffen. Aus Sicht von Evolutionspsychologen half uns diese Reflexreaktion dabei, adaptiv zu erlernen, die mit

Bakterien, Keimen, Viren und Krankheiten verbundenen Gefahren zu vermeiden.[3] Abscheu ist somit ein Gefühl an der Schwelle zwischen Natur und Kultur: nicht nur eine reflexartige Reaktion auf biologisch gefährliche Substanzen, sondern, wie das Hitler-Zitat zeigt, auch ein Gefühl, das sprachlich auf Personen oder Gruppen bezogen werden kann.

Der Psychologe Paul Rozin schildert das folgende hypothetische Fallbeispiel, um seine Forschungen zu veranschaulichen:

> [E]in Mann soll Fäulnisgerüche aus zwei undurchsichtigen Phiolen erschnüffeln. Dem Mann (der Käse mag) wird mitgeteilt, dass die eine Phiole Fäkalien enthält, die andere Käse. Er weiß nicht, dass aus beiden Fläschchen in Wirklichkeit derselbe Fäulnisgeruch dringt (beide Gerüche sind tatsächlich leicht zu verwechseln). Nun fordert man den Mann auf, an einer Phiole zu riechen und anzugeben, welche der beiden Substanzen sie enthält. Wenn er glaubt, dass es sich um Käse handelt, mag er den Geruch. Sagt man ihm jedoch, dass der Geruch in Wirklichkeit der von Fäkalien war, dann empfindet er ihn plötzlich als abstoßend und widerlich. Nicht die Sinneseigenschaften des Objekts, sondern die Vorstellung, die das Subjekt vom Objekt hat, entscheidet also vor allem über dessen hedonistischen Wert. Obwohl bestimmte stark negative (etwa bittere) Geschmackseindrücke womöglich nicht durch Manipulation der Objektquelle oder des Kontexts umzukehren sind, vermuten wir, dass jeder positive Geschmack durch Informationen über den Kontext oder das Objekt umgekehrt werden kann.[4]

Ein Wort reicht also aus, um eine Sinneserfahrung entweder zu einer angenehmen oder zu einer ekligen zu machen, ein Hinweis darauf, dass Abscheu, wie Hitler sehr wohl wusste, eine Frage der Wörter, Bilder und Metaphern ist, die wir mit bestimmten Objekten verbinden.

Die britische Anthropologin Mary Douglas ist für eine erstaunliche These berühmt geworden: Alle kulturellen Systeme unterscheiden zwischen Dingen, die sie als schmutzig (wie etwa Schweinefleisch in Judentum und Islam), und solchen, die sie als sauber definieren.[5] Schmutz, behauptete Douglas, ist nicht nur und nicht einmal in erster Linie realer Schmutz; er ist zuallererst symbolisch, nämlich durch die Tatsache definiert, dass er eine bestehende symbolische Ordnung verletzt. Stellt jemand Schuhe auf einem Esstisch ab, gilt dies selbst dann als Verstoß gegen die Ordnung, mit der wir normalerweise einen Trennstrich zwischen Sauberkeit und Schmutz ziehen, wenn diese Schuhe frisch geputzt sind und gar kein Essen auf dem Tisch steht. Unsauberkeit ist also grundsätzlich der Verstoß gegen eine eingeführte symbolische Ordnung. Wie Douglas feststellte, geht es in Religionen nicht nur um ein Bewusstsein für das Heilige und das Profane, sondern auch um die Herstellung einer solchen symbolischen Ordnung, die bestimmte Dinge zu schmutzigen und unreinen und andere zu reinen erklärt.[6] Derartige Vorstellungen bestehen in vielen Religionen, doch werden wir uns im Rahmen unserer Fallstudie zu Israel auf die Trennung zwischen Reinem und Unreinem im Judentum konzentrieren. Im jüdischen Gesetz ist Unreinheit mit dem Austreten bestimmter Körperflüssigkeiten verbunden. Eine menstruierende Frau gilt als »unsauber« (*nidda*), weshalb ihr Ehemann sie in dieser Zeit nicht berühren darf. Ein Mann, der einen nächtlichen Samenerguss hat, gilt ebenfalls als unrein. Sowohl die menstruierende Frau als auch der Mann mit dem nächtlichen Samenerguss gelten wieder als rein, wenn sie in ein rituelles Bad eintauchen, eine Mikwe. Die Bedeutung dieser Befleckungen ergibt sich für die Gläubigen aus dem gesamten kulturellen System und den Gesetzen zur Reinheit der Familie (Taharat HaMischpacha). Ähnlich wird nur durch die allgemeinen Speisegesetze (Kaschrut) verständlich, warum das Fleisch einer Kuh verzehrt werden darf, das eines Kamels, essbare Meeresfrüchte oder Schweinefleisch aber als verunreinigt gelten. Gläubige Juden verschmähen diese Nahrungsmittel nicht nur, weil sie verboten sind, sondern, weil sie diese Verbote so sehr internalisiert haben, dass sie ohnehin Abscheu vor ihnen empfinden. Diese Art des sozialen Lernens und der sozialen Konditionierung greift so tief, dass oft auch nichtgläubige Jüdinnen und Juden, die in religiösen Elternhäusern aufgewachsen sind, Schweinefleisch oder Meeresfrüchte als abstoßend empfinden.

Das Gefühl des Abscheus ist nur im Kontext eines kulturellen Systems zu verstehen, das den Verlauf der Grenze zwischen Reinheit und Verunreinigung festlegt. Abscheu betrifft vornehmlich den Körper, die Frage, was wir berühren können und was nicht, was wir zu uns nehmen können und was nicht, welche Substanzen unseren Körper besudeln und welche nicht. Abscheu ist zentral für viele Religionen, weil die Kategorisierung von Substanzen entscheidend für ihre symbolische Struktur ist.[7] Er hat aber auch eine gesellschaftliche Funktion, nämlich die Durchsetzung sozialer Hierarchien, die in die Unterscheidung zwischen reinen und unreinen Objekten eingelagert sind.[8] Abscheu drückt eine Trennung aus, die der Aufrechterhaltung der symbolischen Ordnung dient: Er ist das Gefühl, das Vermischung hasst.

Der Abscheu verfügt noch über eine weitere zentrale Eigenschaft: Er breitet sich schnell auf andere Objekte aus und erzeugt so Ansteckungsketten.[9] Man genießt seinen Spinat, bis man plötzlich am Tellerrand ein kleines angeschimmeltes Blatt entdeckt. Selbst wenn der Rest des Essens völlig in Ordnung zu sein scheint, wird diese kleine Ecke höchstwahrscheinlich die Freude an der Mahlzeit schmälern. Man wird nicht nur das schimmelige Stück, sondern den ganzen Teller, und nicht nur den, sondern wahrscheinlich auch den ganzen Topf Spinat wegschmeißen. Stunden oder sogar Tage danach wird man keinen Appetit mehr auf Spinat verspüren, weil man ihn jetzt mit dem Bild des fauligen Blättchens verbindet. Der Ekel vor einem kleinen spezifischen Objekt kann sich somit durch psychologische Ansteckungsmechanismen ausweiten. Wenn Fäkalien oder Leichname eklig sind, wird gleichermaßen jede, die sie berührt, durch Ansteckung auch eklig. Das beste Beispiel für das Gesetz der Ansteckung findet sich erneut im Judentum: Eine menstruierende Frau macht ihr Bett, ihren Stuhl, ihr Glas unrein, weil ihre Unreinheit die Gegenstände befleckt, die sie berührt. Ihr Ehemann (wie natürlich auch jeder andere Mann) darf ihr Bett, ihren Stuhl und ihr Glas nicht anfassen. Wein, der von einem Nichtjuden oder einem Juden, der den Sabbat missachtet, berührt wurde, gehorcht derselben Logik und wird automatisch unkoscher,[10] als könnte sich die Unreinheit einer Person (eines Nichtjuden oder des den Sabbat nicht ehrenden Juden) von dieser auf ein Objekt übertragen, als wäre sie mithin verunreinigend. Ekel und Abscheu werden also von einem zentralen (manchmal symbolischen) Objekt ausgelöst (Menstruationsblut, Schweinefleisch, Fäule, Schimmel), die Emotion überträgt sich dann kettenartig auf andere Gegenstände oder Menschen, selbst wenn diese physisch weit von diesem Epizentrum entfernt sind.

Wir können also festhalten, dass sich Religionen nicht nur um die Verehrung von Gottheiten oder Religionsstiftern drehen, sondern auch um die Aufstellung von Kategorien der Reinheit und Unreinheit. Diese Kategorien mögen auf den ersten Blick rein theologisch erscheinen, sie haben aber in

Wirklichkeit auch sehr wichtige soziale Funktionen, da sie unüberbrückbare Distanzen zwischen sozialen Gruppen hervorbringen und durchsetzen.

In Indien beruht das gesamte Kastensystem auf Hierarchien der Reinheit und Unreinheit, wobei sich die Dalits (oder Unberührbaren) auf der untersten Stufe der Reinheitshierarchie befinden. Laut der *Encyclopedia of the Developing World* arbeiten die Dalits mit »Leder, menschlichen Ausscheidungen, toten Tieren oder in Krematorien«.[11] In derselben Enzyklopädie lesen wir:

> Eine Theorie der Reinheit (die Priesterkaste der Brahmanen) und Verunreinigung (die Unberührbaren), das obere und das untere Ende einer abgestuften Hierarchie, bildete bis in die Moderne hinein die religiöse Rechtfertigung zur Verweigerung von Wasser- und Tempelrechten, eines Platzes im Dorf und sogar der Unterrichtung im Lesen und Schreiben.[12]

Im Falle der Dalits erzeugen die Hierarchien der Reinheit und Unreinheit gesellschaftliche Hierarchien und überschneiden sich mit ihnen: Die Menschen, die die Fäkalien anderer beseitigen oder tote Haut berühren, sind unrein und werden unberührbar. Sie befinden sich *damit legitimerweise* am unteren Ende der sozialen Skala. Faktisch enthebt Abscheu eine Gesellschaft der Notwendigkeit, aufwendige Erklärungen dafür zu präsentieren, warum soziale Gruppen ungleich und voneinander getrennt sind. Er nötigt das angeekelte Subjekt, sich zu entfernen, ohne deswegen Worte oder Argumente austauschen zu müssen, und setzt damit Herrschaft in einer Weise durch, die natürlich wirkt und gegen die Widerstand zwecklos erscheint.

Wenn sie etwas tut, was als unrein oder befleckend definiert ist, positioniert sich eine Person als minderwertig gegenüber der reinen Gruppe, die dadurch auch als sozial überlegen ausgezeichnet wird: Der jüdischen Priesterklasse der

Kohanim etwa ist es verboten, einen Leichnam zu berühren oder auch nur in seine Nähe zu kommen, andernfalls verlieren ihre Angehörigen den Status der Reinheit. Die jüdische Religion umfasst ein ganzes Sozialsystem, das auf Reinheit beruht. So stehen die Priester über den Leviten, die wiederum über den Israeliten stehen, die über den Konvertiten stehen, die ihrerseits über den Nichtjuden stehen. Diese Hierarchie gehorcht einer Logik der Familienreinheit, die sich mit der Nähe zum Tempel und zur priesterlichen Kaste verbindet. Nicht nur Menschen, sondern auch Formen von Unsauberkeit sind durch eine innere Hierarchie gekennzeichnet: Die Unreinheit eines Leichnams ist größer als die eines Aussätzigen, die wiederum größer ist als die einer menstruierenden Frau, die ihrerseits größer ist als die eines Mannes mit unfreiwilligem Samenerguss.

Das System der sozialen Differenzierung ist zugleich ein System der Geschlechterdifferenzierung. Wenn eine menstruierende Frau nicht berührt werden darf, dann erzwingt und verstärkt das eine radikale Unterscheidung zwischen Mann und Frau sowie eine Hierarchie zwischen ihnen (im Unterschied zu Frauen sind Männer nicht per se – zu bestimmten Zeiten – biologisch unrein, nur gewisse Akte oder Missgeschicke machen sie dazu). Das Nidda-Gesetz ist offensichtlich aus männlicher Sicht geschrieben (da Männer Menstruationsblut wohl als ekelerregend empfanden und möglicherweise bis heute empfinden) und spiegelt den männlichen Standpunkt bei der Entscheidung darüber wider, was als unrein zu gelten hat.

Abscheu prägt also soziale Hierarchien und lässt sie natürlich erscheinen. Er stellt zudem ein mächtiges Mittel zur Aufrechterhaltung solcher Hierarchien dar. Deshalb wurde die Ehe so eng abgeschirmt. Sie zielte auf eine Reproduktion der Reinheit von Familienlinien (die Ehelichung eines oder einer Bnei Israel, also eines geborenen Juden oder einer geborenen Jüdin, steht über der Ehelichung einer konvertierten Person, die aber immer noch besser ist als die einer befreiten, vormals versklavten Person). Die Ehe der Kohanim ist die geschlossenste. Sie können keine geschiedene Frau heiraten (vermutlich, weil sie die Blutlinie kompromittiert hat) und müssen sich innerhalb der Priesterkaste vermählen. Die Dichotomie von rein und unrein spielt somit eine mächtige Rolle: Die soziale Identität wird in dem Vermögen verankert, abgesondert zu bleiben und zu wissen, wie man Grenzen zieht. Wir sollten dabei freilich nicht übersehen, dass diese Strategie entscheidend für den historischen Fortbestand des jüdischen Volkes war, das sich immer wieder Versuchen der Zwangsbekehrung ausgesetzt sah.

Abscheu und die Logik des Rassismus

Als soziales Gefühl bringt Abscheu die Angst vor Nähe, Nachbarschaft und Vermischung zum Ausdruck. Er ist somit ein Gefühl, das ziemlich bezeichnend für Rassisten ist (aber nicht nur für sie). Schauen wir uns den folgenden Beleg an, einen Kommentar, der 2014 in Frankreich anonym auf Reddit gepostet wurde:

> Ich bin kürzlich in ein Viertel gezogen, in dem es viele Schwarze gibt, und alles, was sie tun, ekelt mich an. Ich will kein Rassist sein, ich will nicht fremdenfeindlich sein, aber gestern merkte ich, dass ich die Straßenseite wechselte, sobald eine schwarze Person auf mich zukam, und ich kann daraus nur schließen, dass ich es doch bin.
>
> Einige der Dinge, die ich im Sinn habe (und die auf 95 Prozent der Schwarzen zutreffen, denen ich begegnet bin; es sind nicht nur *einige wenige*):

- Sie riechen SO schlecht! Ich meine, wenn man öffentliche Verkehrsmittel benutzt, sollte man wenigstens sicherstellen, dass der eigene Körpergeruch nicht so stechend ist, dass er von den Leuten, die neben einem sitzen, bemerkt werden kann (mit einem gewissen Abstand; es *ist* ein öffentliches Verkehrsmittel, so dass man eng beieinander ist, aber man sitzt einander ja nicht auf dem Schoß).
- Sie sprechen SO laut! Selbst in der Bibliothek, ausgerechnet. Sie sprechen und lachen permanent extrem laut, als ob sie die einzigen Menschen auf dem Planeten wären. Ich weiß nicht, ob das ein Mangel an Erziehung oder ein kultureller Unterschied ist.
- Noch etwas, das einen Mangel an Erziehung zeigt: Sie stehen in Bus/Straßenbahn/Zug NIE auf, wenn eine ältere Person hereinkommt.
- Sie heben ihre Füße beim Gehen nicht an. Ich kann sie meilenweit im Voraus hören.
- Ich kann mir nicht helfen, aber ich glaube, dass all die afrikanischen Drittweltländer trotz all der Hilfen aufgrund ihrer »faulen Kultur« immer noch Dritte Welt sind. Man kann ihre Armut nicht dem schlechten Klima zuschreiben, weil es eine Menge Länder mit noch schlechterem Klima gibt, und die *haben* es geschafft, sich zu entwickeln.
- Krankheiten wie HIV und Ebola verbreiten sich aufgrund der mangelnden Hygiene der afrikanischen Menschen in Afrika so schnell.[13]

Wie die Juden im Fall des obigen Hitler-Zitats erregen schwarze Menschen Abscheu, und dieser Abscheu manifestiert sich in sinnlicher Form, wie diese Wortmeldung reichlich belegt: Geruchs-, Tast-, Gehör- und Sehsinn spielen zusammen, sie machen schwarze Menschen sensoriell abstoßend und lösen damit die Angst vor Nähe und Beschmutzung aus. Abscheu mobilisiert die Sinne, gerade weil er eine physiologische Reaktion darstellt, die zu Distanznahme gegenüber einem Objekt drängt. Diese ekelerregenden Eigenschaften werden zudem in moralische Bewertungen umgewandelt (Schwarze sind angeblich faul, schlecht erzogen, stehen im Bus nicht für andere auf) und veranschaulichen ein Merkmal des Rassismus, nämlich seine Fähigkeit, physiologische, visuelle, olfaktorische und auditive Reaktionen auf eine bestimmte Gruppe in moralische Aussagen zu übersetzen, die dem Abscheu einen sensoriell-moralischen Doppelcharakter verleihen.

Abscheu-Unternehmer und die Angst vor Verunreinigung

In den vergangenen zwei Jahrzehnten ist in Israel ein neues normatives Unternehmertum entstanden, das es sich zur Aufgabe gemacht hat, die zuvor weitgehend liberale Moral des Landes durch andere Werte und Inhalte zu ersetzen. Die liberale Moral ist universalistisch, für sie sind alle Menschen gleich, sie setzt sich für ein faires Verhältnis zwischen Mehrheit und Minderheiten ein und befürwortet die Trennung von Religion und Staat. Die moralischen Unternehmer haben beschlossen, die öffentlich diskutierten Inhalte dadurch zu verändern, dass sie neue Formen des Abscheus vor bestimmten sozialen Gruppen fördern. Sie sind »Abscheu-Unternehmer«: Politiker und NGOs religiöser und religiös-nationalistischer Couleur, die es sich zum Ziel gesetzt haben, den Abscheu bestimmter Gruppen vor anderen zu schüren, zu fördern und zu vergrößern. Das Judentum definiert Heiligkeit als den Akt der (begrifflichen und praktischen) Unterscheidung und Trennung von Sauberkeit und Unsauberkeit. Ultraorthodoxe Juden verfügen über ein starkes Bewusstsein von Sauberkeit und Unsauberkeit, wie sich etwa an ihrem intensiven Gebrauch der Mikwe, ihrer strengen Befolgung der Gesetze zu menstrueller Unreinheit, unfreiwilligem Samenerguss oder koscherem Essen zeigt.

In den zeitgenössischen demokratischen Gesellschaften sind derartige Unterscheidungen zwischen Reinem und Unreinem so lange legitim, wie sie Teil eines privaten religiösen Glaubens bleiben. Eine der ausschlaggebenden Veränderungen in der israelischen Politik bestand aber darin, dass die Thematik der Sauberkeit und Verschmutzung in die politische Öffentlichkeit hineingetragen wurde. Wollte man den entscheidenden Moment benennen, an dem Abscheu in der israelischen Öffentlichkeit eine Rolle zu spielen begann, dann wäre die Gründung der rechtsradikalen Partei Kach (deutsch etwa: »So!«) ein plausibles Datum. 1971 von dem amerikanischen Rabbiner Meir Kahane ins Leben gerufen, war die Kach eine rechtsradikale religiöse Partei, der es nach über einem Jahrzehnt vergeblicher Anläufe 1984 gelang, einen Sitz bei den israelischen Parlamentswahlen zu erobern. Diesen nutzte Kahane dazu, diverse Gesetzesvorschläge in der Knesset einzubringen, die alle darauf abzielten, Nichtjüdinnen die israelische Staatsbürgerschaft abzuerkennen, Mischehen zwischen Juden und Nichtjuden zu verbieten und sexuelle Beziehungen zwischen beiden Gruppen zu untersagen. Die Kach verschob den Fokus vom Land auf die Menschen: Nicht mehr um territoriale Kompromisse sollte es gehen, sondern um eine Gesetzgebung, die israelische Araber und die Araber in Ostjerusalem faktisch daran hindern würde, sich in die israelische Gesellschaft zu integrieren oder gar an sie zu assimilieren. So entwarf Kahane beispielsweise ein »Gesetz zur Verhinderung einer Assimilation von Juden und Nichtjuden und zur Bewahrung der Heiligkeit des Volkes Israel«. Der Logik von Verunreinigung und Reinheit folgend, bezweckte dieses Gesetz eine strikte Trennung von Juden und Nichtjuden in der Öffentlichkeit.[14] Wie

Kahane behauptete, basierten seine Gesetzesinitiativen auf der *Mischne Tora*, dem Hauptwerk des Maimonides.[15] Doch ist es nicht weniger wahrscheinlich, dass seine Vorstellungen durch den offiziellen Rassismus geprägt waren, der bis zur Bürgerrechtsbewegung in den USA herrschte. Kahane wurde 1932 in Brooklyn geboren und lebte bis 1971 in den Vereinigten Staaten; er war ebenso sehr Amerikaner wie gläubiger Jude. Die tiefreichende Segregation schwarzer Menschen in den USA, die durch die rassistische Ideologie weißer Überlegenheit gerechtfertigt wurde und in so vielen amerikanischen Institutionen verankert war, konnte ihm nicht fremd sein. (Vergessen wir nicht, dass die Nazis die amerikanische Regel des »einen Blutstropfens«, nach der jede Person schwarz war, die irgendeinen schwarzen Vorfahren hatte, als zu streng empfanden und ihre Definition des Juden auf jede Person mit einem jüdischen Großelternteil beschränkten).[16] Kahanes Ideologie zeichnete sich somit sowohl durch seinen Wunsch, die jüdischen Reinheitsgesetze auf den öffentlichen Raum zu übertragen, als auch durch eine zutiefst rassistische Vorstellung ethnischer und »rassischer« Überlegenheit aus, die in den Vereinigten Staaten bis lange nach der Desegregation in den sechziger Jahren verwurzelt war. (Die Bürgerrechtsbewegung war einer der Gründe, weshalb Kahane nach Israel auswanderte.)

Seine Partei Kach wurde 1988 verboten, verschwand aber nur dem Namen nach von der Bildfläche. Tatsächlich zettelte sie eine kleine ideologische Revolution an, da Kachs Ideen von verschiedenen dynamischen kleinen Parteien und politischen Organisationen wiederbelebt wurden. So ist etwa der Name der 2009 gegründeten Organisation Lehava ein Akronym für »Prävention von Assimilation im Heiligen Land«. Sie widersetzt sich Mischehen zwischen Juden und Nichtjuden, insbesondere Muslimen. Ihre Mission sieht sie darin, jüdischen Frauen dabei zu helfen, sich aus solchen »schädlichen« Beziehungen zu befreien, auch wenn die meisten dieser Frauen ihre Hilfe nie gesucht haben.[17] Ein anderes Beispiel ist die 2006 gegründete NGO Im Tirtzu, die sich die Förderung des Zionismus in Israel auf ihre Fahnen geschrieben hat.[18] Das schließt unverfängliche Aktivitäten wie die Verteilung kleiner Geschenke an israelische Soldaten ein, aber auch weit weniger unschuldige Aktionen wie das Schikanieren von Gelehrten und erklärten Linken, die als »antizionistisch«, als gefährliche Verräter gebrandmarkt werden. Obwohl sie eine säkulare Bewegung mit starken Affinitäten zum McCarthyismus ist (und beispielsweise schwarze Listen von linken Wissenschaftlern erstellt), verunglimpft Im Tirtzu wie die religiöse Lehava oft ganze Gruppen oder deren Mitglieder als moralisch abstoßend – das heißt als abscheulich. Die NGO ist vom selben Antrieb beseelt, jegliche verunreinigenden Ideen oder Personen von öffentlichen Institutionen fernzuhalten. Otzma Jehudit (Jüdische Stärke), Ha-Ichud HaLeumi – Tkuma (Nationale Union – Wiedergeburt), HaBajit haJehudi (Jüdisches Heim), Eretz Israel Schelanu (Unser Land Israel) wiederum sind allesamt Parteien, die trotz kleinerer Unterschiede in Rhetorik und Ausrichtung von der ideologischen Lebendigkeit jener Ideen zeugen, die von Kahane gehegt, aber schließlich offiziell geächtet wurden. Trotzdem sind diese Ideen allmählich in die Mitte der Gesellschaft eingewandert und insofern zum Mainstream geworden. Dieser Prozess fand seine endgültige Bestätigung in den Parlamentswahlen vom November 2022, als die Liste Religiöser Zionismus (HaTzionut DaDatit), ein Bündnis der extrem rechten Parteien Noam (deutsch etwa »Milde«, Anti-LGBT), der von dem Kahanisten Itamar Ben-Gvir geleiteten Otzma Jehudit und der Ha-Ichud HaLeumi – Tkuma unter Vorsitz von Bezalel Smotrich (einem religiösen Siedler mit Vorstellungen von der Heiligkeit des Lands und des Volks, die denen Kahanes sehr nahe kommen), knapp elf Prozent der Stimmen erreichte und vierzehn Sitze in der Knesset erobern konnte. Diese drei Parteien vertreten Teile der religiösen Öffentlichkeit, sind orthodox und beziehen ihre wichtigste Inspiration aus religiösen Texten. Sie sind darüber hinaus ultranationalistisch und glauben an die Heiligkeit des Landes Israel. Die Palästinenser haben für sie keine Rechte in ihrem angestammten Heimatland, und die Verletzung des Völkerrechts oder die Vorenthaltung von Menschenrechten scheint sie nicht groß zu bekümmern. Ihnen zufolge gehört das umstrittene Territorium rechtmäßig und moralisch den Juden, womit sie die Zwangsenteignung, Vertreibung und Beherrschung der Araberinnen und Araber legitimieren. Vor allem aber sind sie einer Definition des jüdischen Volkes nach dem jüdischen Gesetz (der Halacha) verpflichtet und nehmen die Bewahrung der ethnischen Reinheit des jüdischen Volkes sehr ernst, weshalb sie diejenigen attackieren, die eine solche Reinheit bedrohen. Diese Parteien haben sich zu einem sehr aktiven Teil der israelischen Gesellschaft entwickelt und sind seit Dezember 2022 Teil der rechtsgerichteten Regierung Netanjahus. Schon vorher haben sie den Diskurs und die Politik auf viele indirekte Arten beeinflusst, durch Geld, Aktionsgruppen und durch die Verbreitung neuer Sprachnormen.

Die Radikalisierung der Likud, von der in der ersten Dekade der zweitausender Jahre oft die Rede war, bestand vor allem darin, dass die Partei neue politische Inhalte vermittelte, die ihre Grundlage in Gefühlen des Abscheus hatten. 2004 etwa stimmten 22 Likud-Abgeordnete für ein Gesetz, das es erlauben sollte, Städte und Dörfer rechtlich bestimmten ethnischen oder nationalen Gruppen vorzubehalten, das also die Rechtskategorie einer »rein jüdischen« Stadt einführen würde. Der Gesetzesentwurf wurde von einem Mitglied der Listenverbindung Nationale Union eingebracht, von mehreren anderen religiösen Parteien unterstützt und scheiterte in der Knesset nur knapp (38 Ja- bei 40 Gegenstimmen).[19] In Fällen wie diesen wurde das ideologische Programm der Likud tiefgreifend auf religiöse Positionen umgestellt, die auf einer radikalen, unüberwindlichen Trennung zwischen Juden und Nichtjuden, Gläubigen und Ungläubigen, reinen und unreinen Lebensformen beharren.

Hierin liegen gewisse Ähnlichkeiten mit den weißen evangelikalen Christen in den USA, von denen 34 Prozent sagen, dass sie die Trennung von Kirche und Staat in ihrem Land ablehnen (der Anteil in der US-Bevölkerung insgesamt liegt bei 19 Prozent),[20] also die Bezugnahme auf religiöse Grundsätze in der politischen Entscheidungsfindung befürworten. Eines der offensichtlichsten Beispiele hierfür ist der jahrzehntelange Kampf der weißen Evangelikalen gegen die Abtreibung – mit Bildern von Ärztinnen, die Abtreibungen vornehmen, im Stil von Fahndungsplakaten,[21] eine abscheuliche Taktik, der sich auch rechtsextreme Organisationen in Israel regelmäßig bedient haben, wenngleich für ethnische und nationalistische Zwecke.

Im Einklang mit anderen rechtspopulistischen und rechtsextremen Bewegungen auf der Welt (Orbán in Ungarn, amerikanische weiße Rassisten wie die American Front und die American Freedom Party [vormals American Third Position Party], die Serbische Radikale Partei, Modis BJP in Indien, Melonis Fratelli d'Italia) verteidigt die israelische extreme Rechte die Reinheit des jüdischen Volkes, eine Idee und ein Ideal, das gleichermaßen religiös und politisch ist und über eine solide Grundlage im jüdischen Gesetz verfügt. Zwar hat eine Organisation wie die oben erwähnte Lehava in den meisten Ländern der Welt, in denen Mischehen, interreligiöse Ehen und gemischtrassige Beziehungen gesetzlich geschützt sind und nicht die Zielscheibe irgendeiner legitimen politischen Partei bilden, kaum ein ideologisches Äquivalent. Man würde bis zum Ku-Klux-Klan der zwanziger Jahre zurückgehen müssen, um eine ähnliche ideologische Ausrichtung zu finden, die solche Beziehungen explizit verbieten und bekämpfen wollte. Eine aktuelle Ausnahme deutet sich allenfalls unter Modi in Indien an, wo seit 2020 mehrere Distrikte interreligiöse Ehen dadurch erschwert haben, dass sie Frischvermählten verbieten, zum Glauben ihres Ehepartners überzutreten.[22]

Doch bringt Lehava ein Thema auf die politische Bühne, das zwar (noch) nicht zum offiziellen Programm einer Partei gehört, das aber faktisch der politischen Weltsicht und den Werten vieler religiöser Parteien entspricht, die derzeit in Israel (und anderen Teilen der Welt) an der Macht sind. So erklärte etwa Bezalel Smotrich, der Vorsitzende des erwähnten Parteienbündnisses Religiöser Zionismus und seit Dezember 2022 israelischer Finanzminister, dass seine Frau, nachdem sie ein Kind zur Welt gebracht hatte, kein Zimmer mit einer arabischen Frau teilen dürfe.[23]

Lehava setzt sich nicht nur aktiv gegen interreligiöse Ehen ein, die Organisation hat die Israelis sogar aufgefordert, Juden, die ihre Wohnungen an Araber vermieten, an sie zu melden, damit sie öffentlich an den Pranger gestellt werden können.[24] Sie agitierte auch gegen die gemeinsame Benutzung von Stränden durch Jüdinnen und Araberinnen.[25] All diese Aufforderungen und Verbote folgen der Logik des Abscheus und der Verunreinigung, der zufolge das Vorhandensein von Nichtjuden im kollektiven Gemeinwesen die Reinheit des Volkes insgesamt gefährdet. Organisationen wie Lehava beziehen ihre Inspiration unmittelbar aus diversen Strängen des orthodoxen Judentums, welches das jüdische Volk als eine (zum Beispiel durch Mischehen) bedrohte Einheit begreift, und arbeiten aktiv darauf hin, seine Reinheit zu bewahren, indem sie Juden von Nichtjuden trennen.

Im israelischen Kontext entspricht diese religiös begründete symbolische Struktur der sozialen und geografischen Struktur der Besatzung. Die dauerhafte Besatzung ist nicht nur eine militärische Tatsache, sondern impliziert auch eine aktive und permanente Trennung zwischen jüdischen Siedlern und Arabern, ungeachtet der Tatsache, dass ihre Existenz eng miteinander verflochten ist. In ihren Siedlungen leben die Juden oft in eingezäunten Wohnkomplexen, sie haben ein eigenes Schulsystem und unterhalten mit Arabern keine freundschaftlichen, kollegialen oder sexuellen Beziehungen. Ein ausgeklügeltes System von Straßen und Kontrollpunkten zielt auf eine maximale Abschottung zweier Bevölkerungsgruppen, die leicht in enger Symbiose leben könnten. Die Aufgabe, die Abschottung beider Gruppen sicherzustellen, obliegt der Armee.

Ultraorthodoxe Juden wenden die Gesetze der Reinheit und Unreinheit nur auf ihre eigenen geschlossenen Gemeinschaften an. Das halten die Vertreter rechtsextremer nationalreligiöser Gruppierungen, von denen viele Siedler sind, anders: Sie sind weitaus missionarischer in ihrem Bemühen, benachbarte Gemeinschaften voneinander zu isolieren, indem sie ein starkes Gefühl der Getrenntheit in der Gesellschaft verbreiten, von dem man sagen könnte, dass es auch mit bewusst geschürtem Abscheu zusammenhängt. Die Religion und die Armee sind zwei mächtige institutionelle Systeme zur Durchsetzung einer strikten Trennung. Tatsächlich liegt der Hauptunterschied zwischen Ultraorthodoxen und rechtsextremen religiösen Nationalisten darin, dass Letztere durch ihre Rabbiner aktiv Abscheu vor diversen Gruppen in der Öffentlichkeit erzeugen, nämlich vor säkularen Menschen, Linken, Reformjuden, Feministinnen, Homosexuellen und natürlich vor allem vor Araberinnen und Arabern. Derartige Vorstellungen werden von Vertretern der Eliten unter den Siedlern vermittelt, darunter vielen Militärrabbinern sowie Rabbinern, die Schüler in vormilitärischen Schulen unterrichten.[26] Solche Rabbiner bewirken eine perfekte Verbindung und Angleichung zwischen dem religiösen Ethos und dem aktiven Einsatz des Militärs für die physische Abgrenzung beider Gruppen.

Die Jeschiwa Bnei David in der Siedlung Eli (die von der Völkergemeinschaft als illegal betrachtet wird) ist eine vormilitärische Akademie, die religiöse Studierende auf die Armee vorbereitet. In ihr unterrichten mehrere Rabbiner, die einen tiefen Einfluss auf eine wachsende Zahl von Offizieren und Politikerinnen ausüben. Für Jair Nehorai, einen Anwalt, der die Reden maßgeblicher, auf der Hinterbühne politischer Parteien und ideologischer Plattformen tätiger Rabbis aufmerksam verfolgt, stehen diese für eine mögliche künftige Richtung Israels. Wir sollten sie uns näher ansehen.

Rabbiner Eli Sadan, Leiter der religiösen vormilitärischen Schule in Bnei David und seit 2016 Träger des angesehenen Israel-Preises, ist ein ungemein einflussreicher Vertreter des messianischen Judentums. Über Reformjuden und säkulare Menschen äußert er sich vorzugsweise in Metaphern, die ihren gefährlichen und verunreinigenden Charakter betonen: »Es [das Reformjudentum] ist ein Schlangengift, und viele, die es in sich tragen, verstehen gar nicht, welches Gift sie in sich tragen. In der Oberflächlichkeit ihrer Bildung und ihres Wissens tragen sie dieses Gift in sich, weil sie es für das Schönste und das Beste halten und alles gut ist …«[27]

Rabbiner Eliezer Kaschtiel, ebenfalls an der Jeschiwa Bnei David, vergleicht säkulare Literatur mit einem Haufen Abfall. Die Wahl solcher Metaphern zielt offenkundig einzig und allein darauf, Abscheu zu erregen:

> Wenn jemand etwas Abfall hat, ist das kein Grund, dass die ganze Umgebung darunter leidet ... Nur weil jemand Abfall hat, nur weil du ein bisschen zu Hause hast, ist das kein Grund, rauszugehen und Stände aufzustellen, jede Menge Stände und jede Menge Tische, mit jeder Menge Müllhaufen. Und mehr Geld dafür zu verlangen. Ich verkaufe Abfall, wer will ihn kaufen? Aber wenn sich Literatur nicht um die [religiöse] Erlösung dreht oder wenn es nicht wenigstens eine Atmosphäre der Erlösung im Hintergrund gibt, was für einen Sinn hat sie dann? Sie stellen einfach nur die Unreinheit in einer Person so dar, wie sie ist, und das ist ... Jede Person hat alle möglichen Leidenschaften und Triebe, und sie legen sie auf den Tisch, und jeder muss diese gewaltige Mixtur aus Trieben kaufen und dafür bezahlen ... Es ist gut, dass wir gelegentlich Abfall kaufen, so können wir unterscheiden zwischen einer guten Gurke und einer Gurke, die Abfall ist; so können wir einen Stand neben dem Laden mit den verfaulten Gurken aufbauen und dort kaufen ... Und es ist gut, so ordentliche Regale zu Hause zu haben mit jeder Menge verfaulter Gurken, so dass wir [sie] besser unterscheiden können. Wie kann man leben, wenn alles voll ist von diesem Gestank?[28]

Ein weiterer Rabbiner, Zvi Israel Thau, der für seine Ausfälle gegen Homosexuelle und als Spiritus Rector hinter der Partei Noam bekannt ist, bedient sich ähnlicher Bilder, um Abscheu zu erregen. Das hört sich dann so an:

> Es ist nicht zu leugnen, dass dieses Virus [Covid-19] bekanntlich Tiere schädigte, aber keine Menschen befiel. Die Gemara [der Talmud] sagt uns: Es gibt kein Tier, das den Menschen beherrscht, solange der Mensch nicht selbst als ein Tier erscheint ... die postmoderne Kultur mit den Iphones, die mit Gräuelfilmen überflutet sind, mit den pervertierten Organisationen, die den Menschen auf der ganzen Welt einem Tier angleichen. Ist Polyamorie nicht ein tierischer Akt?[29]

Die krasseste Rede in diesem Zusammenhang ist aber zweifellos die folgende, die Rabbi Kaschtiel vor seinen Schülern hielt. In ihr stellt er die Araber als genetisch und von Natur aus minderwertig dar und behauptet, das Ziel der Besatzung bestünde in Wirklichkeit darin, sie zu erheben, das heißt aus ihrer schrecklichen unterentwickelten Lage zu befreien. Die Besatzung und die Beherrschung der Araber werden so zum festen Bestandteil einer israelischen Zivilisierungsmission:

> Ja, wir sind Rassisten, gewiss. Ja, es gibt Rassen auf der Welt, und es gibt genetische Eigenschaften von Völkern, und das verlangt von uns [dem jüdischen Volk], dass wir darüber nachdenken, wie wir ihnen helfen können. Die Tatsache, dass es jemanden gibt, der weniger ist als du – das ist kein Grund, ihn zu verspotten oder zu zerstören, sondern ihm zu helfen. [...] Wie wir wissen, gibt es Gendefekte, sagen wir, innerhalb der Gesellschaft, leider wird ein Kind mit einem Defekt geboren. Ist das ein Grund, es zu verspotten? Nein, es ist ein Grund, ihm zu helfen ... Ich sehe, dass ich viel beeindruckendere Ergebnisse erziele als er. Auf den Gebieten der Moral, der Mentalität, der Persönlichkeit erziele ich viele größere Erfolge – also ist es meine Pflicht, ihm zu helfen, ihn nicht so zu belassen, wie er ist, arm und erbärmlich, sondern die Hand zu ihm auszustrecken und ihm zu sagen »Komm«. Komm, sei mein Sklave, sei ein Partner in meinem Erfolg. [...] Es gibt solche Völker um uns herum mit genetischen Problemen ... Fragt einen einfachen Araber, ich habe einen einfachen Araber gefragt, wo willst du leben, unter der Palästinensischen Behörde oder unter dem Staat Israel? Die Antwort ist unmissverständlich. Jeder wird dir dieselbe unzweideutige Antwort geben, dass sie unter der Besatzung leben wollen ... Warum? Weil sie ein genetisches Problem haben, sie wissen nicht, wie man ein Land verwaltet, sie wissen nicht, wie man irgendwas tut, schaut euch nur an, wie sie aussehen ... [...] Der einfache Araber, der jeden Tag arbeitet, welchen Arbeitgeber bevorzugt er? Fragt ihn. Einen jüdischen Arbeitgeber oder einen arabischen Arbeitgeber? Das ist überhaupt keine Frage. Sie wissen es, also wollen wir die Dinge klar aussprechen und sagen »Kommt und seid unsere Sklaven« ... Statt Entschuldigungen vorzubringen, ist es besser, wahre und zutreffende Dinge zu sagen und nicht herablassend zu sein.[30]

Besonders interessant an diesen Ausführungen ist, dass sie eine angebliche Minderwertigkeit der Araber nicht nur als genetisch und naturgegeben darstellen, sondern auch als Chance für die Juden, sich ihrer größeren Moralität bewusst zu sein und sie dadurch zu beweisen, dass sie der unterlegenen Art helfen. Während die zitierten Rabbiner alle aschkenasischen Ursprungs sind, steht der sephardische Rabbiner Ovadja Josef – der geistige Führer der Schas-Partei – seinen aschkenasischen Kollegen in nichts nach. Im Zusammenhang mit einem Konflikt zwischen Muslimen und Juden in Bagdad, an den er sich erinnerte (ohne in seiner Rede ein genaues Datum zu nennen, doch sollten wir anmerken, dass der grundsätzliche Konflikt damit endete, dass die Juden verfolgt wurden und aus dem Land fliehen mussten), zeigte Josef noch weniger Mitgefühl mit der »minderwertigen Art«: Die Araber »erhoben sich am folgenden Tag und veranstalteten einige Demonstrationen. Das ist die Macht dieser bösen arabischen Menschen. Sie sind nicht zu bemitleiden, sondern mit Raketen zu vernichten, zu zerstören, sie sind verflucht und böse.«[31] Es sei jedoch darauf hingewiesen, dass die ultraorthodoxe Schas-Partei, die die Mizrachim [also nicht aschkenasische Juden] repräsentiert, oft toleranter und rücksichtsvoller gegenüber arabischen Israelis war als andere israelische Parteien.[32]

Gift, Abfall, Gräuel, Gestank, Bestien, Schlangen, Tiere, Mörder, verdorbener Geist, Bosheit bilden zusammen eine Matrix, um Araber und säkulare Jüdinnen und Juden als Inbegriff einer Verschmutzung zu charakterisieren, die nichts als Abscheu erregen kann. Araber und Säkulare stellen den unreinen Kern dar, der andere Gruppen ansteckt: Linke, Homosexuelle (die hebräische Bezeichnung für Homosexualität enthält das Word *to'eva*, etwas Abscheuliches) und Feministinnen. Menschen, die Angehörige dieser Gruppen treffen, berühren, mögen, lieben oder die ihre Bücher lesen, werden von dem Ungeziefer infiziert. Das sind zweifellos extreme

Anschauungen, die von einer bestimmten Gruppe Rabbiner verbreitet und in ihrer Grausamkeit von der Mehrheit der jüdischen Israelis nicht geteilt werden. Doch verfügen solche Auffassungen über die Macht, die Normen des Diskurses zu verschieben, und sie finden ein Echo in der entscheidenden säkularen Institution Israels: der Armee, die am unübersehbarsten im Westjordanland dazu eingesetzt wird, die Trennung zwischen Juden und Arabern zu erzwingen. (Und ein Echo ist kein eigenständiger Klang, sondern die Rückstrahlung einer Klangwelle.)

Nadav Weiman, Vizepräsident der NGO »Das Schweigen brechen«, dem wir bereits im vorigen Kapitel begegnet sind, hatte seinen Wehrdienst in einer Scharfschützeneinheit absolviert und in der Überzeugung beendet, dass die Besatzung so unmenschlich wie fruchtlos ist. Am Anfang unseres Interviews stand die Frage, inwiefern Abscheu und Verachtung gegenüber den Arabern strukturell in den Militärdienst eingebettet sind.

EVA ILLOUZ: Sie haben von Fäkalien gesprochen. Gibt es die Wahrnehmung, dass Araber schmutzig sind?

NADAV WEIMAN: Ja klar. A propos, wenn du bewaffnete Männer siehst, nennst du sie »Schmutzige« über Funk. Das ist buchstäblich das offizielle Wort. »In vierhundert Metern zwei ›Schmutzige‹ ausgemacht.«

EVA ILLOUZ: Wie zeigt sich der Schmutz?

NADAV WEIMAN: In verschiedener Weise. Erstens, weil die Infrastruktur im Westjordanland und im Gazastreifen so schlecht ist, gibt es viele Häuser mit Fäkaliengruben, also riecht es schlecht. Und es gibt keinen Wasserabfluss, die Infrastruktur der Häuser und so weiter ist nicht gut. Also riecht es da wirklich nach Fäkalien und Abfall und dergleichen. Es ist auch der physische Dreck auf der Straße, der Geruch. Aber auch ein Mann, der Müll verbrennt, was bist du denn für einer? Weißt du nicht, dass du dem Planeten schadest? Weißt du nicht, dass es eine Müllkippe dafür gibt? Wir wussten nicht, dass es keine gab. Auch physisch. Viele Palästinenser, denen man über den Weg läuft, verrichten manuelle Arbeit, sie sind Bauern, sie arbeiten in Israel. Sie sind nicht so angezogen, wie ich das in einer normalen Straße in Tel Aviv gewohnt bin. Obwohl meine erste Reaktion, als ich durch Nablus fuhr, war: Wow, es sieht wirklich aus wie die Allenby Street in Tel Aviv! Oft sieht man barfüßige Kinder herumhängen, sie sind ein bisschen schmutzig. Und auch wenn man anhält und jemanden festnimmt, ist es oft so, dass man ihn auf den Boden des Jeeps oder des gepanzerten Fahrzeugs wirft oder ihn am Eingang zum Stützpunkt platziert, und dann wird er mit Dreck beschmiert. [...] Man nennt es »zurückgeben« [*lehizdakot*, das Wort, mit dem Soldaten die Rückgabe militärischer Ausrüstung bezeichnen]. Wenn man den Palästinenser »zurückgibt« und zur Militärpolizei bringt, dann spritzen sie ihn physisch mit einem Schlauch ab, neben der medizinischen Untersuchung, die sie vornehmen. All dies zusammengenommen vermittelt einem den Eindruck, dass sie einfach schmutzig sind. In vielen palästinensischen Häusern, die man betritt, gibt es keine Toilette, nur ein Loch im Boden wie in Indien. Ich erinnere mich, wie sie uns in der Ausbildung erklärten, dass die Palästinenser kein Toilettenpapier haben und sich ihren Hintern mit den Händen abwischen und mit Wasser waschen.

EVA ILLOUZ: Wer hat das erklärt?

NADAV WEIMAN: Einer der Kommandeure bei der Ausbildung.

EVA ILLOUZ: Gab es dafür irgendeine Grundlage?

NADAV WEIMAN: Ich glaube nicht. Es kam nie zu einem Gespräch mit einem Palästinenser [über dieses Thema], selbst heute nach all den Jahren, die ich im Feld zugebracht habe.

EVA ILLOUZ: Es ist sehr interessant, dass so eine Geschichte im Umlauf ist.

NADAV WEIMAN: Weil wir ein Team von Scharfschützen waren, verwendeten wir eine Menge Nachtsichtgeräte und Wärmebildkameras, also gab es immer die Geschichten von Scharfschützen oder Beobachtern der israelischen Verteidigungsstreitkräfte, wie sie nachts einen Palästinenser sehen, der Sex mit einem Schaf oder einer Ziege hat. Es heißt, es gäbe ein Video davon. Ich habe nie ein solches Video gesehen.

Wie Nadav Weiman nahelegt, haben die Soldaten ein vorgefertigtes Bild von den Palästinensern, die sie kontrollieren, überwachen, schlagen, einsperren oder sogar töten sollen. In diesem Bild verbinden sich die zentralen Emotionen von Angst und Verachtung und verursachen ihrerseits Abscheu. Wir können somit sagen, dass die permanente Herrschaft über eine arme Bevölkerung, der es an grundlegender sanitärer Versorgung mangelt, Abscheu hervorruft, und dieser Abscheu fließt in eine Ideologie ein, die ihrerseits die ständige, auf dieser Abscheu beruhende Gewalt rechtfertigt.

Ansichten wie die auf den vergangenen Seiten zitierten beschränken sich nicht auf Rabbiner und Soldaten. In dem Dokumentarfilm *Die Siedler der Westbank* (2016) des israelischen Filmemachers Shimon Dotan wird ein Mann befragt, der in der 2001 gegründeten und heute 350 Einwohner umfassenden Siedlung Esch Kodesch lebt:

> Siedler: Jeder Mensch hat einen Auftrag. Wir, das Volk Israel, haben hier den Auftrag, das Land zu besetzen, es zu vererben und die Nichtjuden von hier zu vertreiben.
>
> Interviewer: Sollte es im Staat Israel, wie Sie ihn sehen, nur Juden geben?

Siedler: Hauptsächlich Juden. Ich sehe keinen Platz für Araber in unserem Land.

Interviewer: Fürchten Sie nicht, als Rassist bezeichnet zu werden?

Siedler: Ich bin Rassist. Ich sage jeden Morgen im Gebet: Gelobt seist Du, Ewiger, der mich als Jude erschaffen hat. Ich bin Rassist. Einen jüdischen Tramper nehme ich mit, einen arabischen nicht. Ich stelle auch nur Juden ein und keine Araber, und ich gebe auch einer Araberin keine Almosen. Soll sie doch zu den Einrichtungen der Hamas gehen, vielleicht geben sie ihr da ja was.[33]

Es ist schwer zu sagen, wie repräsentativ solche Äußerungen für die gesamte Bevölkerungsgruppe der Siedler sind. Zweifellos gibt es viele Siedler, die keine rassistischen Einstellungen hegen. Ebenso wenig lässt sich bezweifeln, dass ein solcher Rassismus vor dem Hintergrund eines langwierigen Konflikts um Land mit einer territorial bedingten Feindschaft und einem militärischen Konflikt vermengt ist (wie es beispielsweise Ende des 19. Jahrhunderts auch zwischen Frankreich und Deutschland der Fall war). Doch dürfen wir wohl mit Sicherheit davon ausgehen, dass eine solche Sprache für viele jüdische Bewohner des Westjordanlands nicht unüblich oder schockierend ist. Abscheu und Angst vor dem Feind sind hier so eng miteinander verschlungen, dass sie praktisch ununterscheidbar werden und Letzteres Ersteres legitimiert. Ich habe eine junge, 18-jährige Frau interviewt, die in einer Siedlung geboren wurde, eine religiöse, bekennende Rechte und überzeugte Anhängerin der Idee eines »Großisrael« [Eretz Israel Haschlema], der zufolge der Staat Israel das gesamte Land umfassen soll, das Teil des biblischen Israels war und das heute auch die von der Palästinensischen Behörde kontrollierten Gebiete einschließt. Gleichzeitig nahm sie an einer Diskussionsgruppe zwischen Palästinenserinnen und Juden teil. Sie erzählte mir, eine ihrer größten Überraschungen beim Besuch der Gruppe habe in der Entdeckung bestanden, dass einer der palästinensischen Jungs aus der

Gruppe in seiner Freizeit »Bücher las und malte«. Bis dahin hatte sie Araber als furchteinflößend und primitiv betrachtet, als Personen, die man nicht mit Lesen und Malen in Verbindung bringen konnte, ein Hinweis darauf, dass Abscheu subtil mit Verachtung gepaart ist.[34] Eine weitere erstaunliche Form moralischen Abscheus, der man oft begegnet, ist indirekter Natur. Ein Rabbiner aus dem Westjordanland, der in der Siedlung Schilo lebt, erklärte (alle) Araber für minderwertig, weil sie weder Demokratie hätten noch die Rechte von Homosexuellen und Frauen anerkennen würden. Interessant ist diese Form von Abscheu, weil gerade viele Angehörige ultraorthodoxer Gemeinschaften die Demokratie keinesfalls hochhalten. Das orthodoxe Judentum erkennt die Vorstellung von Menschenrechten im Allgemeinen und Rechten für Frauen und Homosexuelle im Besonderen nicht an. Dies deutet auf eine Art Aneignung der Sprache der Rechte durch Gruppen hin, die eigentlich nicht wirklich an sie glauben, um einen »aufgeklärten« Abscheu zu rechtfertigen. Abscheu ist hier eine weitere zentrale soziale Emotion, weil sie mittels der Kluft zwischen Reinem und Unreinem eine undurchlässige Barriere zwischen sozialen Gruppen schafft, die tiefgreifende politische Auswirkungen hat.

Wie hängt der Abscheu in Israel mit dem Populismus zusammen? Neben den bereits erörterten NGOs und Siedlungsrabbinern kam der engsten Verbündeten der Likud, der Schas-Partei, eine Schlüsselrolle bei der Verbreitung und Legitimation von Abscheu zu, da sie in den neun Regierungskoalitionen, an denen sie mit der Likud beteiligt war, 24 Jahre lang das Innenministerium besetzte; in der seit Dezember 2022 amtierenden Regierung Netanjahu VI ist der Schas-Partei erneut das Innenministerium zugeschlagen worden. Damit war und ist die Partei für die Regelung des Verhältnisses von Juden und Nichtjuden in Israel zuständig.

Die Schas gilt als ultraorthodoxe Partei und schien ursprünglich außerhalb des Links-rechts-Schemas zu stehen. Tatsächlich aber ist sie zu einer extrem rechten Partei in der schlimmsten Tradition europäischer fremdenfeindlicher Parteien mutiert. Zwei Beispiele mögen genügen, um dies zu veranschaulichen.

Im Wahlkampf von 2013 zeigte ein TV-Spot der Schas ein junges Paar, das im Begriff ist zu heiraten. Unmittelbar vor der Trauung erhält die Frau (Marina, die von einer blonden und sehr blassen Schauspielerin verkörpert wird, was wohl nahelegen soll, dass sie aus Russland stammt) per Fax eine Bescheinigung ihres Übertritts zum Judentum (Giur), nachdem sie auf einem Faxgerät, das ihr von der säkularen russisch-israelischen Partei Israel Beitenu (Unser Zuhause Israel) zur Verfügung gestellt wurde, *G-I-U-R gewählt hat. Für Israelis besitzt diese Szene eine klare Botschaft: Die Frau ist nach den strengen Gesetzen der Orthodoxie keine richtige Jüdin, und die säkulare (rechte) Israel Beitenu hilft bei diesem Prozess der Verwässerung des jüdischen Volks mit. Ungeniert propagiert dieses Video die Wahlkampfaussage der Schas und anderer extrem rechter religiöser Parteien, dass »Mischehen« eine Gefahr darstellen.

Eli Jischai, ehemaliger Vorsitzender der Schas-Partei und von 2009 bis 2013 Innenminister, war für seinen Widerstand gegen die Aufnahme afrikanischer Asylsuchender aus derselben Angst vor Vermischung heraus bekannt. Er bezeichnete alle Asylsuchenden als Kriminelle, die man ins Gefängnis oder in eine geschlossene Einrichtung stecken müsse, um ihnen anschließend Geld zu geben, damit sie Israel verlassen.[35] Die Dämonisierung von Immigranten und Asylbegehrenden ist in vielen Ländern eines der bekanntesten rhetorischen Mittel der populistischen extremen Rechten. Im Rahmen seiner Präsidentschaftskandidatur 2015 warf Trump

Mexiko vor, Drogen, Kriminelle und Vergewaltiger in die USA einzuschleusen.[36] In den Niederlanden nannte der Vorsitzende der Partei für die Freiheit, Geert Wilders, marokkanische Einwanderer »Abschaum«.[37] In Großbritannien sprach der ehemalige Ukip-Chef Nigel Farage im Zusammenhang mit auf der Insel eintreffenden Flüchtlingen von einer »Invasion«.[38]

Für die Politologin Anna Bagaini ist die Schas aufgrund dreier typischer Merkmale eine populistische Partei, nämlich wegen ihres »Appells an Menschen, die sich als marginalisiert empfinden, einer stark antielitären Rhetorik und ihrer fremdenfeindlichen Einstellungen«.[39] So feierte die Partei bei den Parlamentswahlen von 1999 einen beachtlichen Erfolg, indem sie »heftige Angriffe auf die Institutionen und die Justiz« fuhr, um »Parteichef Arje Deri zu unterstützen, der mit einer Verurteilung wegen Bestechung und Betrug zu rechnen hatte«.[40] Auch hat die Partei xenophobe Einstellungen gegenüber arabischen Israelis, Einwanderern aus der ehemaligen Sowjetunion und Gastarbeitern zum Ausdruck gebracht.[41] Die Schas ist somit ebenso sehr eine ultraorthodoxe Partei, wie sie zur Familie der rechtsextremen Parteien gehört, weil sie mit dem Gefühl des Ekels arbeitet.

Wir können uns fragen, ob hier nicht noch eine weitere binäre Unterscheidung im Spiel ist. Wie Jason Stanley ausführt, war die Spaltung zwischen Städten (als Horten der Korruption) und ländlichen Gebieten (wo man noch an den richtigen moralischen Werten festhält) eine zentrale Achse der faschistischen Ideologien.[42] Die Bewohner von Kleinstädten, die Bevölkerung auf dem Land, an der Peripherie, in den Grenzregionen sollen angeblich die wahren und reinen Werte der Nation und »des Volkes« verkörpern, während die Menschen in den Städten kosmopolitische, pluralistische und säkulare Werte verkörpern, die die Einheit der Nation als ganzer gefährden.[43] Tel Aviv wird von religiösen und nationalreligiösen Bewegungen als Brutstätte der Dekadenz empfunden, weil die Stadt die von ihnen verunglimpften kosmopolitischen Werte symbolisiert. Ein Beispiel dafür war die aus dem rechten Lager kommende Verurteilung der Geste von Bürgermeister Ron Huldai, aus Anlass der verheerenden Explosion im Hafen von Beirut im August 2020 das Tel Aviver Rathaus in den Farben der libanesischen Flagge anstrahlen zu lassen.[44] Der Abscheu erstreckt sich hier schon auf eine einfache Geste humanitärer Solidarität.

Diese Form von Abscheu entsteht aus der verworrenen und komplexen Beziehung, die der Populismus mit der Religion unterhält. Insofern der Populismus eine binäre Unterscheidung zwischen »uns« und »ihnen« fördert, findet er zwangsläufig ein Echo in Religionen, die auf einer starken Unterscheidung zwischen Gläubigen und Ungläubigen beruhen. Das gilt insbesondere für das Judentum, das eine nahezu unüberbrückbare Kluft zwischen Juden und Nichtjuden schafft (die, wie bereits erwähnt, natürlich auch das erstaunliche Überleben der Juden trotz aller gewaltsamen Versuche zu ihrer Vernichtung oder Assimilation erklärt). Der österreichische Theologe Wolfgang Palaver schreibt:

> Ein seiner Vorstellung gemäß homogenes Volk grenzt sich von allen fremden anderen ab und beansprucht oft auch seine eigene Überlegenheit. Häufig spielt die Religion eine Rolle in diesem Selbstverständnis von Menschen, die sich durch religiös oder kulturell andere bedroht fühlen.[45]

Zwischen populistischen Bewegungen und Religionen besteht jedoch mehr als eine Affinität: In Indien, Frankreich, Italien, den USA und natürlich Israel scheinen Gläubige in erheblicher Zahl für fremdenfeindliche Politikangebote zu stimmen, bei denen die Religion entscheidend für die Identitätsbehauptung ist und die Grenzen zwischen der eigenen Gruppe und allen anderen verstärkt.[46]

* * *

Nadav Weimans aktuelle Arbeit besteht darin, Jugendliche über den Charakter der Besatzung zu informieren, die zum Großteil in einer so sinnlosen wie grausamen Kontrolle der Bevölkerung besteht. In dem Interview, das ich mit ihm geführt habe, weist er auf eine signifikante Veränderung in der israelischen Gesellschaft während der letzten zehn Jahre hin.

EVA ILLOUZ: Was erleben Sie in Ihrer Arbeit mit jungen Menschen? Beziehungsweise in den Kreisen, zu denen Sie sprechen?

NADAV WEIMAN: Ich ging vor fünfzehn Jahren zur Armee, und niemand hatte ein Iphone, wir hatten gerade erst angefangen, Digitalkameras zu benutzen. Heute haben die jungen Leute [...] Zugang zu viel mehr Informationen, und trotzdem ist die Wahrnehmung der Palästinenser immer noch so. Sie behaupten, dass sie Mörder sind, dass sie ihre Kinder zu Mördern erziehen, dass es ihnen egal ist, wenn ihre Kinder getötet werden, sie gebrauchen Kinder und Schwangere als menschliche Schutzschilde. Ich gehe in vorbereitende Militärschulen und spreche über die Taktik in Gaza, mit Artillerie auf überfüllte Viertel zu schießen, und die Kids antworten mir: »Ja, aber du weißt schon, dass sie absichtlich unter jedem Raketenwerfer einen Kindergarten anlegen und dass die Terroristen sich von älteren Palästinensern als menschlichen Schutzschild begleiten lassen.« Als ob das Leben für Palästinenser nichts wäre, wofür es sich zu kämpfen lohnt. Wir glorifizieren das Leben. Sie glorifizieren den Tod. Und dann ist da die Sache mit dem »schmutzigen« Palästinenser.

Es gab zwei Ausländer bei uns im Team. Ein Jude aus Brooklyn und ein Jude aus London. Der aus den Vereinigten Staaten nannte sie mit Vorliebe »Kamelficker« und »Turbanträger«. Das heißt, er brachte seine amerikanische Wahrnehmung mit. Das aber sind Sätze, die ich heute höre ... Das begegnet einem ständig in den Mechinot und bei amerikanischen Studierenden, die nach Israel eingewandert und dort geblieben sind [die Alija gemacht haben]. Und sie titulieren die Palästinenser mit diesen Schimpfwörtern. Oder amerikanische Siedler, die auf diese Weise gegen Palästinenser wettern. Dieses Stereotyp eines einfachen Palästinensers, eines Bauern oder Bauarbeiters, der sein Leben nicht versteht und ausgenutzt wird, gestern trug er einen Sprengstoffgürtel, und heute drückt man ihm einen Stein in die Hand, um ihn auf Soldaten zu werfen. Er tut, was man ihm sagt, und denkt nicht selbst. Sie [die Palästinenser] sind eine homogene Masse. Wie ein Schwarm Fische oder ein Vogelschwarm. Die Teenager, die wir treffen, wenn sie über die Palästinenser oder Friedensargumente sprechen, dann immer in der Vorstellung: »Wir geben ihnen etwas, wir wissen, was passieren sollte. Sie wissen es nicht, wir müssen den Weg für sie herausfinden und entscheiden, was zu tun ist, weil sie unreif sind.«

EVA ILLOUZ: Sie haben mir [an früherer Stelle] gesagt, dass Sie im Lauf der Jahre einen Unterschied [bei den Besuchern seiner Veranstaltungen] bemerkt haben. Wie sieht dieser Unterschied genau aus?

NADAV WEIMAN: Der Unterschied besteht wahrscheinlich darin, wie extrem der Diskurs ist. In der Vergangenheit hat mich nicht jeder als Verräter bezeichnet oder verflucht oder meine Vorträge gesprengt. Wer die Vorträge sprengte, das waren die von Im Tirtzu. Sie kamen zu dem Vortrag, schrieben jedes Wort, das aus meinem Mund kam, auf dem Laptop mit und begannen dann zu schreien und den Vortrag zu sprengen. Das waren die »Verrückten«. Heute aber komme ich in einen Kibbuz, um einen Vortrag zu halten, und jemand stellt den Strom ab. Irgendein Angehöriger des Kibbuz kommt und stellt den Strom ab oder schreit: Wer hat die hier reingelassen? Selbst in einem Moschaw [einer bestimmten Form eines Dorfes] in Galiläa stellen sie den Strom ab oder verriegeln die Türen und verhindern den Vortrag. Oder es gibt Schulen, wo die Kinder uns reden hören wollen, aber die Lehrer haben Angst, was passiert, wenn die Eltern davon erfahren und sie anrufen, also sagen sie den Vortrag ab. Das ist Selbstzensur. Sie ziehen es vor, nicht darüber zu diskutieren, ihre eigene Meinung, die sie zu so einer Diskussion führt, nicht zu äußern. Ich verstehe ihre Furcht. Aber das ist der absolute Höhepunkt der Einschränkung des demokratischen Raums in Israel. Die Orte, an denen man legitimerweise eine Meinung gegen das Besatzungsregime aussprechen kann, sind weniger geworden. Oder Meinungen, die als links wahrgenommen werden [sind nicht willkommen]. Miri Regev [Mitglied der Likud-Partei, frühere Kultur- und in der aktuellen Regierung Verkehrsministerin] hat das in den vergangenen Jahren sehr erfolgreich betrieben. Alles, wo wir hinkamen, hat sie geschlossen, die Barbur [Art] Gallery in Jerusalem, [das Gemeindezentrum] Beit Haam in Pardes Hanna, eine private Galerie, in der ich in Haifa sprach ... Es ging von der Regierungsebene aus. Miri Regev sagt: »Ich werde die Finanzierung der Stadtbibliothek von Kirjat Ono einstellen«, die uns zu einer Veranstaltung eingeladen hat, weil es eine politische Veranstaltung ist, obwohl Miri Regev selbst zwei Wochen zuvor dort ein Grußwort zu Rosch Haschana gesprochen hat. Und dann sickert diese Botschaft nach unten durch, so dass sie Menschen auf der extremen Rechten triggert, und dann stellen die Leute, die uns zu einer Hausversammlung einladen, fest, dass vor dem Haus eine Demonstration stattfindet. In einem Fall versuchte ein rechtsradikaler Aktivist in ein Haus einzubrechen, in dem wir eine Veranstaltung hatten. Tatsächlich einzubrechen und den Bewohnern einen Schrecken einzujagen. Oder sie organisieren Boykotte der Geschäfte von Leuten, die uns zu sich nach Hause einladen. So funktioniert das also. Von der Ebene der Regierung sickert das hinunter zu den »verrückten« Leuten. Dann muss Bibi [Netanjahu] keine direkte Anweisung mehr geben. Im Bildungssystem ist es das Gleiche. Es beginnt damit, dass [Naftali] Bennett [seinerzeit Bildungsminister, von Juli bis November 2022 alternierender Ministerpräsident] das Gesetz gegen »Das Schweigen brechen« verabschiedete, das uns gar nicht betrifft, das ist alles eine einzige Meinungsmache der Medien, die Lehrer aber ... Es war vor einigen Monaten, als eine Schule eine Tour mit uns in Hebron plante, und sie planten auch, die Siedler zu treffen. Das steckten die Siedler Rafi Peretz, der gerade Bildungsminister war. Und Rafi Peretz [von der nationalreligiösen Partei HaBajit haJehudi] sagt: »Da ist das ›Das Schweigen brechen‹-Gesetz, ihr könnt ›Das Schweigen brechen‹ nicht treffen«, was eine einzige Lüge ist. Ich erklärte es ihnen, und die Bürgerrechtsvereinigung schrieb ein fachliches Gutachten, aber es ist zu spät, weil die Lehrer fürchten, dass ihre Schulfinanzierung gekürzt wird, oder sie haben Angst davor, was die Eltern mit ihnen machen werden, also treffen sie sich nicht mit uns, sondern nur mit Siedlern. Auf diese Weise verengen sie [die rechten Politiker] die Räume, in denen wir sprechen dürfen, und innerhalb dieser Räume ist die Sprache viel gewaltsamer geworden. Das Wort »Verräter« ist normal geworden. Es gibt jede Menge persönliche Beschimpfungen. Die Leute sammeln persönliche Informationen über mich, und dann wissen sie, wie sie mich persönlich beschimpfen können, wenn ich eintreffe, mir wirklich Gewalt androhen können. Wenn es dem pädagogischen Team nicht gefällt, »das Schweigen zu brechen«, dann funktioniert die »Ich übertreibe jetzt mal, aber ihr werdet mich schon zurückhalten«-Einstellung einiger Jugendlicher nicht mehr. Die Leute werfen wirklich mit Sachen nach uns. Niemand hält sie zurück. Dass mich jemand in Hebron zusammenschlägt, ist eines, aber ich bin in Situationen gewesen ... Ich war in ein Kibbuz eingeladen, eine Gruppe von Linken, um über die Operation Protective Edge [die Militäroperation 2014 in Gaza] zu sprechen. Und die Kibbuz-Mitglieder mussten jemanden physisch bändigen, der mich schlagen wollte. Die Meinungen, die Menschen von sich geben, sind ausgesprochen extrem, vor allem Jugendliche vor der Armee. Eine Umsiedlung war einmal eine Idee messianischer verrückter Leute wie Gandhi [Spitzname von Rechawam Zeewi, dem Gründer der Partei Moledet, Heimatland]. Kahane flog aus der Knesset, als das Teil seines Programms war. Wenn er kam, um eine Rede zu halten, hörten sie ihm nicht zu. Plötzlich führen Kinder in einer vorbereitenden Militärschule die Umsiedlung in einer politischen Diskussion als legitimen Gedanken an, als eine legitime Position in einer demokratischen Gesellschaft. Und ich erkläre ihnen, dass sie das nicht ist. Das ist etwas, wofür ich eine Vortragsreise unterbreche. Ich halte mitten in Hebron an. Es ist inzwischen unmöglich, das Gespräch fortzusetzen, weil das keine legitime Position ist. Und wenn vor ein paar Jahren die meisten aus der Gruppe verstanden, dass [es illegitim ist], Menschen aus ihrer Heimat zu deportieren und ihnen ihr Land wegzunehmen (und ich sage ihnen, dass es genau das ist, was sie mit meinem Großvater in Polen gemacht haben, nicht den Völkermord-Teil, sondern den Teil, ihnen das Land abzunehmen und sie zu vertreiben), *dann werden heute mehr Kinder aus der*

Gruppe sagen, dass das eine legitime Position ist, und auch die Rechtsberater verteidigen diese Position [Hervorhebung E.I.]. Sie sagen: »Er hat dir eine legitime Frage gestellt und du wirst sie beantworten, und nichts daran ist verkehrt.« Das zeigt einen gewissen moralischen Verfall. In den Mechinot kann man sehen, woher in der israelischen Gesellschaft der Wind weht. Es gibt Ideen, die wirklich radikal sind. Es gibt auch die Idee, dass die Demokratie vielleicht nicht der beste Weg ist, damit umzugehen.

Was Weiman hier beschreibt, ist das Ergebnis eines langen Prozesses der Verbreitung von Abscheu in der gesamten israelischen Gesellschaft, den er exemplarisch an einigen vorbereitenden Militärschulen festmacht. Die Reaktionen auf seine NGO, eine gewöhnliche Bürgerrechtsorganisation, verraten die Angst vor Verunreinigung und das oben beschriebene Gefühl einer Bedrohung der eigenen Reinheit: Aus dieser Perspektive scheint »Das Schweigen brechen« den Palästinensern nahezustehen oder sogar mit ihnen zu konspirieren. Der gegenüber den Palästinensern verspürte Abscheu verunreinigt deshalb auch die NGO und macht sie in den Augen vieler Israelis illegitim. Die Reaktionen seines Publikums sind erbitterter geworden, gerade weil sich der Abscheu in der alltäglichen Moral eingenistet und die Mentalitäten tiefgreifend verändert hat. Der Grund dafür ist, dass Abscheu sich nicht nur in einen eingefleischten Bestandteil der Mentalität bestimmter Gruppen verwandelt hat, sondern auch in die Propaganda eingebettet ist, die der Staat über Schulen, Medien, Kultur, eine interessierte Geschichtsschreibung und die permanente Wiederholung eines gegen ein »Sie« gerichteten »Wir« verbreitet. Die Verunreinigung ist eine eingebildete Angst, die sich über Gefühle verbreitet, so wie die Angst vor Verunreinigung durch die Einbildungskraft ausgelöst wird. Diese Angst spielt eine entscheidende Rolle bei der Kennzeichnung von Objekten, die aus dem Gemeinwesen ausgeschlossen werden sollen.

Der Rechtsanwalt und Menschenrechtsaktivist Hassan Jabareen, Gründer und Direktor der Stiftung Adalah, einer Menschenrechtsorganisation, in der überwiegend arabische Israelis tätig sind, stimmt mit Nadav Weiman überein:

HASSAN JABAREEN: Wie bei der »Messer-Intifada« [einer Reihe gewaltsamer Vorfälle in den Jahren 2015/2016] beispielsweise das gesamte politische System sagte: »Wenn du jemanden verdächtigst, schieß auf ihn, und zwar mit dem Ziel, ihn zu töten.« In der Vergangenheit war so etwas verboten, jemanden ohne Verfahren zu exekutieren. Als die Rechte aber hegemonial wurde, begann sie, diese Dinge zu rechtfertigen. Die Rechte hatte Erfolg mit ihrer Rechtfertigung, und es gelang ihr wirklich, die Überzeugung durchzusetzen, dass der Araber ein Feind sei. Es gelang ihnen, [andere] in einer Weise zu überzeugen, dass selbst im Falle eines Wahlsiegs und einer Regierungsbildung unter [Benny] Gantz dieser sich nicht trauen wird, weil er auch ein wenig mit Ayman Odeh [Vorsitzender der sozialistischen Listenverbindung Chadasch] sprechen muss. *Also gehen wir jetzt zum Abscheu über. Erst haben wir Araber getötet, weil sie ein Feind sind, und jetzt ist der Übergang … er [der Araber] wird verabscheuungswürdig. Er ist weniger menschlich. Das ist der Grund für den zunehmenden Hass, den ich sehe, aufgrund der rechten Hegemonie. Es ist eine sehr starke Hegemonie, man muss niemanden überzeugen, dass die Araber ein Feind sind, das hat man bereits geschafft. Und wenn man es schafft, dann erfordert die Tötung eines Arabers kein Gerichtsverfahren, das kann man straflos tun* [Hervorhebung E. I.].

Der Abscheu wirkt sich unmittelbar auf die Bereitschaft aus, andere Gruppen als den Juden gleichwertig zu betrachten. Das fällt umso stärker ins Gewicht, als zwanzig Prozent der Bevölkerung oder 1,84 Millionen Menschen innerhalb der Grünen Linie arabisch sind, was zusammen mit den 2,16 Millionen im Westjordanland lebenden Arabern eine Gesamtzahl von vier Millionen Arabcrinnen und Arabern in »Groß Israel« ergibt. Damit ist der Abscheu ein informeller Mechanismus, der zu den formellen Mechanismen noch hinzukommt, mit denen die Möglichkeit echter gleicher Rechte für Palästinenser verhindert wird.

Eine 2010 vom Harry Truman Institute an der Hebräischen Universität Jerusalem durchgeführte Umfrage ergab, dass 44 Prozent der jüdischen Israelis den Aufruf von Rabbinern, in der Stadt Safed keine Wohnungen an Araber zu vermieten, befürworten. Mit 48 Prozent sind weniger als die Hälfte der Juden im Land gegen solche Aufrufe,[47] eine Zahl, die im Lauf der vergangenen zehn Jahre eher gesunken sein dürfte. Eine weitere, aktuellere Erhebung des Israel Democracy Institute unter der ultraorthodoxen Bevölkerungsgruppe kam zu dem Ergebnis, dass drei Viertel der Befragten eine Freundschaft mit einer arabischen Person ablehnen,[48] etwas weniger als die Zahl derjenigen, die so in Bezug auf jene Israelis etwa aus der ehemaligen Sowjetunion empfinden, die nach dem jüdischen Gesetz nicht als Juden gelten.[49] Darüber hinaus gibt ein überwältigender Anteil von 93 Prozent der ultraorthodoxen Juden in Israel an, kein Vertrauen in den Obersten Gerichtshof zu haben, also die Institution, die die Gleichheit aller Menschen zu schützen beauftragt ist, während 76 Prozent sagen, dass jüdische Bürgerinnen mehr Rechte haben sollten als nichtjüdische.[50]

In Übereinstimmung mit Nadav Weimans persönlicher Einschätzung scheint es, dass die israelische Jugend sogar noch anfälliger für offenkundig intolerante Einstellungen ist: 2020 wurden jüdische israelische Heranwachsende nach ihrer Haltung zu Arabern befragt. 24 Prozent der Säkularen, 42 Prozent der Nationalreligiösen und 66 Prozent der Ultraorthodoxen unter ihnen bekannten sich zu negativen Gefühlen wie Hass. Im Einklang mit dieser Haltung befürworteten 49 Prozent der nationalreligiösen und 23 Prozent der säkularen Teenager die Option, arabischen Bürgerinnen das Wahlrecht zu verweigern (die ultraorthodoxen Jugendlichen wurden hierzu nicht befragt).[51] Diese Zahlen zeigen deutlich, dass die israelische Jugend Araber nicht als gleichberechtigte Bürger anerkennt und dass dies mit einer bestimmten Version des jüdischen Glaubens zusammenhängen könnte, die von Ultranationalismus sowie dem Gefühl der Bedrohung durch die arabische Bevölkerung innerhalb Israels und in den besetzten Gebieten durchdrungen ist. Diese komplexe Mischung von Emotionen übersetzt sich in Abscheu und wird dadurch ein noch festerer Bestandteil der eigenen politischen Überzeugungen.

Resümee

Die Politik der Angst und die Politik des Abscheus hängen eng zusammen. Eine Politik der Angst eint Menschen gegen einen gemeinsamen Feind, während eine Politik des Abscheus sicherstellt, dass sie von ihm getrennt und in sicherer Distanz zu ihm bleiben, damit ihre Angst nicht etwa die Gleichheit oder Überlegenheit des bedrohlichen Anderen anerkennt. Abscheu ist das Gefühl, das am besten zu politischen Regimen passt, die auf einer geregelten Trennung von Bevölkerungsgruppen beruhen, politischen Regimen, die eine geografische und rechtliche Trennung zwischen Gruppen herbeiführen und diese Trennung permanent rechtfertigen müssen, indem sie den anderen als verabscheuungswürdig darstellen.

HASSAN JABAREEN: Wenn die Beherrschung alle Aspekte des Lebens erfasst hat, wenn die Palästinenser unter Herrschaft stehen, dann können sie [die jüdischen Israelis] das ohne Rassismus nicht durchhalten. […] Der Rassismus kommt nach der Herrschaft. Man muss die Palästinenser kontrollieren und die Kontrollpunkte aufrechterhalten und seinem Kind erklären, warum es gerechtfertigt ist, dass eine schwangere Palästinenserin zehn Stunden lang anstehen muss, während man selbst mühelos durchkommt. Man behandelt sie nicht wie eine Person. Sie sieht zwar so aus, aber man behandelt sie nicht so.

Jabareen stellt hier den Zusammenhang zwischen Rassismus und Herrschaft auf den Kopf und macht einen interessanten Vorschlag: Der Rassismus war nicht der Grund für die Besatzung, sondern ist eine Folge von ihr. Für den Anwalt ist es nicht der Abscheu, der einen Soldaten zu missbräuchlichem Handeln bringt, sondern umgekehrt: Der Missbrauch benötigt eine Rechtfertigung, und der Abscheu liefert sie. Je alltäglicher und fester in der israelischen Gesellschaft verankert die Herrschaft wird, desto stärker ist sie auf Rechtfertigung angewiesen. Tatsächlich gibt es kaum eine überzeugendere Rechtfertigung für Herrschaft als Abscheu. Wut und Feindschaft, so haben Forscherinnen ermittelt, reichen allein nicht aus, um Gewalt zu provozieren, wohl aber Abscheu vor einer anderen Gruppe.[52] Das Gefühl des Abscheus verdankt sich der dauerhaften Besatzung, die die Bevölkerungsgruppen durch ein ausgeklugeltes System bürokratischer Kontrolle voneinander trennt.[53] Die wahre Bedrohung für eine demokratische und pluralistische Gesellschaft besteht im Abscheu, nicht nur weil er alle Lager radikalisiert, sondern auch, weil durch ihn politische Rivalen zu unversöhnlichen Feinden werden: Indem sie Linke als Verräter oder Nichtjuden als gefährliche, das Gemeinwesen gefährdende Subjekte darstellt, spricht die extreme Rechte ihrem Gegner ein unreines (böses) Wesen zu und schafft damit die psychologischen Voraussetzungen für Gewalt.

Zum Schluss sind noch einige deutliche Einschränkungen angebracht: Auch wenn sie recht einflussreich war, ist die in diesem Kapitel beschriebene extreme Version von Kahanismus in keiner Weise repräsentativ für die vielen humanistischen und toleranten Formen von Judentum. Der Kahanismus und seine Ableger sind Ausnahmen, nicht die Regel; wie andere Religionen hat das Judentum seine eigenen Entstellungen und Aberrationen, die Wirkung entfalten, wenn die politischen und sozialen Bedingungen ihnen Relevanz verleihen. Hinzuzufügen ist, dass Israel, auch wenn es auf seinem Territorium keine interreligiösen Ehen erlaubt, in diesen Fragen weniger streng ist als bestimmte muslimische Länder wie etwa Ägypten, wo die Heirat muslimischer Frauen mit Nichtmuslimen verboten ist (Israel erkennt Zivilehen, die in anderen Ländern geschlossen wurden, an).[54]

Ein weiterer Vorbehalt ist, dass wir zwischen der Kritik einer religiösen Überzeugung und der Kritik der Bedeutung dieser Überzeugung in der Öffentlichkeit unterscheiden müssen. Wenn sie in der Privatsphäre praktiziert werden, ist keines der vom Judaismus verlangten Trennungsgebote inhärent rassistisch motiviert. Ihr Ziel besteht in der Bewahrung einer Religion und Kultur, ihre Bedeutung ist theologisch (etwa die Aufrechterhaltung des Bundes mit Gott). Erst wenn sie in den Raum der Öffentlichkeit vordringen, müssen solche Gebote genau geprüft und daraufhin befragt werden, ob sie mit Grundprinzipien demokratischer Gesellschaften kollidieren. Dasselbe ließe sich im Übrigen über die Evangelikalen in den USA sagen. Was sie zu einer besonders gefährlichen Gruppe macht, sind ihre unablässigen Versuche, die Religion aus der Privatsphäre herauszuholen und zum Schiedsrichter ideologischer Konflikte in der Öffentlichkeit zu erklären.[55]

Die dritte und letzte Einschränkung ist, dass rechtsextreme Gruppen nicht die Einzigen sind, die Abscheu in der Öffentlichkeit zum Ausdruck bringen. Auch die liberale Linke ist diesbezüglich nicht um Zielscheiben verlegen. So lösen beispielsweise Menschen, die sich auch nur leicht transphob, sexistisch oder rassistisch äußern, starken Abscheu aus. Dieser Abscheu folgt oft derselben oben behandelten Logik von Ansteckungsketten: In Kontakt mit einem Sexisten oder einer Rassistin gewesen zu sein, reicht aus, um einen zum Gegenstand liberaler Abscheu zu machen. Doch gibt es einen entscheidenden Unterschied: Was wir als liberalen Abscheu bezeichnen können, bezieht sich auf Meinungen, nicht auf Mitglieder einer Gruppe; auch bedroht er nicht unmittelbar die grundlegenden Organisationsprinzipien liberaler Gesellschaften, etwa den kulturellen Pluralismus. Wenn Abscheu realiter Trennungen und Unterscheidungen zwischen Gruppen zementiert (weil manche Gruppen verunreinigend sind), dann fördert er eine Gesellschaftsordnung, die auf der Fähigkeit zur Unterdrückung und zur Eindämmung der verunreinigenden Essenz beruht. (Und wir dürfen uns fragen, ob das nicht der eigentliche Grund ist, warum ein von der Überlegenheit und Vormachtstellung der Juden überzeugter Rassist wie Bezalel Smotrich die politische Wüste einer Regierungsbeteiligung vorzog, als er sich 2021 aus Netanjahus Koalition zurückzog, nachdem der Ministerpräsident auch eine arabische Partei aufnehmen wollte, um seine Mehrheit zu sichern – woraufhin die Regierung dann zerbrach und Neuwahlen ausgerufen wurden, die schließlich zur Bennett-Lapid-Regierung führten.)[56] Abscheu spielt somit eine mächtige, wenngleich uneingestandene Rolle bei der Erzeugung und Förderung von Feindschaft zwischen sozialen Gruppen. Er muss nicht nur als ein politisches Gefühl anerkannt werden, sondern auch als entscheidender Faktor in der weltweit zu beobachtenden Polarisierung und Radikalisierung der Politik.[57]

3. Ressentiment oder der verborgene Eros des nationalistischen Populismus

Der Zorn gehört wohl zu den größten Sünden;
Doch ist kein Mensch, der nie gezürnt, zu finden.
Shakespeare, Timon von Athen, *3. Aufzug, 5. Szene*

Zorn hat wahrscheinlich in der organisierten Politik schon immer eine Rolle gespielt; bereits Aristoteles behandelt ihn in seiner *Politik*.[1] In seinen Augen können selbst gerechte Herrscher Zorn anstacheln. Zorn kann in der Politik ebenso sehr eine Reaktion auf Ungleichheit wie auf Menschenführung oder gar Vortrefflichkeit sein. Eine der beharrlichsten Fragen, die dieses Gefühl aufwirft, lautet somit, wie sehr es ein Ausdruck des Verlangens nach Gerechtigkeit oder doch nur eine Form kleinlichen Neids ist. Diese Zweideutigkeit brachte Søren Kierkegaard auf den sarkastischen Gedanken, »[d]er sich *fest einrichtende* Neid« sei eine Emotion, die »nivellieren« will.[2]

Die enge Beziehung zwischen Ressentiment und Demokratie wurde im 19. Jahrhundert, dem Jahrhundert demokratischer Forderungen, deutlich. Deutsche Denker gingen sogar dazu über, das französische Wort *ressentiment* zu verwenden, um diese Filiation zu kennzeichnen. Ressentiment ist kein demokratisches Gefühl per se, es wird aber, wie Nietzsche geltend machte, typischerweise von Demokratien hervorgebracht. Denn Ressentiments empfinden am ehesten Mitglieder von Gruppen, die sich unterlegen fühlen, aber an einer Norm der Gleichheit festhalten, während sie aus rechtlichen, physischen oder normativen Gründen keine Gleichheit erlangen und ihr Minderwertigkeitsgefühl weder heilen noch sich dafür rächen können.

So sah es auch Max Scheler in seinem 1912 verfassten Buch *Das Ressentiment im Aufbau der Moralen*:

> Rachegefühl, Neid, Scheelsucht, Hämischkeit, Schadenfreude und Bosheit treten erst da in die Ressentimentbildung ein, wo weder eine sittliche Überwindung (bei der Rache z.B. *echtes* Verzeihen), noch ein Handeln, resp. ein adäquater Ausdruck der Gemütsbewegung in Ausdrucksäußerungen z.B. Schimpfen, Schütteln der Faust usw. erfolgt; und wo dies darum nicht erfolgt, weil ein noch ausgeprägteres Bewußtsein der *Ohnmacht* ein solches Handeln oder einen solchen Ausdruck hemmt. Der Racheerfüllte, der durch das Gefühl in Aktion versetzt wird und sich rächt; der Hasser, der dem Gegner Schaden zufügt oder ihm wenigstens ›seine Meinung‹ sagt, oder sich auch nur bei anderen über ihn ausschimpft [...], verfallen nicht in Ressentiment.[3]

In Nietzsches und Schelers Augen unterscheidet sich das Ressentiment in einer wichtigen Hinsicht vom revolutionären Protest, der tatsächlich, und manchmal erfolgreich, darauf abzielt, die bestehende Gesellschaftsordnung umzustürzen und durch eine neue zu ersetzen. Für diese beiden Denker ist das Ressentiment von einem pöbelhaften Wunsch nach Rache an Führungsgestalten und Eliten beseelt, ohne dass der Pöbel über die Mittel verfügen würde, diesen Wunsch in die Realität umzusetzen. Insofern ist das Ressentiment eine Emotion, die eher unser Vorstellungs- als unser Handlungsvermögen beflügelt und mit Bildern des Leidens der Personen erfüllt, die uns verletzt haben. Entsprechend negativ sind die Konnotationen, die sich mit dem Ressentiment verbinden: Es ist ein passives Gefühl, das einen Anspruch auf Gleichheit erhebt, aber nicht zu einer Form von Handeln führt, die diesem Anspruch Rechnung tragen würde. Es ist die Emotion, die das uns zugefügte Unrecht in der Vorstellung heraufbeschwört und immer wieder durchexerziert, gewissermaßen wiederkäut.

Das Ressentiment ist deshalb ein emotionales Schlüsselidiom kapitalistischer Demokratien, weil es durch einen realen oder imaginierten Machtverlust ausgelöst wird, der umso inakzeptabler ist, als er vor dem Hintergrund von Normen der Gleichheit erfolgt. Gesellschaften mit einem hohen Maß an normativer Gleichheit, in denen aber zugleich Mechanismen der Abwärtsmobilität oder der sozialen Stagnation wirken, sind anfällig für Ressentiments. Besonders heftig fallen diese aus, wenn die Konkurrenz und der Vergleich mit anderen bestimmende Merkmale der sozialen Beziehungen sind. Das Ressentiment besteht dann in einem unablässigen Sinnieren über einen Mangel oder Verlust an Privilegien und umfasst den impliziten oder expliziten Wunsch, sich an der vermeintlichen Ursache für seinen untergeordneten und unterprivilegierten Status zu rächen.

Nietzsche und seine Anhänger bezichtigten das Ressentiment pöbelhafter Qualitäten und gingen davon aus, dass es zu einem degenerierten Verhältnis zwischen Eliten und Volk führe.[4] Diese Auffassung ist in zweierlei Hinsicht fragwürdig: Erstens bringt ein Ressentiment oft die neidgeplagte Ablehnung einer Ungleichheit zum Ausdruck, die von der legitimen Anprangerung einer Ungerechtigkeit schwer zu unterscheiden ist.[5] Zweitens ist das Ressentiment keine feste historische Größe. Zwar verwenden manche Wissenschaftler den Begriff so, als bezeichne er ein unveränderliches und feststehendes Gefühl, doch möchte ich dagegen zeigen, dass das Ressentiment auf dem Feld der Politik zu einem Schauplatz von Machtkämpfen zwischen verschiedenen sozialen und politischen Gruppen geworden ist. Das Ressentiment hat seine Ausrichtung grundsätzlich geändert, weil es nicht mehr von unten nach oben, sondern in viele unterschiedliche Richtungen zielt. Diese Multidirektionalität des Ressentiments trägt dazu bei, das Wesen des nationalistischen Populismus zu erklären. Den Grundsätzen der Soziologie der Emotionen gemäß behaupte ich, dass die Bedeutung und die Auswirkungen des Ressentiments als einer politischen Emotion von den sozialen Gruppen, die sich seiner bedienen, und den Zielen, die sie dabei verfolgen, abhängen. Diese Gruppen und ihre Ziele variieren und bilden den eigentlichen soziologischen Gegenstand einer Analyse des Ressentiments. Israel ist ein hervorragendes Beispiel für die populistische Instrumentalisierung von Ressentiments.

* * *

Mizrachim sind Jüdinnen und Juden, die vor allem in den vierziger und fünfziger Jahren aus Afrika oder Asien nach Israel eingewandert sind, aus Marokko etwa, dem Irak oder dem Jemen, sowie deren Nachfahren. Kein Mensch bestreitet heute mehr, dass diese Jüdinnen und Juden von dem damaligen sozialistisch-linken Establishment erheblich diskriminiert wurden,[6] also von einer fast ausschließlich aus aschkenasischen (ost- und westeuropäischen) Juden zusammengesetzten Elite,[7] die wie viele ihrer nichtjüdischen europäischen Pendants zutiefst orientalistische Vorstellungen von Araberinnen und Arabern und damit auch von den Mizrachim hatten.[8] Sie hielten sie für primitiv und schädlich für das westliche Projekt, das Israel mit aller Kraft im Nahen Osten umzusetzen versuchte.[9] Die Diskriminierung der Mizrachim nahm verschiedene Formen an: Nach der Staatsgründung 1948 richtete die israelische Regierung Durchgangslager ein, um eine Welle von Immigranten unterzubringen. In vielen Fällen handelte es sich dabei aber lediglich um Zelte und armselige Hütten ohne Elektrizität oder Wasserversorgung. Die aschkenasischen Immigrantinnen konnten die Lager in der Regel bald verlassen und in Gegenden unterkommen, die sich später zu Stadtzentren und gediegenen Wohnvierteln entwickelten, während die misrachischen Juden üblicherweise viel länger, manchmal über Jahre in den Lagern ausharren mussten und bisweilen sogar eine neue Identität als Lagerinsassen ausbildeten. 1952 waren achtzig Prozent der Menschen, die in diesen Durchgangslagern (oder Ma'abarot) lebten, Mizrachim.[10] Dadurch entstand eine erhebliche Kluft zwischen den Integrations- und Mobilitätsbedingungen der beiden ethnischen Gruppen. Auch das israelische Bildungssystem begünstigte die Aschkenasen, während die Mizrachim eindeutig benachteiligt wurden: In den siebziger Jahren besuchten lediglich 27 Prozent der misrachischen Jungen eine weiterführende Schule.[11] Noch eklatanter ist, dass misrachische Schulkinder mit größerer Wahrscheinlichkeit am Besuch allgemeinbildender Sekundarschulen, deren Abschluss zum Besuch einer Universität qualifiziert, gehindert und auf Berufsschulen geschickt wurden.[12] Viele von Mizrachim geprägte Städte hatten keine allgemeinbildenden Sekundarschulen, so dass ihnen ein Universitätsstudium, das ab den siebziger Jahren weltweit der sicherste Weg zum sozialen Aufstieg wurde, praktisch unmöglich war.[13] Die Diskriminierung, orientalistisch verzerrte Wahrnehmung und schamlose Ablehnung der Mizrachim stehen außer Zweifel, obwohl sie erbittert und vehement bestritten worden sind.[14] Die Aschkenasen diskriminierten die Mizrachim nicht weniger als die Weißen die Schwarzen oder die Christen die Juden, mit dem Unterschied, dass sie auch ihrem eigenen Selbstverständnis nach demselben Volk angehörten und eigentlich einen integralen Bestandteil desselben politischen Gemeinwesens bilden sollten. Deshalb sind sie ein besonders gutes Beispiel, um darüber nachzudenken, wie Opfer auf Ungerechtigkeiten reagieren, die ihnen von Mitgliedern des eigenen Volkes zugefügt werden. Diese Reaktion ist umso interessanter, als die Mizrachim den Aschkenasen, die vor ihnen im Land waren und mutmaßlich sozialistischen Ideen anhingen, eigentlich hätten gleichgestellt sein sollen. Ein Verlust von Privilegien ist Mitursache der Entwicklung eines Ressentiments und der Hinwendung zu populistischem Gedankengut. Im Falle der Mizrachim war es die offensichtliche und durchgängige Diskrepanz im Status zweier Gruppen, die zum Gefühl der Ungerechtigkeit beitrug. Als Juden in einem jüdischen Staat hätten die Mizrachim »Bürger erster Klasse« sein sollen. Stattdessen wurden sie in allen Bereichen des politischen, wirtschaftlichen, religiösen und kulturellen Lebens diskriminiert.[15]

Es überrascht daher nicht, dass Ressentiments zu jenem Hebel wurden, an dem der rechte Konkurrent der linken Partei der Arbeit (Mapai), Cherut (aus der später die Likud hervorging), ansetzte, um die angestammte Macht der Linken in den politischen Institutionen zu brechen. Genau das gelang Menachem Begin, dem Vorsitzenden von Cherut: Er verwandelte die reale gesellschaftliche Diskriminierungserfahrung der Mizrachim in ein nachhaltiges Ressentiment gegen die Aschkenasen als ethnische Gruppe. Damit transformierte er die israelische Politik tiefgreifend: Er schuf eine gewaltige Wählerschaft für die Rechte und ermöglichte es ihr, sich seit 1977 nahezu dauerhaft, unterbrochen lediglich durch drei Phasen mit linken Regierungen von insgesamt acht Jahren, an der Macht zu halten.

Vor den Wahlen von 1981 sah es eigentlich nicht gut aus für Ministerpräsident Begin. Nachdem Likud 1977 zum ersten Mal in der Geschichte Israels die Linke von der Macht abgelöst hatte, sagten die Umfragen 1981 einen eindeutigen Sieg für das linke Lager voraus. Am 27. Juni, drei Tage vor der Wahl, betrat der bekannte Fernsehmoderator Dudu Topaz während einer Veranstaltung der Arbeitspartei in Tel Aviv die Bühne und beschimpfte und verunglimpfte die Cherut-Anhänger: Das Metzudat Ze'ev, die Cherut-Parteizentrale, stecke voller Gesindel (er gebrauchte den ausgesprochen abfälligen und herablassenden hebräischen Ausdruck *tschacht-schachim*). Am Tag darauf, bei einer Wahlkampfveranstaltung der Cherut am selben Ort, ergriff Begin in seiner ganzen politischen Gerissenheit die Gelegenheit. Mit Nachdruck sagte er:

> Was ich euch morgen zu tun bitte, ist, dass ihr von morgens bis abends Telefonanrufe macht. Was ihr tun müsst, und das ist wichtig, ist, dass ihr alle eure Bekannten anruft, in Jerusalem und Haifa und Rischon LeZion und Nes Ziona, und in Rehovot und Be'er Scheva. Erzählt ihnen einfach, was Dudu Topaz hier gesagt hat, das ganze israelische Volk muss das wissen, alles in einem Satz: »Das ganze Gesindel ist im Metzudat Ze'ev.«[16]

Diese Ansprache und der anschließende Wahlsieg von Likud waren ein Meilenstein in der politischen Geschichte Israels. Sie entlarvte und verurteilte die regelrechte Verachtung, die der misrachischen Wählerschaft entgegengebracht wurde. Sie wurde zur Blaupause für das neue Verhältnis, das der Likud-Block von nun an zu den Mizrachim pflegte und mit dem eine dauerhafte Verbindung zwischen einer politischen Partei und einer ethnischen Gruppe geknüpft wurde. Damit assoziierte sie zugleich die Linke mit einer Vorherrschaft der Aschkenasen, die tatsächlich gegeben war und ist, und betonte die ethnische Spaltung im selben Moment, in dem sie sie brandmarkte, während sie zugleich die Diskriminierung in Erinnerung hielt, deren Opfer die Mizrachim gewesen waren. Die rechte Likud verschrieb sich der Aufgabe, die Mizrachim zu repräsentieren, allerdings nicht so sehr durch die Umsetzung konkreter Maßnahmen zur Verbesserung ihres sozioökonomischen Status als vielmehr dadurch, dass sie ihr Ressentiment heraufbeschwor und am Leben erhielt.[17] Wie sehr diese Strategie aufgegangen ist, kann man daran ermessen, dass die Likud (zusammen mit dem Vorgänger Cherut) für etwa 30 der 46 Jahre seit ihrem erstem Wahlerfolg 1977 an der Regierung beteiligt war. Wo Begin jedoch ein Beispiel für etwas bot, was Dani Filc als integrativen Populismus bezeichnet hat – eine Form von Populismus, die der Linken entgegenkommen konnte und bei entscheidenden historischen Weichenstellungen darauf zielte, das Volk zu einen[18] –, verlegte sich Netanjahus Likud auf einen ausschließenden Populismus, eine Form des Nationalismus, die auf den Ausschluss von Gruppen zielt, am offensichtlichsten von Arabern und Linken.[19] Wie kam dieser Umschwung zustande? Für Filc war die von Avigdor Lieberman gegründete und geführte nichtreligiöse Rechtsaußen-Partei Israel Beitenu eine treibende Kraft bei der Transformation der Likud und ihrem Übergang zu einer ausschließenden Politik.[20] Doch wurde die stark auf Ressentiments aufbauende Radikalisierung hin zu einer exklusionistischen Politik noch von einer anderen Partei gespeist: der ultraorthodoxen Schas (kurz für Shomrei-Torah Sfaradim, Sephardische Thora-Wächter), deren Wählerschaft sich fast ausschließlich aus Mizrachim zusammenzusetzen pflegt.

Die Schas-Partei wurde 1984 zur Vertretung der Interessen gläubiger Juden gegründet, deren Eltern oder Großeltern aus einem arabischen Land stammen. In den 39 Jahren seit ihrer Gründung war sie etwa 30 Jahre lang Teil von Regierungskoalitionen und hat dabei ein engeres Verhältnis zur Likud unterhalten als jede andere Partei (und auch am Kabinett Netanjahu VI ist die Schas bekanntlich wieder beteiligt). Tatsächlich können wir die Rolle der Schas beim Wechsel der Likud zu einem ausschließenden Populismus-Stil gar nicht überschätzen. Nach den Wahlen von 2009 begann die Schas, unverhohlen antielitäre und antiaschkenasische, nationalistische und fremdenfeindliche Botschaften auszusenden, denen sich die Likud bald anschloss. Die akademische Welt und die Medien sowie alles, was irgendwie nach den alten aschkenasischen Eliten roch, wurden zu ihren vertrauten Zielen. 2012 veröffentlichte Arje Deri (einer der Gründer der Schas und ihr aktueller Vorsitzender, von 1988 bis 1993 und 2016 bis 2021 Innenminister, ein bekannter politischer Verbündeter Netanjahus) den folgenden Post auf seiner Facebook-Seite:

> Heute um Mitternacht tritt eine Reihe neuer Steuern in Kraft. Unter anderem werden die Wasserpreise um 3,5 Prozent steigen und die Vermögenssteuer um rund 2 Prozent. Leitende Angehörige des öffentlichen Sektors können sich allerdings einer Gehaltserhöhung erfreuen. Diese Unverfrorenheit kennt keine Grenzen.
>
> Das ist eine direkte Fortsetzung der skrupellosen Politik des Ministerpräsidenten und des Finanzministers, eine Politik, bei der sie es von den Schwachen nehmen und den Starken geben. Eine Politik, die die Lage derer verschlechtert, die Leitungswasser zu einfachem Brot trinken, um jene zu finanzieren, die über die Champagner-Marke beratschlagen, die ihren Kaviar begleitet
>
> Man ist nicht überrascht, wenn man feststellt, dass über achtzig Prozent der leitenden Mitarbeiter in demselben öffentlichen Sektor Aschkenasen sind, während die große Mehrheit der Armen, die es sich von nun an zweimal überlegen, ob sie noch ein weiteres Glas Wasser trinken, Sepharden sind. Damit wird die Diskriminierung aufrechterhalten, damit werden wir in ein soziales Desaster gestürzt. Nur eine starke Schas wird die Diskriminierung beenden und sich um die Schwachen kümmern und sich um die kümmern, die nichts haben.[21]

Deris Wortmeldung zeigt die politische Doppeldeutigkeit des Ressentiments: Sie prangert reale Ungerechtigkeiten und Ungleichheiten an, tut dies aber, indem sie die ethnische Feindseligkeit zwischen zwei Gruppen heraufbeschwört und wiederkäut, statt die Ungleichheit aus Prinzip anzuprangern. Dieser Post wurde während des Wahlkampfs für die 19. Knesset veröffentlicht. Damals war die Schas an der Regierung beteiligt und besetzte das Innenministerium, das Bau- und Wohnungsministerium sowie das Ministerium für Dienstleistungen zur Religionsausübung. Deri selbst kehrte jedoch gerade erst wieder aus dem politischen Exil zur Schas zurück, nachdem er im Jahr 2000 wegen Korruption verurteilt worden war und insgesamt 22 Monate im Gefängnis verbracht hatte.

Im Wahlkampf von 2015 veröffentlichte die Schas ein Werbevideo in ähnlicher Tonlage, in dem Deri sich an die Wähler wandte, ergänzt von kurzen Clips. Die Schas, hieß es dort, vertrete die »unsichtbaren« Menschen: Kinder, die hungrig zur Schule gehen, Betagte, die für Gelder von der Sozialversicherung (Bituach Leumi) Schlange stehen, denen aber die Auszahlung verweigert wird, Mizrachim, die die gläserne Decke nicht durchbrechen können, die sie daran hindert, Richterinnen und Professorinnen zu werden, alles berechtigte Kritikpunkte. In dem Video kündigt Deri eine »Reichensteuer« an, die Geld von den Reichen und Mächtigen nehmen werde, um es den »unsichtbaren« Israelis zu geben.[22]

Aus Sicht einer progressiven Politik der Gleichheit ist Deris Anprangerung der falschen Steuerpolitik zweifellos richtig. Aber auch hier treffen wir wieder auf die Ambivalenz des Ressentiments. Zum einen entbehrt der Umstand, dass sich ausgerechnet Deri mit den Mitteln der Steuerpolitik zum Sachwalter der Enteigneten aufwirft, nicht der Ironie: 2022 musste er aus der Knesset zurücktreten, weil er mehrerer Steuervergehen für schuldig befunden wurde.[23] Wichtiger aber noch ist, dass die Verbindung des Kampfs um mehr Verteilungsgerechtigkeit mit der ethnischen Identität von Staatsbediensteten, deren Gehälter steigen, und jener Menschen, die höhere indirekte Steuern zahlen werden, einen ökonomischen Kampf für Gerechtigkeit wenig subtil in einen ethnischen Kampf übersetzt, wobei das Ressentiment das entscheidende Gefühl ist, das die Übersetzung leistet. Zwischen beidem besteht ein wesentlicher Unterschied: Das Ringen um Gleichheit ist universalistisch und stellt allgemeine Grundsätze in den Mittelpunkt der politischen Ordnung. Eine ethnische Auseinandersetzung ist etwas anderes: Sie organisiert den Kampf für Gerechtigkeit um bestimmte Identitäten, die sich definitionsgemäß nicht auf Nichtmitglieder erstrecken können. Auch seinen politischen Gegner Jair Lapid, Vorsitzender der gemäßigten Partei Jesch Atid (Es gibt eine Zukunft), griff Deri 2015 unter ethnischen Vorzeichen an:

> Die Arroganz der »Jairs« übersteigt jedes erdenkliche Maß an Arroganz und Rassismus gegenüber der sephardischen [misrachischen] Öffentlichkeit, ihrer Überlieferung und Kultur. Vor etwa zwei Wochen war es Jair Lapid, der uns in einem TV-Duell »rehabilitieren« wollte, und vorgestern Jair Garbuz [ein israelischer Künstler aschkenasischer Abstammung], der unsere Kultur und das »Küssen von Amuletten« und »Niederlegen auf den Gräbern religiöser Gelehrter« [Zaddikim] verspottet, welches er als Wurzel alles Bösen in der israelischen Gesellschaft ansieht. Wir werden verspottet und zum Ziel einer »Rehabilitation« gemacht, und kein Mensch sagt etwas dagegen. Immer wieder erheben die Rassisten ihr Haupt. Immer wieder kriegt die arrogante Gruppe, die das weiße Israel repräsentiert, die schlimme alte Elite, eine Bühne und Unterstützung. Wir sind hier, um zu bleiben, wir sind voller Stolz hier, um unsere Kultur und Identität zu bewahren, eine Identität, die ihre Weisen und ihre Zaddikim achtet. Eine Tradition, die ihre Thora, die tausend Jahre alt ist und keine [Inspiration] auf fremden und nichtjüdischen kulturellen Feldern sucht, bewahrt und küsst. Wir werden mit all unserer Macht gegen den Rassismus in allen seinen Erscheinungsformen kämpfen, wir werden sie auf jeder Bühne verdammen und aus den Zentren des Einflusses verbannen.[24]

Interessanterweise verquickt diese Invektive linke Themen (Anprangerung von Rassismus, Recht auf kulturelle Würde, Antielitismus) mit dezidiert rechten Themen (religiöse Identität, Wahrung der Tradition, Ablehnung ausländischer Einflüsse), ein Sammelsurium, das typisch für den Populismus ist.[25] Ironischerweise essenzialisiert sie zugleich die aschkenasische wie die misrachische Identität und vertieft damit die ethnische Spaltung, gegen die sie kämpft. Eine Diskriminierung weist dem anderen eine feste Identität zu, und der Akt, sich stolz auf ebendiese Identität zurückzubesinnen, trägt dazu bei, sie erstarren zu lassen, die Verdinglichung durch den repressiven anderen zu perpetuieren. Wie sagte doch Edward Said?

> Denn genau darin liegt das intellektuelle Hauptproblem des Orientalismus. Kann man, allein dem äußeren Anschein folgend, die Menschheit in streng voneinander geschiedene Kulturen, Stränge, Traditionen, Gesellschaften, ja sogar Völker unterteilen und trotzdem Humanist bleiben? Damit frage ich, ob es eine Möglichkeit gibt, die Feindseligkeit dieser Spaltung z.B. zwischen »uns« (den Westlern) und »denen« (Orientalen) zu vermeiden.[26]

Said sprach hier von der Verdinglichung, der Menschen aus arabischen Ländern vom Westen unterzogen wurden. Dieselbe Logik funktioniert aber gewiss auch rückbezüglich, wenn die Orientalisierten sich selbst und andere nur noch gemäß dem Wesen verstehen können, das man ihnen zugeschrieben hat, und damit die binäre Unterscheidung fortsetzen.

Aus dem Gesagten folgt: Der Rückgriff auf Ressentiments in der Politik hat nicht zum Ziel, Brücken zwischen konkurrierenden Gruppen für den Kampf um Gerechtigkeit zu bauen. Ein Gegenmodell wäre Martin Luther King Jr., der, wenn er die Verheerungen der Sklaverei anprangerte und gleiche Rechte forderte, den Weißen doch stets eine offene Hand hinhielt und sich auf integrative Grundsätze berief, womit er den Kampf um Bürgerrechte effektiv zur Sache eines jeden machte, für den die Menschenrechte zählen. So verhält es sich gerade nicht mit der Mizrachim-Politik der Schas-Partei, die nicht nur auf Juden, sondern nur auf Juden arabischer Herkunft ausgerichtet ist – wozu allerdings die hartnäckige Weigerung der einstigen aschkenasischen Eliten beigetragen hat, auch nur irgendein eigenes Fehlverhalten in der Vergangenheit anzuerkennen.

Weil die Schas die machtlosen Mizrachim vertrat, fiel ihr

rechter und reaktionärer Charakter nicht unmittelbar auf. Mehr noch, Mitte der achtziger Jahre wurde die Partei sogar von Vertretern der linksgerichteten multikulturellen Bewegung HaKeshet Hamizrahit (Mizrachim-Regenbogen/Arche) begeistert begrüßt: Für sie repräsentierte die Schas die Machtlosen und erlaubte ihnen, wieder stolz auf ihr kulturelles Erbe zu sein. Wie in so vielen Ländern auf der Welt vernachlässigte die multikulturelle Linke es auch im israelischen Fall zu betonen, dass das Ringen um Gleichheit über eine universalistische Behauptung der Gleichheit und gleichen Würde aller Menschen erfolgen muss.[27]

Drei Dinge sind in diesem Zusammenhang bemerkenswert: Zwar wurden die Araber in vielfacher Weise weitaus stärker diskriminiert als die misrachischen Juden (da sie durch die bloße Tatsache, nicht jüdisch zu sein, in weitaus höherem Maß vom Gemeinwesen ausgeschlossen sind), doch übersetzte sich ihre soziale und politische Lage nie in ein Ressentiment, wie das bei den Mizrachim der Fall war. Dies ist ein weiterer Hinweis darauf, dass das Ressentiment einer grundlegenden Unterstellung von Gleichheit entspringt, einer Unterstellung, die arabische Israelis nicht machen können. Zweitens ist es interessant, dass die Rechte mit ihrer tatsächlichen Politik die Ungleichheiten zwischen Mizrachim und Aschkenasen gar nicht beseitigt hat, im Gegenteil. Während die Gehaltslücke zwischen Mizrachim und Aschkenasen womöglich ein wenig geschrumpft ist,[28] kamen einige Studien zu dem Ergebnis, dass aschkenasische Kinder noch immer mit zweieinhalb- bis dreifach höherer Wahrscheinlichkeit in den Genuss höherer Bildung kommen als die Kinder misrachischer Einwanderer.[29] Unter der städtischen Bevölkerung Israels bezogen misrachische Einwanderer der zweiten Generation Gehälter, die nur leicht (um 9 Prozent) über dem israelischen Durchschnitt lagen, während aschkenasische Einwanderer der zweiten Generation Gehälter verdienten, die mit 42 Prozent deutlich überdurchschnittlich waren,[30] ein Hinweis darauf, dass die sozialen und ökonomischen Ungleichheiten zwischen beiden Gruppen nicht nur weiter bestehen, sondern sogar noch gewachsen sind.[31] Bezieht man zudem die gesamten Vermögenswerte eines Haushalts ein, zeigen sich noch größere Ungleichheiten zwischen Juden misrachischer und aschkenasischer Abstammung als beim Blick auf das reine Einkommen.[32] Netanjahus Wirtschaftspolitik, die sich als neoliberal beschreiben lässt, umfasste Maßnahmen wie die Senkung der Einkommens- und Körperschaftssteuer und den Abbau staatlicher Ausgaben für verschiedene Sozialleistungen.[33] Diese Maßnahmen nützen den oberen Schichten, während sie die unteren benachteiligen, so dass man 2016 von 26,6 Prozent aller israelischen Haushalte sagen konnte, dass sie in Armut lebten. 27,7 Prozent der ersten Generation misrachischer Einwanderer gelten als arm oder armutsgefährdet, während es bei der ersten Generation aschkenasischer Einwanderer 17,8 Prozent sind. Netanjahus Wirtschaftspolitik scheint der Wählerschaft seiner Partei also nicht besonders zugutezukommen.[34] Dessen ungeachtet neigten die Mizrachim im Laufe des vergangenen Jahrzehnts rechten Parteien noch stärker zu als in den siebziger Jahren.[35]

Wenn die Rechte somit nach wie vor als politische Repräsentanz der Mizrachim gilt, dann überwiegend aus symbolischen Gründen, da sie ihnen zu einem besseren symbolischen Status verholfen hat, indem sie sie unablässig als Opfer einer historischen Diskriminierung zeichnete – ein Bild, das ironischerweise durch die Verschärfung der Ungleichheiten bestätigt wurde, zu denen Netanjahus neoliberale Rechte beigetragen hat.[36] Kurzum, für Ungleichheiten, die längst schon auf die rechten wirtschaftspolitischen Konzepte der vergangenen vierzig Jahre zurückzuführen sind, werden immer noch die lange abgewählten linken Regierungen verantwortlich gemacht. Man sieht daran, dass das Ressentiment von der Erinnerung an weit zurückliegende Verletzungen lebt und gegenwärtige Ungleichheiten beharrlich ausblenden kann.

Vor diesem Hintergrund kann man sich die Frage stellen, ob dies nicht einer der Gründe dafür ist, dass populistische Staatsführer im Durchschnitt länger im Amt sind als nicht-populistische, wie Yascha Mounk in einer vergleichenden internationalen Betrachtung festgestellt hat.[37] Ihr erfolgreiches Festhalten an der Macht ist vielleicht dadurch zu erklären, dass sie die Erinnerung an alte Wunden in einer Weise wach und lebendig halten können, die eine Art kollektiven verwundeten Narzissmus nährt. Unbeschadet der Tatsache, dass die misrachische Wählerschaft (durch Likud und Schas) politisch immer stärker repräsentiert wurde, dreht sich der politische Diskurs in Israel über sie immer noch unablässig um ihren Ausschluss.

So kam in den Tagen vor der Wahl im April 2019 heraus, dass die Likud-Kampagne in den sozialen Medien Bots verwendet hatte, um ihre Botschaften unters Volk zu bringen. Der Vorfall zeigte, dass die Likud vor nichts zurückschrecken würde, um Stimmen zu fangen. Statt sich aber von dieser Maßnahme zu distanzieren, akzeptierte Netanjahu sie und stellte sie gewissermaßen auf den Kopf, indem er den Israelis den Gedanken einhämmerte, für die etablierten Medien und die linken Parteien seien Likud-Wähler Bots und keine Menschen. Netanjahu veröffentlichte ein Propaganda-Video mit einer Aufzählung der Schmähungen, die Likud-Anhängerinnen und -Anhängern historisch entgegengebracht worden sind und in denen sich das Bild der Mizrachim als primitiv und schlicht widerspiegelte (Gesindel, eine Herde von Tieren usw.). Dies ergänzte er um die neue »Beleidigung« Bots und rief seine Anhängerschaft dazu auf, Likud aus Protest gegen ihre historischen Unterdrücker zu wählen.[38] Die vergangene Unterdrückung wurde als gegenwärtige dargestellt und die Kritik ins Gegenteil verkehrt.

Auf der Twitter-Seite der einflussreichen israelischen Zeitung *Jedi'ot Ahronoth* wurde der marokkanischstämmige Likud-Minister David »Dudi« Amsalem im Juni 2020 mit den Worten zitiert:

> Manche Aschkenasen wünschen sich, ich wäre ein Pudel, ein Schoßhündchen. Ich sage zu Jair Lapidim [Plural von Jair Lapid, dem wichtigsten Gegenspieler der Likud], wenn es nach euch ginge, so hätte ich, David Amsalem, Gemüse auf dem Markt verkaufen, eure Wohnung putzen oder im Gefängnis sitzen können.[39]

Amsalem spielt hier auf seinen Namen und seine misrachische Herkunft an und stellt seinen politischen Gegensatz zu Lapid als ethnischen statt als ideologischen dar, indem er eine historische Diskriminierung symbolisch neu inszeniert. So werden die alten Wunden der Diskriminierung trotz der umfassenden politischen Repräsentation und faktischen Vormachtstellung der Mizrachim im politischen Prozess seit nunmehr vierzig Jahren in ihrer kollektiven Psyche eingeschrieben, wiedergekäut und verstärkt.

Die *Erinnerung* an alte Wunden scheint folglich der Schlüssel zur politischen Mobilisierung des Ressentiments zu sein, eine Erinnerung, die sich sehr gut selbst speisen kann, auch wenn ihr die Gegenwart augenscheinlich widerspricht. Das Ressentiment schafft sich seine Erinnerung als eine wiederkäuende, die die Vergangenheit unablässig heraufbeschwört und wiederholt, als wäre sie eingefroren und unverändert. Dieses Wiederkäuen wird konstitutiv für die Gruppe und ihre Identität. So können sich die Mizrachim der zweiten und dritten Generation die Erinnerung an die reale kollektive Demütigung ihrer Eltern und Großeltern zu eigen machen, um in ihren Kämpfen um Gleichberechtigung ihre soziale und politische Identität zu schmieden.

Im israelischen Kontext hat das Ressentiment also weitreichende Folgen gehabt, nämlich eine Umorientierung der misrachischen Identität bewirkt und damit die anhaltende Loyalität der Mizrachim zur Likud gesichert. Schauen wir uns an, wie so etwas vonstattengeht.

Das Ressentiment heftet sich an das Gefühl sozialer Unterlegenheit, das durch reale ökonomische Ungleichheit, kulturelle Enteignung und Rassismus hervorgerufen wird. Statt dieses Gefühl jedoch in eine Politik universeller Gerechtigkeit zu übersetzen, konzentriert sich das Ressentiment auf die Wunden und die Feindschaft gegenüber als solchen verstandenen Eliten, indem es nach historischer Schuld sucht und symbolisch die Aussicht auf Rache an diesen Gruppen durchspielt.

Dieser Prozess hat drei Folgen: Das Ressentiment verwirft den – moralischen wie sozialen – Universalismus, den die kulturellen Eliten verteidigt haben, ja, es gelangt zu der Auffassung, dass dieser Universalismus ein Mechanismus der Eliten zur Beseitigung kultureller Unterschiede und zur Beherrschung unterdrückter Gruppen ist. In diesem Sinne entgeht dem Ressentiment, was am Universalismus eigentlich emanzipatorisch ist, und es gibt die Forderung preis, dass Institutionen, darunter vor allem die der Justiz und der Bildung, den universalistischen Standpunkt einnehmen. Die zweite Folge besteht darin, dass die Führer populistischer Bewegungen praktisch ausnahmslos einen Opferdiskurs pflegen (wobei die Opfer diejenigen sein können, die sie repräsentieren, oder sie selbst), der es ermöglicht, die »Opferrolle als Waffe zu benutzen«[40] und den Status des Opfers in eine gewinnbringende, mit moralischem Glanz versehene Währung in der politischen Arena umzumünzen. In dieser Hinsicht ist das Ressentiment eine Abart dessen, was Wendy Brown als »Bindung an die eigene Verwundung« (*wounded attachment*) bezeichnet hat, eine Form des politischen Anspruchs, der die Identität einer Gruppe an ihrer Schwäche und Schutzbedürftigkeit ausrichtet.[41] Zu ergänzen wäre, dass das Ressentiment uns zudem das Recht gibt, auf Rache und die Bezwingung des historischen Übeltäters zu sinnen; der politische Konflikt wird so zu einem Nullsummenspiel, in dem der Rache eine bedeutende Rolle zufällt. Und drittens werden das Sinnen auf Rache und das Gefühl der Kränkung so stark, dass sie einen dazu bringen können, die eigenen wirtschaftlichen Interessen zu ignorieren, um eine wahrgenommene historische Ungerechtigkeit wiedergutzumachen. Damit spielt das Ressentiment eine entscheidende Rolle in fehlgeleiteten Ideologien, sofern es Bürgerinnen dazu veranlasst, die eigenen gegenwärtigen Interessen außer Acht zu lassen, um eine alte Wunde zu rächen oder zu heilen. Zusammengenommen verhindert das Ressentiment durch all diese Prozesse das Schmieden universalistischer Bündnisse mit anderen unterdrückten Gruppen wie, im israelischen Fall, äthiopischen Juden, afrikanischen Geflüchteten oder Arabern.

Tatsächlich bildet das Ressentiment eine Grundlage für eine fehlgeleitete Ideologie: Sein Haupteffekt besteht darin, dass die Enteigneten ihre Wunden wiederkäuen und nach Rache verlangen, statt sich zusammen mit anderen Gruppen auf eine Veränderung der herrschenden Zustände zu konzentrieren. Gruppen werden anfällig für eine Manipulation durch Führungsfiguren, die ein Interesse daran haben, ein historisches Unrecht in ein nicht wiedergutzumachendes zu verwandeln. Diese Führer werden Gegenstand starker emotionaler Investitionen, weil man sie eng und intim mit dem eigenen verwundeten Selbst assoziiert: Der Führer wird zu der Person, die die alten Wunden zu rächen verspricht, und damit zu einem Vater, einem Bruder, jemandem, der nicht nur zur Gruppe gehört, sondern sie auch beschützt. Wie Ohad Cohen dokumentiert hat, sehen manche Mizrachim Netanjahu entsprechend als einen Heiligen, eine Schutzfigur, die sie gegen eine gemeine Welt verteidigt, ähnlich jenen Heiligen, denen manche Juden marokkanischer Abstammung religiöse Kulte gewidmet haben.[42] Daraus folgt, dass das Ressentiment eine politische Atmosphäre schafft, in der die Rache für die eigene Gruppe Vorrang vor der Überwindung des Gefühls eines historischen Missstandes bekommt.

Seit 1977 hat es nur wenige linksgerichtete Regierungen in Israel gegeben. Ein Grund dafür war die Institutionalisierung neoliberaler Grundsätze in dem Sinne, dass die wirtschaftspolitischen Maßnahmen der politischen Auseinandersetzung entzogen wurden, da sich der Neoliberalismus erfolgreich als einzig möglicher und wünschenswerter Weg zur Organisation der Wirtschaft darstellte.[43] Die Linke dagegen versäumte es, der israelischen Öffentlichkeit eine signifikant andere Wirtschaftspolitik anzubieten. Ein weiterer Grund aber ist die Macht des Ressentiments: Trotz vereinzelter Versuche der Arbeitspartei, sich für ihren empörenden historischen »Fehler« zu entschuldigen, und obwohl sie zwei misrachische Parteichefs ernannte, hielt sich das Gefühl der Kränkung. Wenn die eigene Identität dadurch geprägt ist, dass man sich gekränkt fühlt, ja wenn sie darin aufgeht, dann wird jede Wiedergutmachung schwierig, weil die gekränkte Person dazu ihre Identität preisgeben müsste. Das Ressentiment rechtfertigt Kulturkämpfe um symbolische und Vorzeige-Wiedergutmachungen vergangener Diskriminierungen. Miri Regev von der Likud-Partei konnte 2016 über die Aschkenasen verlautbaren, sie seien »Menschen, die klassische Musik für besser hielten als andalusische Musik« aus Marokko oder

»Tschechow für wichtiger als Maimonides«.[44] Solche Aussagen haben keinen anderen Zweck als den, einen Kulturkampf zu erklären und symbolisch den Status einer zurückgesetzten Gruppe zu behaupten.[45]

Am schädlichsten ist vielleicht die Tatsache, dass eine Politik des Ressentiments, die ihren Schwerpunkt auf das Wiederkäuen von Verletzungen legt, es der »schuldigen« Seite nicht erlaubt, einen echten Prozess der Selbstprüfung zu beginnen. Statt die Aschkenasen für den Verrat an ihren eigenen politischen Idealen zur Rechenschaft zu ziehen, bringt ein von Ressentiments gespeistes Gekränktsein das Gefühl einer nicht wiedergutzumachenden Verletzung hervor, eines unüberwindlichen Abgrunds. Eine Politik des Ressentiments erzeugt einen beschränkten politischen Dialog, der nicht nur Bündnisse mit anderen sozial benachteiligten Gruppen verhindert, sondern auch zu keiner Aussöhnung mit den einstigen Verursachern der Diskriminierung führt. Das Ressentiment liefert ein starkes Bindemittel, um geschlossene Grenzen rund um eine Gruppe zu ziehen, und bildet die Grundlage von Identitätspolitik. Die politische Zugehörigkeit nimmt Züge klanhafter Formen von Loyalität an.[46] Mehr noch: Die Partei selbst, in unserem Fall die Likud, wird Teil der persönlichen Identität vieler (in diesem Fall misrachischer) Wähler. Die Partei im Stich zu lassen heißt, den eigenen Stamm im Stich zu lassen.

* * *

In seinem Buch *The Politics of Resentment. A Genealogy*, in dem er die rhetorischen Grundlagen demokratischer Kulturen untersucht, behauptet Jeremy Engels: »Obwohl es so scheinen könnte, als bestünde unser Hauptproblem heute in dem Übermaß an staatsbürgerlichen Ressentiments, ist das nicht der Fall. Das Problem mit unserer schwachen Demokratie ist nicht das Ausmaß des Ressentiments, sondern *seine Ausrichtung*.«[47] Im Gegensatz zu vielen anderen Autoren betrachtet Engels das Ressentiment nicht als eine Emotion, die man aus dem politischen Verband verbannen müsste. Für ihn, wie vielleicht auch für Adorno, besteht das Problem in der Verlagerung, die es im Bewusstsein bewirkt:

> Was ich als Politik des Ressentiments bezeichne, impliziert die Kanalisierung eines staatsbürgerlichen Ressentiments – aufgrund wirtschaftlicher Ausbeutung, politischer Entfremdung und eines legitimen Gefühls, Opfer zu sein – in Hass auf unsere Nachbarn und Mitbürgerinnen. Statt dass sie es dem Ressentiment erlaubt, sich als einigendes Gefühl aufzubauen, durch das sich ein Demos in Opposition gegen eine Elite konstituiert, lenkt die Politik des Ressentiments dieses innerhalb der Bevölkerung um und schwächt dadurch die Macht der Demokratie, Gerechtigkeit zu fördern.[48]

Dieser Auffassung zufolge ist das Ressentiment nicht von Haus aus antidemokratisch. Es löst den Impuls aus, demokratische Forderungen nach Wiedergutmachung und Gerechtigkeit zu stellen, wird aber in den Händen populistischer Führer zu einem Instrument der sozialen Spaltung statt der Wiedergutmachung, und zwar gerade durch zementierte und nicht verhandelbare Formen von Identität.

Für Nietzsche und Scheler richtet sich das Ressentiment von unten nach oben, doch die Geschichte der Likud und der rechten Ideologie in Israel zeigt, dass ein erheblicher Teil des gegenwärtigen populistischen Ressentiments darauf abzielt, andere, konkurrierende aschkenasische Eliten anzugreifen und zu schwächen. Das Ressentiment ausgeschlossener sozialer Gruppen ist zum Schlachtfeld für einen Kampf zwischen rivalisierenden Elitefraktionen geworden.

Netanjahu hat zu einer sehr interessanten politischen Taktik gegriffen, um sich die Gunst der Mizrachim zu sichern:

Er war vielleicht einer der ersten Politiker, die während ihrer Amtszeit unablässig das Establishment angriffen, das sie doch eigentlich anführen und repräsentieren sollten, er beschuldigte es aber, voller alter linker (sprich: aschkenasischer) Eliten zu sein.[49] Mit großem Elan propagierte er die Vorstellung von einem »tiefen Staat«, die Vorstellung, Staatsbedienstete hätten sich der Aufgabe verschrieben, einen zum Opfer erkorenen Staatsführer zu verfolgen, der von Medien, Gerichten und der Polizei gejagt wird.[50] Für den Politikwissenschaftler Ami Pedhazar ist die populistische israelische Rechte durch den Glauben charakterisiert, dass »die Medien, die Zivilgesellschaft, die Universitäten und besonders die Justiz Institutionen unter der Kontrolle einer kleinen, aber mächtigen linken elitären Gruppe [sind], die den Rest der Gesellschaft für ihre eigenen beschränkten Interessen manipuliert«.[51]

Doch hat Netanjahu diese Taktik nicht selbst erfunden, sondern von einem bekannten Vorgänger übernommen. Im Jahr 2000 wurde Arje Deri, wie erwähnt, wegen Bestechung und Veruntreuung verurteilt – der krönende Abschluss jahrelangen vehementen Leugnens durch seine Anhängerschaft, dass er sich irgendetwas habe zuschulden kommen lassen. Wie Pedhazar schreibt: »Die Rabbiner der Partei (ihr rabbinischer Rat) entschieden, dass Deri unschuldig sei, und gaben damit der Wählerschaft eine Quelle der Autorität, die jene des offiziellen Gerichts ersetzte.«[52] Vor den Wahlen wurde ein Tonband unter den Mizrachim verbreitet, das seine Unschuld beteuerte.

> Zehn Tage nach der Wahl verlegte sich die Schas auf pure Aufwiegelung. Einige ihrer illegalen Radiosender riefen zu einer Rebellion gegen die säkulare Bevölkerung und das Strafjustizsystem auf, weil die Polizei manche dieser Sender schließen wollte. In einem Fall kündigte ein Ansager einen heiligen Krieg gegen die Linke an, bei dem

> diesem Schas-Aktivisten zufolge Gott auf der Seite der gläubigen Bevölkerung stehen und ihr dabei helfen würde, die Messer zu zücken und ihre Herausforderer niederzumetzeln. Auch alle Richter am Obersten Gerichtshof würde er zu Tode bringen.[53]

Diesen Stil der Schas und die pauschale Rede von der eigenen Opferrolle übernahm Netanjahu interessanterweise und reflektierte seine eigene Opferrolle wie in einem Spiegel in der Opfererfahrung der misrachischen Juden, ähnlich wie Deri: Er stellte sich durchgängig als jemand dar, der persönlich von den Medien, den Akademikern, der Justiz sowie natürlich vor allem den Linken verfolgt wurde, um einen Zusammenhang und eine Parallele zwischen sich und seiner Mizrachim-Wählerschaft herzustellen. Als er wegen Korruption angeklagt wurde, betrieb er eine Viktimisierungskampagne, in der er die Polizei, den Generalstaatsanwalt, den für seinen Fall eingesetzten Richter und die Zeitungen als Beteiligte an einer riesigen Verschwörung beschrieb, die ihn stürzen und verfolgen wollten.[54] Unweigerlich denkt man an Trumps Vorwürfe gegen das FBI, das im August 2022 sein Anwesen in Florida durchsuchte, um Beweismaterial für Fehlverhalten und Straftaten zu sichern (wobei diese Episode nur die jüngste in der langen Reihe von Trumps Selbstinszenierungen als Opfer war).[55] Die Opferrolle ist ein Schlüsselelement des Ressentiments und auch der Schlüssel zu Netanjahus Selbstdarstellung auf persönlicher wie nationaler Ebene. In diesem Zusammenhang hat Ohad Cohen eine interessante Beobachtung gemacht: In seiner laufenden Dissertation über die Wählerschaft der Likud kann er zeigen, dass »Bibi« umso stärker von misrachischen Wählerinnen und Wählern unterstützt wird, je mehr er sich als verfolgtes Opfer gibt, so dass die Opferrolle offensichtlich eine Quelle der Identifikation darstellt.[56] In der Politik des Ressentiments ist die Opferrolle eine Methode, um ein Band zwischen Wählern und Führungsgestalten zu knüpfen und Ideologie durch Identifikation zu ersetzen.

Die Täterschaft schreiben die selbsternannten Opfer den Eliten zu: Die bloße Tatsache, dass Justiz- und Polizeiapparat an Normen der Amtsführung festhalten, macht sie durch die simple Logik der Verunreinigung »links«.[57] Diese von der Likud in den vergangenen vierzig Jahren sorgsam gepflegte Auffassung hat die von einfachen sozialen Akteurinnen und Bürgern gebrauchte politische Sprache tiefgreifend verändert. Womöglich ist das eine der erstaunlichsten Verschiebungen im politischen Diskurs der letzten zwei Jahrzehnte. In Israel prägt sie die politische Landschaft zweifellos, sie ist aber auch in anderen Ländern zu beobachten: die Aneignung des Opferstatus durch Gruppen, die sich der verschiedensten Privilegien erfreuen.

Ein eklatantes Beispiel hierfür bietet das folgende Interview mit einem orthodoxen Rabbiner, der in einer Siedlung im Westjordanland lebt. Bevor ich ihn einigermaßen ausführlich zitiere, sind einige Hintergrundinformationen angebracht.

Israelische Siedlungen sind von jüdischen Israelis bewohnte Zivilgemeinden, die auf dem von Israel im Sechstagekrieg 1967 besetzten Land errichtet wurden. Die völkerrechtliche Rechtmäßigkeit vieler dieser Siedlungen wird von verschiedenen Seiten bestritten.[58] Nach den Angaben von Israels Zentralem Statistikamt betrug die Zahl der Siedlerinnen Ende 2018 427000, ein Anstieg von 14400 gegenüber dem Vorjahr, was für ein florierendes Unterfangen spricht.[59] Die Präsenz und fortlaufende Erweiterung bestehender Siedlungen durch Israel und die Errichtung von Siedlungsvorposten werden regelmäßig als Hindernis für den Friedensprozess betrachtet. Die Völkergemeinschaft und die Vereinten Nationen haben wiederholt unterstrichen, dass der israelische

Siedlungsbau gegen das 4. Genfer Abkommen verstößt.[60] Obwohl sie Israel entschieden unterstützen, haben auch die Vereinigten Staaten die Siedlungen für »illegitim« erklärt; erst die Regierung Trump kippte diese jahrzehntelange amerikanische Rechtsauffassung.[61]

Israelische Soldaten durchsuchen mitten in der Nacht Häuser von Palastinensern oft aus keinem anderen Grund, als die Bevölkerung an ihre militärische Präsenz zu erinnern;[62] sie halten Krankenwagen an Straßensperren an und verhindern die Behandlung der Patienten.[63] Siedler überfallen Palästinenser und hindern sie daran, ihre Felder abzuernten, wofür sie selten mit einer Anklage rechnen müssen (eher werden tatsächlich die Opfer zur Rechenschaft gezogen),[64] und als Strafe für jeden Versuch des Widerstands oder der Revolte werden palästinensische Häuser zerstört.[65] Vor diesem Hintergrund möchte ich besagten Rabbiner zitieren, der in einer Siedlung im Westjordanland lebt und über eine sehr genaue Vorstellung von seinen Feinden verfügt.

EVA ILLOUZ: Würden Sie sagen, dass Ihre Gesellschaft, die Gemeinschaft, in der Sie leben, wie würden Sie Ihre Einstellung zu den Arabern charakterisieren? Und gibt es einen Unterschied im Verhältnis zu israelischen und palästinensischen Arabern? Ist es dieselbe Einstellung?

GABRIEL: Ich war zum Beispiel Tutor eines Jungen, und mit diesem Jungen ging ich einmal in einen Zoo, und da waren auch arabische Besucher, die er belästigt hat. Das hat mich sehr geärgert. Araber zu belästigen, nur weil sie Araber sind, halte ich nicht für richtig. Auf der anderen Seite muss man die Situation verstehen, die diese Jungen durchmachen. Er ist noch ein Junge. Jungs handeln nicht immer überlegt.

EVA ILLOUZ: Was glaubt er? Ich meine, er tut das, weil er denkt, dass sie ihn bedrohen.

GABRIEL: Er ist damit aufgewachsen und hat gesehen, dass Araber tun und lassen können, was sie wollen, und wir Juden eingeschränkt sind. Für ihn ist also jeder Araber, den er sieht, eine Veranschaulichung der diskriminierenden Behandlung, die er erfährt.

EVA ILLOUZ: Das ist aber interessant. Erklären Sie mir, wo Araber machen können, was ihnen gefällt, und Juden eingeschränkter sind und diskriminiert werden.

GABRIEL: In Judäa und Samaria bauen Araber, wo sie wollen, so viel sie wollen, und [der Staat] zerstört nichts.[66] Und ein Jude, wenn er überhaupt baut, zum Beispiel in einer Siedlung, die schon errichtet ist, wird sein Haus zerstört werden. Es könnte bei einer Demonstration passieren, dass Araber ungehindert drohen und Steine werfen können. Es gibt den Versuch, die Steinewerfer zu stoppen, aber [die Maßnahmen] gegen einen jüdischen Steinewerfer sind ganz andere als gegen einen arabischen Steinewerfer. Ich rechtfertige es nicht, mit Steinen zu schmeißen, aber der Schweregrad ist recht unterschiedlich.[67] [...] Der Wunsch, dass es in der Gegend ruhig bleibt, bedeutet, dass es besser ist, dem Araber das Gefühl zu geben, er sei im Recht. Wenn jemand [ein Jude] hergeht und einfach nur in die Luft schießen möchte, dann werden sie seine Waffe konfiszieren. Viele Leute haben das Gefühl, dass [der Staat] aufgrund des Wunsches, für Ruhe zu sorgen, und aufgrund der Angst, dass es im Fall einer aggressiven Aktion gegen Araber weitere Ausschreitungen und weiteres Chaos geben wird, es vorzieht, gegen Juden aggressiver vorzugehen als gegen Araber.

EVA ILLOUZ: Sehr interessant. Warum richten Sie Ihren Ärger nicht gegen die israelischen Behörden? Gegen die Armee oder die Gerichte? Von dort kommt die Ungerechtigkeit.

GABRIEL: Was passiert, ist, dass die Araber eine Provokation veranstalten. *Die Polizei diskriminiert zugunsten des*

Arabers [Hervorhebung E. I.]. Man kann also gegen die Polizei protestieren, aber es fällt den Leuten leichter zu sagen, ich traue der Polizei die Lösung des Problems nicht zu, also ziehe ich es vor, dem Araber ohne Vermittlung der Polizei zu zeigen, wer der Chef ist. Folglich gibt es alle möglichen Vergeltungsmaßnahmen, die Ortschaften privat unternehmen. In den letzten Jahren haben die Behörden das ernster genommen und auf allen möglichen Wegen unterbunden, aber es gibt immer noch Leute, die auf eigene Faust ins Dorf runtergehen, ein paar Bäume abfackeln oder einen Araber fangen und zusammenschlagen. Für sie ist das eine Botschaft, die sie den Arabern übermitteln – »Legt euch nicht mit uns an« –, weil die Polizei es nicht tun wird, also habe ich keine andere Wahl, als es selbst zu tun.

EVA ILLOUZ: Der Grund dafür, dass es diese Maßnahmen gibt, ist also im Wesentlichen, dass sich die Juden in den Gebieten nicht hinreichend beschützt fühlen? Sie haben das Gefühl, dass es eine Bevorzugung gibt, dass die Behörden die Araber bevorzugen, um für Ruhe zu sorgen.

GABRIEL: Ja. [...] Ein Palästinenser, der Land an einen Juden verkaufen will, wird [von seinen palästinensischen Nachbarn] exekutiert. Und niemand redet davon, dass das unmoralisch ist. Nur wir sollen moralisch sein, sie sind es nicht. Die Behandlung von LGBT-Personen in der arabischen Gesellschaft ist beschämend, viel schlimmer, als was ... Jeder religiöse Rabbiner, der eine Konversionstherapie vornimmt, es ist viel besser, als wie sie da drüben behandelt werden. Und wir hören keine Stellungnahmen dagegen. Wir haben bestimmte Meinungen, und wenn man eine bestimmte Meinung vertritt, sollte man meines Erachtens so stolz sein, sie auszusprechen, auch wenn es vor Leuten ist, die Frieden mit uns schließen wollen. Wenn sie etwas Unrechtes tun, muss man dagegen vorgehen. Es fühlt sich an, als müssten wir alles für sie aufgeben, sogar unsere Meinung, nur damit sie einverstanden sind, friedlich mit uns zusammenzusitzen. […] Was der Linken am wichtigsten scheint, wenn es um die Araber geht, dann trauen sie sich nicht, [über sie] zu reden, weil die Araber vielleicht verletzt sein werden, und [es ist nicht] politisch korrekt, es klingt nicht gut, das ist Rassismus. Alles ist unehrlich. Es gibt keinen klaren Maßstab zwischen dem, was Juden tun sollten, und dem, was Araber tun sollten, und das ist nicht richtig. Selbst nach dem, was die Linke denkt, sollte Gleichheit herrschen, und alles sollte gleich sein. Es ist von Anfang an nicht dasselbe.

Das Ressentiment macht die Opfer zu Tätern und erzeugt so eine tiefe Entfremdung von den Staatsorganen selbst.

Für Francis Fukuyama verdankt sich die weltweit zu beobachtende Mischung aus Religion und Nationalismus dem Umstand, dass Demokratien das Problem des *thymos* nicht lösen können oder es jedenfalls noch nicht vermocht haben.[68] Fukuyama erklärt die beharrliche Fortdauer der Religion in zeitgenössischen Gesellschaften mit dem Ressentiment als einer politischen Kraft, die seiner Einschätzung nach aus der Kluft zwischen rechtlicher Gleichheit und *isothymia* gespeist wird, also dem Bedürfnis, anerkannt und respektiert zu werden. Wie Nietzsche und Scheler sieht Fukuyama das Ressentiment somit als etwas, das von unten nach oben gerichtet ist, als eine Emotion derjenigen, die sich sozial benachteiligt und unterlegen fühlen, ein Gefühl, das für Fukuyama durch Nationalstolz und Religion kompensiert wird.

Sein Argumentationsrahmen ist allerdings schlecht geeignet, um mit einem Beispiel wie dem interviewten Rabbiner zurechtzukommen, in dem sich das Ressentiment des Angehörigen einer Gruppe ausdrückt, die über enorme territoriale, wirtschaftliche und rechtliche Privilegien verfügt und sich trotzdem die Sprache der Ungerechtigkeit zu eigen macht – nicht in bewusst manipulativer Absicht, sondern aufgrund einer verzerrten und verdrehten Kausalität: Die jüdischen Siedler empfinden sich aufrichtig als Opfer genau der Minderheiten, deren Land sie enteignen und deren Bewegungen engmaschig kontrolliert werden. Man beachte, dass der Rabbi sich nicht auf ein historisches Recht auf das Land beruft; ebenso wenig beruft er sich darauf, dass es ihm die israelische militärische Überlegenheit ermöglicht, Recht durch Macht zu ersetzen. Stattdessen beruft er sich auf den Umstand, dass die Linke dominant sei, dass sie als Unterdrücker agiere und dass seine Gruppe ein Opfer jener Gruppe sei. Im Einklang mit Netanjahus Theorien von einem tiefen Staat ist er der Meinung, die jüdische Polizei und der Justizapparat diskriminierten die Juden. Am interessantesten ist aber, dass er sich auf eine repressive normative Ordnung bezieht, die er als politische Korrektheit bezeichnet, eine politische Korrektheit, die nicht nur aus einem Bündel von Normen besteht, das ihn daran hindert, eine andere, unter Armeeüberwachung und -kontrolle stehende Gruppe anzugreifen, sondern auch in der Tatsache, dass diese Normen von der Linken und dem Establishment öffentlich aufrechterhalten und verteidigt werden. Deshalb ist es für diesen Rabbiner die Linke, die Opfer und Täter verwechselt und moralische Kategorien auf den Kopf stellt. Für ihn ist die Linke dominant, weil sie moralische und sprachliche Normen aufstellt.

Einer Umfrage des Israel Democracy Institute aus dem Jahr 2019 zufolge identifizieren sich nur sieben Prozent der israelischen Juden mit der Linken, so dass die Einschätzung des Rabbiners auf einer falschen und verzerrten empirischen Wahrnehmung beruht.[69] Auf der einen Seite verurteilt er die Linke, weil sie angeblich die wahre Kultur der Juden und Israels verrate, Nichtjuden nachahme und nicht authentisch jüdisch sei. Auf der anderen Seite jedoch kreidet er ihr an, dass sie nicht links genug sei. Gegen die Verordnungen der jüdischen Orthodoxie, denen er selbst beipflichtet, wirft er der Linken vor, dass sie die Rechte von LGBT-Personen in den arabischen Völkern nicht verteidigt. Er klagt die Linke und die Araber dafür an, aus den Menschenrechten entspringende Werte nicht hochzuhalten – die das orthodoxe Judentum normalerweise nur allzu bereitwillig ablehnt und verspottet.

Die Antworten dieses Rabbiners sind ein faszinierender Mischmasch: Wir haben es mit dem Opfer-Diskurs des Vertreters einer Gruppe mit vielen rechtlichen, territorialen und ökonomischen Privilegien zu tun, die einer anderen Gruppe grundlegende Menschenrechte vorenthält, ihr aber gleichzeitig eine problematische Menschenrechtsbilanz vorwirft. Rabbi Gabriel bekennt sich zu Vorstellungen, die gleichermaßen demokratisch und rassistisch sind. Dieser Widerspruch rührt aus einer Aneignung der Sprache der Rechte durch eine rechte und religiöse Weltanschauung.

Ein internationaler politischer Stil

Wie andere Wissenschaftler glauben auch die Soziologen Rory McVeigh und Kevin Estep, dass Ressentiments im Mittelpunkt der Anziehungskraft und Rhetorik einer nationalistisch-rassistischen rechten Politik stehen. In ihrem Buch *The Politics of Losing* zeigen sie, dass der Ku-Klux-Klan (KKK) in den zwanziger Jahren aus der Wut und Frustration einer Mittelschicht Kapital schlug, deren Wirtschaftskraft, politischer Einfluss und gesellschaftlicher Status durch Umwälzungen in der amerikanischen Gesellschaft geschwächt worden waren.[70] Zu Beginn des 20. Jahrhunderts kamen Millionen von Einwanderern nach Nordamerika, vor allem Katholiken und Juden aus Mittel- und Südeuropa. Ihre Arbeitskraft wurde in den Fabriken gebraucht, sie bildeten neue, rasch wachsende Wählerkreise und brachten andere Kulturen, Praktiken und Überzeugungen mit als die der bis dahin vorherrschenden, im Lande geborenen weißen Protestanten. Aus dieser Gruppe, den sich zurückgesetzt wähnenden Weißen, rekrutierte der Klan seine Mitglieder, indem er anhand der Dimensionen »Rasse«, Religion und Herkunft eine neue Gefolgschaft aus den Menschen formte, die Abhilfe für ihre verlorene Macht suchten und die Immigranten zum Sündenbock für ihre Verluste erklärten.[71] Millionen schlossen sich dem Klan an und betrachteten die Einwanderung als Hauptursache ihrer Lage.

Als die Historikerin Nancy MacLean die Finanzdaten von Klan-Mitgliedern untersuchte, erblickte sie »ein düsteres Zeugnis des Tributs, den die Nachkriegsrezession und der ökonomische Strukturwandel ihnen abverlangten: Fast die Hälfte von ihnen erlitt zwischen 1918 und 1927 finanzielle Verluste.«[72] Es spricht somit historisch einiges dafür, dass Einbußen an Wirtschaftskraft und Status mit der Begeisterung für radikale Ideologien zusammenhängen, die andere Gruppen zum Sündenbock erklären und die Überlegenheit der eigenen religiösen, »rassischen« oder ethnischen Identität bekräftigen. McVeigh und Estep zufolge sehen wir dieselbe Dynamik im heutigen Amerika mit Trump. Fast ein Jahrhundert nach dem KKK appellierte Trump an die Ressentiments eines neuen Segments überwiegend weißer Amerikanerinnen und Amerikaner, vor allem solcher in Städten und Regionen, um die die globale Wirtschaft einen Bogen gemacht hat.[73] Während die höher Gebildeten vom ökonomischen Wandel profitierten, verschwanden gut bezahlte Arbeitsplätze aus Orten, die nicht über die sehr gut ausgebildeten Belegschaften verfügten, um sie zu halten. Wie die Autoren sagen:

> Der Dienstleistungssektor und Einzelhandelsjobs füllten das Vakuum, waren aber nur ein ungenügender Ersatz für Arbeitsplätze, die einmal ansehnliche Gehälter und Vollzeitbeschäftigung geboten hatten. Die Einwanderung, die neue Wählerschaften für die Demokratische Partei schuf und die amerikanische Kultur einem allmählichen Wandel unterzog, wurde wieder einmal zum Prügelknaben.[74]

Wie Netanjahu nutzte Trump das Ressentiment unverhohlen als politischen Stil. Der Kommunikationswissenschaftler Casey Ryan Kelly hat Trumps Reden im Hinblick auf die Struktur des Ressentiments analysiert und ist zu dem Schluss gekommen, dass ein Opferstatus der Weißen (*white victimhood*) zentral für diese Reden ist, in denen für die Notwendigkeit der Rache an politischen Feinden plädiert wird.[75] Kelly konzentriert sich auf die Sprache in Trumps Auftritten nach seiner Wahl und argumentiert, dass das Ressentiment »das paradoxe, aber sich wechselseitig verstärkende Verhältnis von Tugend und Opferrolle« in diesen Reden erklärt.[76] Trump bezeichnet sich selbst als Hauptopfer von Angriffen. Um nur ein Beispiel von vielen zu nennen, so führte er im Zusammenhang mit den Kritikern seiner Einwanderungspolitik aus:

> Und denkt daran mal im Hinblick auf Einwanderung. Und ihr mögt sie gut finden, oder ihr sagt vielleicht, sie ist schrecklich. Okay? Und wenn ihr sagt, sie ist schrecklich, wen juckt's? Weil, so wie sie mich behandeln – das sind Peanuts im Vergleich dazu, wie sie mich behandeln. Okay?[77]

In einer neueren Umfrage gaben 75 Prozent der befragten Republikaner an, dass ihrer Meinung nach Konservative in den USA ernsthaft diskriminiert würden, während nur

49 Prozent dasselbe über Schwarze sagten.[78] Das Ressentiment brennt Wunden in die Seele ein; üblicherweise käut es ein Trauma oder eine Verletzung aus der Vergangenheit wieder, die real sein kann, oft aber auch eingebildet ist; im Fall der israelischen Siedler und der nationalistischen Populisten jedoch ist der Verlust in einer merkwürdig verschlungenen Zeitstruktur angesiedelt, nämlich sowohl in der Vergangenheit als auch in einer befürchteten Zukunft.

Trump beschreibt die Nation als robust und stark, stark genug, um die Horden von Immigranten, die sie überschwemmen wollen, zu bezwingen, zugleich aber auch als zerbrechliche junge Frau, deren schutzloser Leib von eingewanderten Fremden sinnlos gequält werden wird. Was diese scheinbar widersprüchliche Botschaft laut Kelly im Kern zusammenhält, ist die Wahrnehmung einer feindlichen Welt,[79] eine Wahrnehmung, die zentral für Orbáns, Erdoğans oder Netanjahus politisches Verständnis der Nation ist.[80] All diese Politiker beschreiben ihre Nation und sich selbst in einem Atemzug als Opfer und als stark und erzeugen damit zwei gegensätzliche Bilder desselben Gegenstands. Und während Trump sein Publikum als schutzlos beschreibt, als Opfer struktureller Unterdrückung, obwohl Weiße in den Vereinigten Staaten noch immer die Mehrheit der Schlüsselpositionen in der Politik und in der Wirtschaft besetzen, geben sich in Israel die Rechten und die Siedlerbewegung als Opfer, auch wenn sie seit fast vierzig Jahren an der Macht sind.[81] Eine solche Rhetorik leugnet schlechterdings die Tatsache, dass diese Gruppen sehr mächtig sind, so wie der Siedlerrabbiner die Realität der militärischen Besatzung des Westjordanlands leugnet. Der israelische Rabbiner und die Siedler, die er vertritt, haben unzählige politische Siege errungen, sie sind in der Knesset vertreten, verfügen über mächtige Lobbyisten, ihre Weltanschauung spiegelt sich in vielen Fällen in der Gesetzgebung wider, und dennoch geben sie sich rhetorisch durchgängig und sogar überwiegend als Opfer aus. Die Rollen von Opfer und Unterdrücker lassen sich also leicht umkehren. Und so konstatiert auch das Onlinemagazin *Politico* für die USA:

> Wir haben in der modernen Ära noch nie einen Präsidenten gehabt, der aktiv ein Bild der Opferrolle kultiviert hat, eine Haltung, die einmal als weinerlich und schwach gegolten hätte, die Trump aber durch seine persönliche Alchemie in eine Art politische Stärke verwandelt hat.[82]

Interessanterweise glauben 54 Prozent der Trump-Wähler, dass Christen die am stärksten verfolgte Gruppe in den Vereinigten Staaten sind.[83] Um hier ein weiteres Land als Beispiel zu nennen: Ein zentrales Element des extremen Rechtsschwenks in Polen ist der Umstand, dass sich das Land im Hinblick auf die Judenvernichtung als Opfer Hitlers und der Nazis statt als bereitwilliger Komplize oder Mittäter versteht.[84] Der Opferstatus ist somit zu einem Idiom der Rhetorik des Populismus geworden, ohne das wir die politische Polarisierung und Feindseligkeit nicht verstehen können. Kelly führt aus:

> Wenn das Opfersein der Preis für den Eintritt in sein politisches Ethos ist, dann muss Trump seine Verletzungen ständig wiederkäuen, neue Peiniger erfinden und alte wiederauferstehen lassen, schlecht durchdachte politische Ziele verfolgen und die Lösung kollektiver Missstände immer wieder aufschieben.[85]

Dasselbe lässt sich über das politische Ethos sagen, das Israel durch Netanjahus Politik des Ressentiments und das ewige Wiederkäuen der alten Verletzungen der Mizrachim eingeflößt wurde.

Das Ressentiment verdankt sich in diesem Fall nicht einem Gefühl der Ungerechtigkeit, das sich von unten nach oben wendet, es ist vielmehr ein Affekt des »Geschädigtenanspruchs«, bedingt durch eine Verletzung, wie sie Gruppen spüren, die ein verlorenes Privileg zurückfordern oder die Privilegien anderer Gruppen anprangern.[86] Diese Art von Ressentiment ermöglicht es Vertretern dominanter Gruppen (wie Trump oder den Siedlern), sich in die Pose des Opfers zu werfen und als dessen Bauchredner aufzutreten, um anderen Gruppen ihre Macht streitig zu machen. Hier hat das Ressentiment eine andere Bedeutung angenommen; es ist nicht mehr das Gefühl, das die Macht der Mächtigen durch die Machtlosen herausfordert, wie es ursprünglich bei den Mizrachim der Fall war, sondern ein Instrument, das im Verhältnis von Eliten zu anderen Eliten zum Einsatz kommt. Es besteht gerade darin, die Verantwortung abzuschieben, von den rechten neoliberalen Eliten, die die untere Mittelschicht der Mizrachim geschröpft haben, auf die aschkenasischen Eliten, die einst die Städte, Medien, die Kulturindustrie und die Universitäten aufgebaut haben und im Großen und Ganzen Menschenrechte und Minderheiten verteidigen. Wie von Adorno beschrieben,[87] ermöglicht das Ressentiment eine Verlagerung von Ursachen und Schuld. Ein solches Ressentiment ist eine Waffe, mit der sich nicht nur gesellschaftliche Gruppen mobilisieren lassen, sondern mit der auch ein Kampf gegen bestimmte Eliten geführt werden kann.

Warum ist die Opferrolle so erfolgreich?

Um zu erklären, warum Opfernarrative und Ressentiments so sehr verfangen und so vielen Menschen so plausibel erscheinen, müssen wir gleichzeitig die Angebots- und die Nachfrageseite betrachten: Bei Ersterer geht es darum, wie die Eliten

Ressentiments manipulieren, bei Letzterer darum, dass viele Menschen eine soziale Erfahrung machen, die einen fruchtbaren Boden für solche Empfindungen bereitet. Es gilt mithin, den Mechanismus der Resonanz zu erklären, nämlich die »Übereinstimmung zwischen dem Inhalt der Botschaft und der Aufnahmebereitschaft des Publikums«.[88]

Da sich rechte Elitegruppen nicht nur als Fürsprecher der Vergessenen inszenieren, sondern als diese Vergessenen selbst, können sie die als intellektuelle und kulturelle Eliten wahrgenommenen linken und liberalen Lager effektiv angreifen. Begünstigt wird dies anscheinend durch den Umstand, dass die Macht solcher linksliberalen Kreise in den rasch wachsenden Städten seit den sechziger Jahren zugenommen hat. Vor allem ihr symbolisches und kulturelles Kapital trug in diesen expandierenden urbanen Milieus reichlich Früchte. Auf diese Weise können Vertreter hoch elitärer Gruppen wie Trump oder Netanjahu ihren Status und ihre objektive Distanz zu jenen, die sie zu repräsentieren vorgeben, erfolgreich verbergen.

In den Vereinigten Staaten bildete sich eine Politik des Ressentiments nach Meinung Jeremy Engels' unter Präsident Nixon heraus:

> Obwohl die beiden zentralen Formeln der Politik des Ressentiments – »die schweigende Mehrheit« und »die Tyrannei der Minderheit« – auch schon vor den sechziger Jahren im öffentlichen amerikanischen Diskurs kursierten, gebrauchte Nixon sie in einer Weise, die die uralten demokratischen Praktiken grundsätzlich umschrieben. Statt die Armen aufzurufen, sich zu vereinen, um die Reichen zu bekämpfen, ließ Nixon die Armee der schweigenden Mehrheit für einen Bürgerkrieg gegen tyrannische Minderheiten aufmarschieren, die die Ruhe der traditionellen politischen Hierarchien störten. Heute tragen wir immer noch solche Schlachten aus – die schweigende Mehrheit ist der rhetorische Vorläufer von Karl Roves »roten Staaten«, Sarah Palins »wahrem Amerika« und Paul Ryans »Machern«. Und die tyrannische Minderheit begegnet uns heute wieder in Form der rassifi-

zierten Angst vor »den Nehmern« und »den 47 Prozent«, die im zeitgenössischen Diskurs verhöhnt werden.[89]

Auch Arlie Russell Hochschilds soziologische Studie über Lake Charles im US-Bundesstaat Louisiana veranschaulicht, wie dieser Prozess in den vergangenen Jahrzehnten Gestalt angenommen und das Bewusstsein geprägt haben könnte.[90] Die von ihr befragten Menschen – Anhänger der Rechten überwiegend aus der unteren Mittelschicht sowie einige Bessergestellte (bei einem Medianeinkommen von 36000 US-Dollar und 23 Prozent Bachelor-Abschlüssen in der Stadt) – bezeichneten sich als schweigsam und zum Schweigen gebracht. Frauen, Schwarze, Latinos oder Homosexuelle hingegen hätten große, aber unrechtmäßige Fortschritte auf Kosten der weißen Arbeiter erzielt und gelten als »Vordrängler«. Das entspricht genau den Bedingungen, die Scheler für das Ressentiment aufgestellt hat:[91] Die genannten Gruppen verursachen Neid und Wut, allerdings nur eine ohnmächtige Wut, da die »Vordrängler« in den Augen ihrer »Opfer« vom Justizapparat und von den liberalen Eliten geschützt werden. Das ist genau die Art Ressentiment, die Trump und Netanjahu unermüdlich genährt haben, als sie auf eine wirkliche Ungleichheit verwiesen und die durch sie bedingte Verstimmung auf den Staat sowie auf soziale Gruppen lenkten, die sie als »anders« oder als Eliten beschrieben. Beide gaben ihrem Publikum damit eine Bestätigung:

> Die Bestätigung, dass das System gegen das Volk manipuliert ist – manipuliert durch Unternehmen, manipuliert durch die Medien, manipuliert durch die politische Elite, manipuliert durch spezielle Themen, manipuliert durch Parteispender – und dass deine Wut legitim ist, dass etwas Wahres an ihr dran ist. Und vor allem die Bestätigung, dass du nicht allein bist mit deiner Wut – anderen geht es genauso.[92]

Trump gehört natürlich zur Elite, hat es aber wie Netanjahu meisterhaft geschafft, viele Menschen davon zu überzeugen, er sei ein Mann des Volkes.[93] Netanjahu ist mit der Republikanischen Partei, zu der er eine langjährige Beziehung unterhält, und ihrer Rhetorik bestens vertraut. Während Reagans Präsidentschaft war er in den achtziger Jahren Israels Ständiger Vertreter bei den Vereinten Nationen und versuchte die Vorstellung zu verbreiten, dass die Sowjetunion den palästinensischen Terror unterstützt. Netanjahu war beeindruckt von den neoliberalen Maßnahmen der Regierung Reagan und übernahm in seinen späteren Rollen als Ministerpräsident und Finanzminister viele dieser Maßnahmen für die israelische Wirtschaft. Er lernte Strategieberater und Redenschreiber der Republikaner kennen,[94] die ihm dabei halfen, seine einzigartige Rhetorik zu entwickeln, und ihm später seine erste Amtszeit als Regierungschef sicherten.[95]

Netanjahu lernte seine Lektion von der Republikanischen Partei der Reagan-Ära, die ihre politische Rhetorik von Nixon übernommen hatte, und machte das Ressentiment zum Markenzeichen seiner Politik, ein Ressentiment, das umso verwirrender war, als Netanjahu beanspruchte, für die Ausgeschlossenen zu stehen. Netanjahus und Nixons Politik des Ressentiments war eine »Pervertierung des klassischen Vermächtnisses der Demokratie als politischer Ermächtigung der Massen«.[96] Mehr noch: Nachdem er einmal das Ressentiment auf seine Mühlen geleitet hatte, konnte er das andere Lager als Feind bezeichnen. Die Politik des Ressentiments wurde für das israelische politische Leben so zentral wie für das US-amerikanische, womöglich weil in beiden Ländern Teile der Bevölkerung an der Geschichte strickten, sie seien Opfer einer linken Minderheit.

Paradoxerweise konnte Nixons und Netanjahus Rhetorik deshalb langfristig Früchte tragen, weil eine Kultur des Gekränkt- und Opferseins infolge der Demokratisierungsbewegungen im Anschluss an die siebziger Jahre zunehmend verständlich und plausibel wurde. Dementsprechend möchte ich behaupten, dass es verquererweise gerade die Begrifflichkeit der Linken war, die die anhaltende Plausibilität der Opferkultur (und damit den Hintergrund des neuen Ressentiments) möglich machte. Waren es zunächst ethnische Minderheiten und Frauen mit ihrer Erfahrung echter Ungleichheiten, die zur Opferrhetorik griffen, so haben sich Weiße und Männer diese Sprache seither erfolgreich angeeignet.[97]

Die Opferrhetorik ist in Form einer Politik des Mitleids (Hannah Arendt)[98] in gewisser Weise immer ein Teil der Linken gewesen. Die Politik des Mitleids bezieht sich nicht auf Institutionen und abstrakte Gerechtigkeitsgrundsätze, sondern auf die singuläre Notlage einer singulären Person. Die Selbstbeschreibung als Opfer wurde zu einem politischen Anspruch, der in der Öffentlichkeit griff, weil sie Aufmerksamkeit auf einem Feld erzeugte, auf dem sehr viele nach Aufmerksamkeit suchen. Indem sie dem Opfer moralische Überlegenheit zusprach, verlieh sie ihm einen moralischen Status. Sie gewann in der Sphäre des Rechts an Boden, nachdem Traumata und psychische Verletzungen immer öfter vor Gericht anerkannt wurden und damit der ungreifbare Bereich psychischer Schäden in einen objektiven Raum überführt wurde. Und schließlich erlangte sie eine enorme politisch performative Macht, da sie Individuen wie Gruppen dazu verhalf, ihre Identität um ihren Status als Opfer zu organisieren, und damit einen doppelten Prozess der Individualisierung und Gruppenzugehörigkeit einleitete. Anders gesagt: In den vergangenen dreißig Jahren haben wir einen Prozess der zunehmenden Objektivierung des Opferstatus in der gesamten Kultur miterlebt (bei dem eine Vielzahl von Institutionen daran mitgewirkt hat, die Idee des Opferseins hervorzubringen und zu objektivieren). Dadurch ist die Opferrolle zu einer Ressource in der politischen Sphäre geworden. Die Sprache der Opferrolle tritt nunmehr in eine neue Phase ihrer Geschichte ein: Nachdem sie von der Rechten angeeignet wurde, um die alte Linke als Unterdrücker zu inkriminieren, kann sie von Liberalen nicht mehr sinnvoll verwendet werden. Das Ressentiment wird zur Waffe in einem Bürgerkrieg zwischen Eliten, von denen die eine die Wirtschaft und den Neoliberalismus repräsentiert und die andere die kulturelle Avantgarde. Mit McVeigh und Estep können wir sagen, dass die Politik des Ressentiments darauf hinarbeitet, ein in der Bevölkerung weitverbreitetes Ressentiment von den Strukturen der Unterdrückung abzulenken und gegen Nachbarinnen und Mitbürger zu richten, so dass legitime Ziele eines staatsbürgerlichen Ressentiments von Kritik verschont bleiben.[99]

Das deutet auf eine tiefe Krise der moralischen Sprache des Liberalismus hin: Unsere Gesellschaften kennen wirkliche Opfer wie Geflüchtete, Arme, Opfer von Rassismus, Kinder und Frauen als Opfer alltäglicher Gewalt. Wenn aber die wesentlichen moralischen Forderungen des Liberalismus von seinen Feinden übernommen werden, legt das nahe, dass diese Sprache jedes Sinns entleert worden ist und die Unterdrückten nicht mehr effektiv repräsentieren kann. Einer der Haupteffekte des Populismus besteht genau darin, die moralischen Kategorien, die in der liberalen politischen Sprache enthalten oder impliziert sind, zu verwischen. So gesehen, liegt die Effektivität des Populismus weniger in seiner ideologischen Klarheit als in der immensen moralischen und politischen Verwirrung, die er stiftet. Eine Politik des Ressentiments verwischt die Unterschiede zwischen Identität und Gerechtigkeit, Universalismus und Partikularismus, Opfer und Unterdrücker.

Ressentiments waren ein Schlüsselaspekt in dem Prozess, die Stimme der Mizrachim einzufangen – einer tief, umfassend und hartnäckig diskriminierten Gruppe. Diesen Prozess hat Israel in den vergangenen vierzig Jahren durchlaufen, und er hat starke Auswirkungen auf die Beziehungen zwischen gesellschaftlichen und ethnischen Gruppen gehabt. Politisch ist das Ressentiment das ambivalente Gefühl schlechthin, weil es genuin demokratische Ansprüche auf Gleichheit einschließt, die in einer Atmosphäre des Partikularismus und der Rache leicht von antidemokratischen Führern zweckentfremdet und untergraben werden können. Angst, Abscheu und Ressentiment bilden somit eine mächtige emotionale Matrix, die starke Barrieren zwischen sozialen Gruppen errichtet und eine enge Bindung an einen Anführer begründet, der als Verteidiger der eigenen Gruppe erscheint. Was es diesen Emotionen ermöglicht, die Entzweiung und Feindseligkeit, die sie anrichten, und das Misstrauen, das sie säen, zu ignorieren, ist die Tatsache, dass sie von einem Gefühl überwölbt werden, welches die Menschen an ein imaginäres Gemeinwesen bindet. Dieses Gefühl ist die Liebe.

4. Nationalstolz als Loyalität

> Liebet das Vaterland. Das Vaterland ist die Erde, wo Eure Eltern ruhen, wo man die Sprache spricht, in welcher die Geliebte Eures Herzens Euch das erste Liebeswort erröthend zuflüsterte; es ist das Haus, welches Gott Euch gegeben, damit ihr Euch, arbeitend und Euch vervollkommnend, vorbereitet, zu ihm aufzusteigen [...].
>
> *Giuseppe Mazzini*[1]

Der britische Philosoph Jonathan Glover schildert in seinem Buch *Humanity. A Moral History of the Twentieth Century*, wie die Soldaten in den Schützengräben das Grauen des Ersten Weltkriegs erlebten. Manche von ihnen kehrten verwundet oder auf Fronturlaub in die Heimat zurück und versuchten, den Menschen dort etwas vom Horror des Krieges zu vermitteln. Doch stießen ihre Enthüllungen meist nur auf feindselige Ablehnung:

> In seinem Roman *Im Westen nichts Neues* beschrieb Erich Maria Remarque die Belastung des Heimaturlaubs in Deutschland. Denn kein Versuch, zu berichten, wie es an der Front zuging, verfing bei den patriotischen Zivilisten angesichts ihrer Zuversicht, dass sich die Dinge *in Wirklichkeit* ganz anders verhielten. [...] Nicht anders war es auf alliierter Seite. [...] Die Falle wurde auf beiden Seiten von außen durch Zivilisten bewacht, die glaubten, was sie in den Zeitungen lasen.[2]

Diese immer wieder beobachtete Diskrepanz zwischen der leibhaftigen Kriegserfahrung und dem blinden Nationalismus derjenigen, die sich fernab der Front befanden, spricht für die Möglichkeit, dass sich der Nationalismus besonders gut aus der Fantasie speist, aus der Verleugnung dessen, was es eigentlich heißt, ein Land mit dem eigenen Körper zu verteidigen. Wir können uns fragen, ob der Nationalismus – wie die romantische Liebe – nicht umso stärker ist, je weniger er die Realität an sich heranlässt.

Nationalismus und Gemeinschaft

Eine Nation ist, mit Max Weber gesprochen, eine »gefühlsmäßige Gemeinschaft«.[3] Für manche Nationalismusforscher ist ein solches Gefühl eine Pathologie der modernen Geschichte, ein Ausdruck von Angst und Hass; andere jedoch, wie Yoram Hazony und Benedict Anderson, verstehen es als eine Form von Liebe.[4] Ich gebe diesen letztgenannten Denkern insofern recht, als das Nationalbewusstsein Ausdruck der tiefen Verbundenheit mancher Gruppen mit den Symbolen, den Werten und der Geschichte ist, die für sie ihre nationale Gemeinschaft und ihr eigenes Selbstverständnis als Angehörige dieser Gemeinschaft ausmachen. Das ist auch der Grund, warum sich der Nationalismus so hartnäckig als kollektives Gefühl hält. Nach der mörderischen Form, die er Mitte des 20. Jahrhunderts annahm, hätte er eigentlich verschwinden müssen, aber das tat er nicht. Im anschließenden Zeitalter der Globalisierung hätte er ebenfalls verschwinden müssen, aber auch das ist nicht geschehen. Stattdessen ist er zu einer entscheidenden Dimension des Populismus geworden, der das nationalistische Thema im Hintergrund der Klassenpolitik spielt und damit Gruppen, denen die Nation am Herzen liegt, gegen Gruppen in Stellung bringt, die sich auch (und nicht weniger) für internationale Gerichtshöfe, Immigranten und Flüchtlinge einsetzen. Mehr als die meisten anderen politischen Ideologien hat der Populismus sein Spiel mit der neuen, durch den Nationalismus herbeigeführten Spaltung getrieben. So hat sich ein neuer Rahmen entwickelt, in dem Klassenunterschiede herausgestellt und entsprechende Konflikte ausgetragen werden.[5]

Neben dem Kapitalismus war der Nationalismus die prägendste Kraft des 19. und 20. Jahrhunderts, denn er beinhaltete zwei starke moralische Impulse: Er war eine Befreiungsbewegung, durch die Menschen Kolonisatoren oder Willkürherrscher abwerfen konnten, und zugleich eine egalitäre Vision des sozialen Bandes, da sich moderne Nationen durch ihren Anspruch definierten, dass ihre Bürgerinnen einander innerhalb der Nation gleichgestellt sind.[6] In den meisten Teilen der Welt entflammte der Nationalismus die Massen, weil er Befreiung und Brüderlichkeit versprach. Durch die Globalisierung, die Neue Linke und die neue Assoziation mit dem Rassismus nach dem Zweiten Weltkrieg war der Nationalismus auf Jahrzehnte hinaus diskreditiert. Heute aber ist er weltweit unübersehbar wieder auf die Bühne zurückgekehrt und steht im Mittelpunkt der populistischen Wende, die wir seit rund einem Jahrzehnt erleben. So meint beispielsweise die britische Medienwissenschaftlerin Anne Graefer, dass »das Brexit-Votum im Juni 2016 ein Akt des Patriotismus war. Um die Nation gegen die Bürokraten in Brüssel zu verteidigen und die Kontrolle über Großbritannien zurückzugewinnen, damit die Probleme der Einwanderung und – damit verbunden – der Arbeitslosigkeit angepackt werden können.«[7] Auch Arron Banks, ein populistischer Vertreter der »alternativen Rechten« (*alt-right*), der die Brexit-Kampagne der Ukip mit acht Millionen Pfund unterstützte,[8] bezog sich in einem Tweet nach dem Westminster-Palace-Anschlag vom März 2017 mit sechs Toten auf diese Thematik: »Wir haben dank der Massenimmigration ein gewaltiges islamisches Problem [...] mit Gemeinschaften, die unser

Land und unsere Lebensform hassen«.[9] Es ist deutlich zu sehen, dass die Rückwendung zum Nationalismus in europäischen Ländern mit Strategien zur Abwehr der Einwanderung sowie mit dem Eindruck verbunden ist, die Europäische Union habe die Nationen ihrer Souveränität beraubt.

Der Nationalismus identifiziert ein Territorium mit einem Volk und schafft so eine starke Gleichsetzung des Landes mit seiner (realen oder erfundenen) Geschichte. Die Idee der gemeinsamen Abstammung, auf der er beruht, impliziert eine Verwandtschaft oder verwandtschaftliche Ähnlichkeit zwischen den Angehörigen der Nation, eine Art Überfamilie, gegenüber der man Verpflichtungen hat. Entsprechend mythologisiert und sakralisiert wird diese Abstammung, vor allem wenn es zu ihrem Bild gehört, dass sie am heroischen Anfang der Nation mit gewaltigen Opfern verbunden war. Der Opfertod wird damit zu einer Schuld, die wir in Form von Liebe und Erinnern abtragen müssen. Jules Michelet hob dies im 19. Jahrhundert in Bezug auf die Toten der Französischen Revolution hervor und leitete daraus eine Aufgabe für die Historiker ab:

> Ja, jeder Tote hinterläßt ein kleines Gut, sein Andenken, und bittet darum, daß man es pflegt. […] Ich habe vielen allzu sehr in Vergessenheit geratenen Toten den Beistand gewährt, den ich selbst benötigen werde. Ich habe sie für ein zweites Leben exhumiert. […] Auf diese Weise entsteht eine Familie, eine Gemeinschaft zwischen den Lebenden und den Toten.[10]

Patrioten und Nationalisten tun genau das: Regelmäßig graben sie die Toten aus, um die Nation durch sie zu heiligen.

Eine solche patriotische Liebe ist durch drei Merkmale geprägt: Sie umfasst die Liebe ähnlicher anderer, nämlich derjenigen, die zur Nation gehören; sie ist eine Form von Selbstliebe, da mir diejenigen gleichen, die ich liebe; sie zieht eine Grenze zwischen der Eigengruppe und denen, die nicht geliebt werden. Im Nationalismus wie in der Liebesbeziehung ist Liebe ein Gefühl, das gleichzeitig ein- und ausschließt. Welcher der beiden Mechanismen jeweils überwiegt, führt zu essenziellen Unterschieden zwischen verschiedenen Formen von Nationalismus. Die Liebe zur Nation kann auf die Einbeziehung fremder anderer (wie etwa beim französischen und amerikanischen revolutionären Nationalismus[11]) oder auf Ausschluss, Diskriminierung und Selbstfeier zielen. Sie kann an Institutionen (wie die Demokratie oder eine universalistische Verfassung) oder an der Größe und Überlegenheit der eigenen ethnischen oder religiösen Gruppe orientiert sein. Sie kann kritisch (beziehungsweise konstruktiv) sein oder in blinder Gefolgschaft bestehen.

In dieser Hinsicht unterscheiden liberale Israelis heute zwischen dem sogenannten inklusiven Patriotismus des frühen Zionismus und dem chauvinistischen Patriotismus der Rechten, der auf ihn folgte. Die erste Art Nationalismus gilt ihnen als aufgeklärt und demokratisch, während die zweite mutmaßlich finsterer Natur ist und auf der erklärten Überlegenheit der eigenen Gemeinschaft über andere beruht. Denn obwohl die zionistischen Pioniere die einheimische arabische Bevölkerung vertrieben und die rechtliche, politische und wirtschaftliche Oberhoheit der Juden durchsetzten, bestehen einige wichtige Unterschiede zwischen dem frühen Nationalismus der Pioniere und seiner späteren populistischen Variante.

Anders als in westeuropäischen Ländern sind Nationalismus und Patriotismus noch lange nach der Staatsgründung ein zentrales und höchst lebendiges Element des israelischen Lebens geblieben, weil das Sicherheitsdenken und die Angst dafür sorgen, dass das Überleben Israels vom unbedingten Willen und von der Liebe seiner Bürgerinnen abhängt, wie wir im ersten Kapitel gesehen haben. Uzi Asad vom Institut für Nationale Sicherheitsstudien, ein ehemaliger Berater Netanjahus, und Gal Alon, Gründer des Consulting-Unternehmens Insights, stellen in einem gemeinsamen Arbeitspapier fest, dass israelische Bürger ausgesprochen patriotisch sind, verstanden als die Bereitschaft, für das Land zu kämpfen (85 Prozent der Befragten), und den Wunsch, in ihm sesshaft zu bleiben (87 Prozent).[12] Wie die Autoren hinzufügen, gibt es »im Vergleich zu anderen hoch entwickelten Ländern im Westen keines [...], das Israel in dieser erklärten Bereitschaft, für sein Land zu kämpfen, übertrifft«.[13] Tatsächlich sind Opfer durch die lange Wehrpflicht (zweieinhalb Jahre für Männer, zwei für Frauen) und wiederholte Kriege beziehungsweise militärische Auseinandersetzungen zu Schlüsselelementen des gesellschaftlichen Lebens geworden. Zudem ließe sich ergänzen, dass Ahavat Israel, die Liebe zum jüdischen Volk, schon lange ein wirkmächtiges Motiv der jüdischen Liturgie und Erinnerungsgeschichte darstellt.[14] Ohne Zweifel hat sich der Zionismus von einer Befreiungsbewegung in eine nationalistische Ideologie verwandelt, die im Gemeinwesen ständig präsent ist und von Staat und Armee dazu genutzt wird, eine historische Kontinuität mit den militärischen Leistungen der frühen Pioniere herzustellen.

Zeev Sternhell hat den Nationalismus der sozialistischen

Führungsschicht, welche die jüdische Gemeinschaft in Palästina vor der Gründung des Staates Israel (Jischuw) und das Land dann bis 1977 regierte, als *nationalistischen Sozialismus* bezeichnet. Weil diese Art Nationalismus die Nation vereinen sollte, leugnete man jeden Klassen- oder sozialen Konflikt. Sternhell zufolge weigerten die Vertreter dieses Nationalismus sich, »die Gesellschaft als einen Kriegsschauplatz anzuerkennen«.[15] Auch beruhte er auf dem Prinzip, dass das Individuum einzig und allein danach beurteilt werden solle, was es zum Kollektiv beitragen könne. Anders als die liberalen Nationalismen Europas (vor allem Frankreichs) war dies ein Blut-und-Boden-Nationalismus; Sternhell nennt ihn sogar einen biologischen Nationalismus, der auf biologischer Abstammung basiert. In seinen Augen war er nicht so brutal wie manche seiner osteuropäischen Pendants, aber immer noch darauf ausgerichtet, Land zu erobern und zu besiedeln.[16] Doch wo dieser Nationalismus geopolitisch und kulturell gesehen erfolgreich war, scheiterte er sozial in dem Sinne, dass ihm tiefe, uneingestandene gesellschaftliche Spaltungen zugrunde lagen, am deutlichsten zwischen Juden aus osteuropäischen und aus arabischen Ländern sowie zwischen Arabern und Juden (vgl. Kapitel 3). Seine Einheitsideologie war so tiefgreifend, dass der nationalistische Sozialismus diese Spaltungen nie richtig anerkennen konnte, wenn wir von einigen vagen Entschuldigungen absehen, die Vorsitzende linker Parteien in sehr viel späteren Jahren vorbrachten.

So wurde ein Nationalismus, der blind war für die realen sozialen Gegensätze, zur zentralen Ideologie, zum moralischen und kulturellen Rahmen des jungen Staats. Die Histadrut, der Allgemeine Verband der Arbeiter im Lande Israel, trug als Institution, die Netzwerke der Loyalität und Ergebenheit knüpfte, entscheidend dazu bei, dass diese Gegensätze nicht überwunden, sondern verfestigt und scheinbar in den Rahmen einer nationalen Arbeiterschaft integriert wurden. Auch war dieser Nationalismus nicht weniger daran interessiert, Land zu besetzen, als seine spätere rechte Nemesis – so wurde etwa die Gründung der berüchtigten Siedlung Kirjat Arba, die sich zu einem Hort der Extremisten entwickelte, von dem bekannten Arbeiterführer Jigal Allon vorangetrieben.[17] Wie wiederum Sternhell konstatierte: Auch nach 1967 blieb der Nationalismus das, was er unter der Regierung der linken Partei Mapai von Anfang an gewesen war, nämlich völkisch, von dem Mythos einer heroischen Vergangenheit erfüllt und restlos von der Rechtmäßigkeit seiner Sache überzeugt.[18] Die »sozialistische« Führung war vor allem eines, nämlich nationalistisch, und prägte in dieser Eigenschaft die ganzen heiligen Symbole, an denen sich später die Fantasien der rechten Siedler entzünden sollten. Der Beweis, dass ein solcher Nationalismus zutiefst religiös aufgeladen war, ist in dem Umstand zu sehen, dass Israel es nicht als staatsbürgerliche Kategorie gelten lässt, »israelisch zu sein« – und damit einen grundsätzlich anderen Weg beschreitet als die europäischen Länder oder die USA. Seit 1948 wird die Nationalität jüdischer Bürgerinnen als jüdisch, die muslimischer oder christlich-arabischer Bürgerinnen als arabisch und die von Nichtjüdinnen entsprechend ihrem Herkunftsland registriert. »Das Innenministerium hat eine Liste von über 130 möglichen Nationalitäten für israelische Staatsbürger erstellt, darunter jüdisch, arabisch, drusisch, tscherkessisch, samarisch, hongkongisch, deutsch, albanisch und liechtensteinisch. ›Israelisch‹ steht nicht auf der Liste.«[19] Ein jüdischer Staatsbürger hatte sich Anfang der siebziger Jahre mit der Forderung an ein Tel Aviver Gericht und dann später an den Obersten Gerichtshof gewandt, amtlich als Israeli und nicht als Jude registriert zu werden. Die Richter wiesen dieses Ansinnen mit dem Argument zurück, es gebe keine israelische Nation, nur eine jüdische.[20]

Daran erkennen wir deutlich, dass sich der israelische Nationalismus immer auf eine vorgängige, quasi religiöse Definition dessen gestützt hat, was eine Nation ist, eine Definition, die sich auf die ferne Vergangenheit und auf die supraterritoriale Einheit des jüdischen Volkes bezieht, nicht auf eine staatsbürgerlich-republikanische. Und eine solche, dem Staate Israel vorausgehende religiöse Definition der Nation hat das Oberste Gericht von der Staatsgründung an bestätigt. Der israelische Patriotismus läuft gerne auf hohen Touren, doch israelisch zu sein wird nicht als Nationalität Israels anerkannt, so dass ein solcher Patriotismus auf einem ethnisch verstandenen Staat beruht, dem jüdischen Volk und dem Jüdischsein. Dem Staat kommt also die entscheidende Rolle zu, eine ihm vorausgehende Identität zu formen und zu bewahren, die sich auf eine extraterritoriale Gesamtheit namens das jüdische Volk und eine Geschichte bezieht, in der dieses Volk die meiste Zeit keinen eigenen Nationalstaat hatte.

Hören wir uns an, was Elija sagt, eine redegewandte junge Frau, die in einer Siedlung im Westjordanland lebt. Sie ist eine bekennende Rechte, hätte aber auch ein gutes weibliches Aushängeschild für die Pioniere des frühen Zionismus abgegeben.

ELIJA: Mein Vater kam aus einem ziemlich »finsteren« Regime in Argentinien nach Israel, ein Land, das für ihn wie für meine Großeltern, deren Eltern aus Polen und Deutschland stammten, eine Art Traum und ein Ziel war. Diese Idee des jüdischen Staates war also wirklich der Traum meines Vaters, und ich sage Ihnen noch was, ich war auch Offizierin in der 8200 [eine Elite-Aufklärungseinheit der israelischen Armee], und nachdem ich den Offizierslehrgang absolviert hatte, war das für meinen Vater … Er kam von etwas, das … Und jetzt hat er Kinder, die in der Armee des Staates Israel dienen. Es war ein Traum, mit dem er groß geworden ist. Und mütterlicherseits sind die Eltern meiner Mutter aus dem Irak eingewandert, also geflohen, weil sie angegriffen wurden, und nach Israel eingewandert, so dass der zionistische Traum in meinem Elternhaus sehr präsent war. Der Staat Israel ist daher ein Ort, dem ich mich sehr stark verbunden fühle, und es ist mir auch wirklich wichtig, was [mit ihm] passiert. […]

Hier ist alles sehr emotional und sehr hitzig, und ich habe zu verstehen versucht, warum. Es ist ein bisschen komisch, weil wir eigentlich alle irgendwie miteinander verbunden sind in diesem Land, jemand ist ein Freund deiner Cousine, irgendwie sind wir alle miteinander verbunden und kennen uns alle. Und weil dieser Ort so klein und vertraut ist, habe ich das Gefühl, dass wir eine Familie sind, und vielleicht sind unsere Streitigkeiten deshalb so tief und so emotional. Ich glaube, es hängt auch damit zusammen, dass ich in der jüdischen Tradition aufgewachsen bin, aber wir glauben sehr stark an das eine und ganze und besondere Volk Israel, und insofern müssen wir uns daran erinnern, dass immer dann und seit den Anfängen der Geschichte, wenn wir Streit miteinander hatten, die Geschichte uns an einen schlechten Ort verschlagen hat. Das ist nun mal ein Teil dessen, was mir weh tut, weil es nach einem anhaltenden Streit zwischen Menschen aussieht, die an einem kleinen Ort zusammenleben, an einem Ort, der für jeden sehr neuralgisch ist, und das Ziel, von dem ich mir sicher bin, dass es dasselbe Ziel [für alle] ist, das Land zu beschützen. Es mag manche Streitereien und Reibungen geben, aber am Ende haben wir ein gemeinsames Interesse. Wenn ich mir die restliche Welt anschaue, nach dem, was ich weiß, und ich mag da ein wenig falschliegen, die restliche Welt ist anders. Für eine Amerikanerin, die in New York lebt, sind die großen Vereinigten Staaten etwas Abstrakteres als der Staat Israel für jemand, der in Kfar Saba [einer Stadt ca. 15 Kilometer nordöstlich von Tel Aviv] lebt. Es gibt hier wirklich eine Verbundenheit, es gibt eine Verbundenheit mit dem Land, mit dem Territorium, die ich persönlich anderswo nicht gesehen habe. Wenn ich also versuche, darüber nachzudenken, was der Staat Israel ist, dann denke ich wirklich, dass wir hier eine Familie sind. Und ich glaube, dass die Menschen das Thema deshalb sehr persönlich nehmen, weil es ihnen sehr am Herzen liegt und sie unmittelbar berührt. Mir als Teil der zweiten Generation oder, insgesamt gesehen, der dritten Generation, die dieses Land erhalten hat, geht das sehr nahe. Die anderen Länder auf der Welt sind nicht so jung [...], und es ist nicht so sehr dein Fleisch oder das Fleisch deiner Angehörigen, auf dem dieses Land blutig errichtet wurde. Der Staat Israel ist ein sehr, sehr kleiner, vertrauter, explosiver Ort, und wenn ich ihn mit etwas zu vergleichen versuche, dann fühlt es sich ein bisschen wie ein Familienstreit an. [...]

EVA ILLOUZ: Fanden Sie es je bewegend, wenn Sie die israelische Flagge gesehen oder die Nationalhymne gehört haben? Welche nationalen Anlässe bewegen Sie?

ELIJA: Es gibt einige. Erst einmal bin ich gerade dabei, zur Armee zurückzukehren. Ereignisse, die ich gesehen habe und die bewegend waren, etwa der erste Gedenktag [für gefallene Soldaten und die Opfer von Terroranschlägen], den ich nach der Operation Protective Edge als Soldatin erlebt habe. Meine Freunde waren in Gaza, mein damaliger Partner auch, und danach gingen wir am Gedenktag auf den Herzlberg. Und mein Exfreund, ein Kamerad von ihm vom Militär-Internat war im Zuge der Operation gefallen, also gingen wir

Freunde alle zusammen hoch zum Grab. Und wenn du plötzlich die Hymne hörst und in Uniform und Offizierin bist, und du schaust auf das Grab von jemandem, den du kanntest, dann bringt dich das aus dem Gleichgewicht. Plötzlich begreifst du in einer Sekunde, und wir sprechen vom Alter von 19 Jahren, einem sehr jungen Alter, plötzlich verstehst du, dass es wirklich ist, diese Sache, die jeder beschrieben hat, sie ist wirklich und sie passiert.

EVA ILLOUZ: Was ist das, was jeder beschrieben hat?

ELIJA: Dieses Gefühl, die ganze Zeit erzählt man einem, dass das Land auf Blut aufgebaut ist, dass die Erde vor Blut schreit, plötzlich verstehst du das. Man fühlt das plötzlich, mir jedenfalls ging ein Schauer durch den Körper. Das war ein Ereignis, das ich sehr, sehr bewegend fand. Als ich einmal eine Taglit-Reisegruppe begleitete [im Zuge gesponserter Taglit-Reisen können ausländische Juden seit 2000 das Land Israel kennenlernen], führten wir sie zur Klagemauer, sie sahen die Klagemauer zum ersten Mal. Ich fühlte die Aufregung und war selbst auch aufgeregt. Ich glaube nicht, dass ich speziell die Hymne je gehört habe und dabei aufgeregt war. Aber diese Veranstaltungen, der Gedenktag, haben sich mir seitdem als etwas Bewegendes eingeprägt.

EVA ILLOUZ: Ich vermute, Ihre Aufregung kommt von einer tiefen Identifikation mit etwas oder jemandem. Wenn ja, können Sie sagen, mit wem oder was Sie sich identifizieren? Sind es die Toten?

ELIJA: Ich glaube, ich habe durch eine persönliche Geschichte plötzlich die große Verbindung begriffen, die es im Land gibt, sowohl von leidtragenden Familien als auch von Menschen, die Freunde verloren haben, ob in Kriegen oder bei Terroranschlägen, und plötzlich passiert es dir selbst, und du verstehst, was es bedeutet. Der Gedenktag oder leidtragende Familien, das ist eine Vorstellung, die man im Hinterkopf hat, wir denken nicht wirklich daran und verstehen nicht so sehr, was es bedeutet, und wie mit allem im Leben, plötzlich, wenn du es am eigenen Leib spürst, dann verstehst du die Bedeutung. Weil ich damals wusste, dass ich in der Armee bleiben würde, und weil ich heute weiß, dass ich in der Armee bleiben werde, denke ich über die Tatsache nach, dass ich eine Geschichte von Zehntausenden Geschichten kenne, und es hat mich schockiert. Sowohl weil ich den Mann kannte, dessen Leben abgeschnitten worden war, als auch weil ich verstand, dass es eine ganze Gruppe von Menschen hier gab, die genauso fühlten, und dass es nicht irgendeine Parole war. Das ist die Wirklichkeit.

EVA ILLOUZ: Sie hätten angesichts des Todes eines Bekannten auch so schockiert sein können, dass Sie sich sagen: Ich will nicht, dass mir das widerfährt. Sie hätten sich abwenden und versuchen können, kein Teil davon zu sein. Das ist aber nicht geschehen. Im Gegenteil. Es hat eigentlich eine Verpflichtung in Ihnen bewirkt. Es hat Ihre Verpflichtung verstärkt. Irre ich mich?

ELIJA: Es hat meine Verpflichtung gegenüber dem Staat, gegenüber der Armee, gegenüber den Soldaten absolut verstärkt.

Elija ist eine junge Siedlerin und fühlt sich der Siedlerideologie verpflichtet. Ihr Patriotismus aber ist nicht von dem gewöhnlichen Nationalismus zu unterscheiden, den die Linke über Jahrzehnte in Israel verankert hatte. Elija wiederholt hier die Kernelemente der Liebe zum jüdischen Volk und des israelischen Nationalismus, der von der Linken militant vorangetrieben und durchgesetzt wurde: Die Juden wurden verfolgt und träumten von ihrem eigenen Land, ein Gedanke, wie gleich hinzugefügt werden muss, der so legitim ist wie andere Formen von Nationalismus. Sie fährt dann aber mit der Feststellung fort, dass die Nation eine Verlängerung der Familie ist, Menschen verbindet und vereint. Sie bezieht sich auf uralte und heilige religiöse Motive wie die Klagemauer ebenso wie auf den aufopferungsvollen Tod von Soldaten. Dieser Patriotismus beruht nicht nur auf der Befreiung der Juden aus einer Geschichte, in der sie den Launen anderer Menschen ausgesetzt waren, sondern auch auf der Liebe zum Land und einer bindenden Verpflichtung, die die Selbstaufopferung der Jungen einschließt. Sie spricht von Israel als einem »Traum« ganz wie der amerikanische Traum: Die Nation ist ein Projekt der Vorstellung; sie erfüllt ein Ideal der Emanzipation und Souveränität für hilflose Juden. Sie stellt eine Sinngemeinschaft sowie eine Gemeinschaft der Brüderlichkeit dar. Sie ist aber auch ein religiöses Projekt der Wiederholung biblischer Geschichte. Yoram Hazony zufolge ist eine Nation zuallererst eine Gemeinschaft, die auf Loyalität basiert.[21] Deshalb ist die Nation für ihn und andere konservative Intellektuelle der Familie nachempfunden und fungiert als erweiterte Familie, wodurch sie Bande der Loyalität knüpft. Es sollte jedoch betont werden, dass es im Falle Israels historisch (und vielleicht ironischerweise) die sozialistische Linke war, die diese – auf religiöser Symbolik beruhende und sich auf die ethnische Identität der Juden beziehende – Form von Nationalismus erfolgreich eingeführt hat.

Obwohl der frühe Zionismus stark von religiösen Symbolen lebte und entschieden patriotisch war, war er zugleich zumindest insofern säkular, als er eine gemeinsame Kultur auf der Grundlage einer *säkularisierten religiösen Symbolik* zu schaffen versuchte. Die populistische Ideologie Netanjahus schloss an diesen Nationalismus an, änderte seinen Inhalt aber tiefgreifend, indem sie ihn enger mit – durchaus nicht säkularisierten – religiösen Symbolen, Gesetzen und Prinzipien verknüpfte und auf diese Weise das biblische Gelobte Land nahtlos mit dem modernen israelischen Staat verschmolz. Sie radikalisierte die Definition des Judentums und wandte sie gegen imaginäre Verleumder, die damit in die Ecke gestellt wurden, zugleich nicht jüdisch genug und unpatriotisch zu sein.

Wie wir im zweiten Kapital sahen, war Meir Kahane ein Pionier jener populistischen Politik und Form von Nationalismus, die schließlich typisch für die von der Likud verkörperte israelische Rechte werden sollte.[22] Kahane bereitete diesem neuen Nationalismus den Weg, indem er zentrale Tabus brach, etwa mit seiner Forderung nach einer rechtlichen Segregation arabisch-israelischer Staatsbürger. Netanjahu ging ähnlich vor und brach seinerseits ein Tabu, als er im Juli 1995 einen inszenierten Leichenzug inklusive Sarg und Galgenstrick auf einer Protestveranstaltung gegen Jitzak Rabin anführte, deren Teilnehmer »Tod Rabin!« skandierten, weil dessen Verhandlungen in Oslo angeblich den Staat gefährdeten. Obwohl der damalige Leiter des israelischen Inlandsgeheimdiensts Schabak, Karmi Gilon, Netanjahu warnte, dass ein Anschlag auf Rabin geplant sei, weigerte sich Netanjahu, seine Rhetorik zu mäßigen. Dies war erst der Anfang einer langen Reihe von Aufwiegelungen, die letztlich die Vorstellung von einer patriotischen Linken erfolgreich untergruben und einen tiefen Riss in der israelischen Gesellschaft hinterließen. 1997, gerade einmal zwei Jahre nach der schicksalhaften Ermordung des gemäßigt linken Ministerpräsidenten, flüsterte Netanjahu in einer berühmt-berüchtigten Szene dem kabbalistischen Rabbi Jitzchak Kadouri (einer geistigen Autorität der Schas-Partei) ins Ohr: »Die Linken haben vergessen, was es heißt, Juden zu sein, sie meinen, unsere Sicherheit wird den Arabern in die Hände gelegt, die Araber passen auf uns auf – sie bekommen einen Teil des Landes und passen auf uns auf.«[23] Netanjahu beschwor die Angst ums schiere Überleben herauf, um seine Anklage gegen die vermeintlich unjüdischen Staatsgründer anzubringen, und gab sich als den einzigen echten Aufpasser der Nation aus.

Sobald sich der Nationalismus auf die Religion stützt, ist es leichter, ausgrenzende Kategorien zur Bezeichnung jener Gruppen zu definieren, die sich der Nation angeblich nicht verbunden fuhlen. Darin unterscheidet sich der populistische Nationalismus vom linksgerichteten Nationalismus, der sich weit stärker mit den echten Feinden außerhalb von Israels Grenzen beschäftigte und gleichzeitig die tiefen Klassen- und ethnischen Konflikte innerhalb der israelischen Gesellschaft ausblendete. Der religiöse Nationalismus, der heute von den israelischen Populisten angeheizt wird, erinnert viel stärker an den weißen christlichen Nationalismus in den USA:

> Der christliche Nationalismus ist ein kulturelles Paradigma [...], das eine Fusion von Christentum und amerikanischem staatsbürgerlichem Leben idealisiert und verficht. Doch ist das »Christentum« des christlichen Nationalismus von besonderer Art. [...] [E]s setzt Nativismus, weiße Überlegenheit, Patriarchat und Heteronormativität voraus, zusammen mit dem göttlichen Segen für autoritäre Herrschaft und Militarismus. Es ist so ethnisch und politisch wie religiös.[24]

Auf die gleiche Weise betrachtet der israelische ausgrenzende Nationalismus jeden als unpatriotisch, der sich nicht an seine strengen Ideale und Vorgaben hält. Deshalb konnte Netanjahu die Linke bedenkenlos als antinationalistisch verleumden und zu einem inneren Feind erklären, obwohl es dieselbe Linke war, die so viele ihrer Söhne (und manchmal Töchter) für den Aufbau des Landes geopfert hatte, die in der vornationalen Gemeinschaft des Jischuw die Engländer bekämpft hatte, die alle Schlüsselinstitutionen des Staats gegründet, den Unabhängigkeitskrieg gewonnen und ein ganzes Land geschaffen hatte.

Der Startschuss von Netanjahus politischer Karriere bestand in einer Lüge: Er bediente sich der Mobbingtaktik und -rhetorik des radikalen Flügels der amerikanischen Republikaner und erklärte die Linke, die alle staatlichen Institutionen Israels aufgebaut hatte, zu einem unpatriotischen Feind.[25] Wie Jan-Werner Müller festgestellt hat, besteht die Besonderheit des Populismus nicht in der Behauptung, dass er das Volk repräsentiere, sondern in der Behauptung, er *allein* verfüge über die Legitimität, das Volk zu repräsentieren.[26] Die Strategie ging auf, und Netanjahu untergrub die tiefe Verbindung zwischen der israelischen Linken und dem Nationalismus. Dagegen setzte er einen Nationalismus, der eine Quelle des Stolzes war und diesen wieder mit dem Judentum verband.

Netanjahu assoziierte die Linke mit den Arabern und beseitigte faktisch die Spannung, die zwischen einer jüdischen und einer israelischen Identität bestanden hatte, indem er die jüdische in den Mittelpunkt des Gemeinwesens stellte, so wie andere populistische Führer es weltweit mit anderen Identitäten gemacht haben: Die Juden waren auf seiner Seite, die antipatriotischen Araberfreunde auf der anderen. Eine politische Thematik wurde damit in eine Frage der authentischen Identität überführt, und nur seine eigenen Unterstützer waren wahre »Israelis«. Ein Facebook-Post von Netanjahu veranschaulicht das besonders gut: Am 16. September 2019, einen Tag vor den Wahlen zur 22. Knesset, veröffentlichte Netanjahu (dessen völlig säkularer Lebensstil in Israel allgemein bekannt ist) ein Bild von sich an der Klagemauer mit einer Jarmulke auf dem Kopf und schrieb dazu: »Beim Gebet an der Klagemauer für den Erfolg des Volkes Israel.«[27] Mag dieser Post auch unverfänglich erscheinen, so verlangt sein Zeitpunkt einen Tag vor der Wahl doch eine hintergründigere Interpretation: Jeder israelische Politiker würde am Vortag von

Wahlen für den Erfolg seiner eigenen Partei und ihrer Anhänger beten. Wenn Netanjahu aber für den Erfolg des Volkes Israel betet, dann gibt er in Wirklichkeit zu verstehen, dass ihn das wahre Volk Israel unterstützt, während andere israelische Bürgerinnen kein Teil der Nation sind. Zudem betont dieser Post die jüdisch-religiöse Identität des »Volkes Israel«, indem er die Klagemauer, die Jarmulke und Netanjahus Gebet zeigt.

Daran, dass die antipatriotischen Araberfreunde für ihn auf der anderen Seite stehen, hat Netanjahu nie einen Zweifel gelassen. Am 24. Februar 2020 twitterte er:

> Beschämend und infam. Während IDF-Soldaten und Sicherheitskräfte Israels Sicherheit schützen, verachtet [Benny] Gantz' Partner in der Knesset diese. Gantz hat ohne Ayman Odeh und Ahmad Tibi [zwei arabisch-israelische Abgeordnete] keine Regierung, und eine solche Regierung würde die Sicherheit des Staates Israel gefährden. Nur eine Stimme für die Likud wird dieses Verhängnis aufhalten können.[28]

Dieser Tweet war eine Reaktion auf eine Stellungnahme Ayman Odehs, des Vorsitzenden der Vereinigten Arabischen Liste, auf Channel 12: »Wir werden uns nicht am Zustandekommen einer Regierung beteiligen, die Gaza angreift.« In nuce enthält er die ganze rhetorische Strategie Netanjahus: Israelische Araber sind die Feinde, und jede linke oder gemäßigte Partei, die mit ihnen zusammenarbeiten könnte, wird – gemäß der Logik, die wir in Kapitel 2 betrachtet haben – so dargestellt, als werde sie von der Verunreinigung, die von dem inneren Feind ausgeht, angesteckt und zu einer Gefahr für das Land.

Und wirklich besteht eine der bezeichnendsten Veränderungen, die sich im Laufe der vergangenen Jahrzehnte in Israel vollzogen haben, in der neuen Prominenz des Judaismus und des Jüdischen in Öffentlichkeit und Kultur, ein Prozess, den Netanjahu und andere säkulare rechte Politiker vorangetrieben haben. Israelische Politikerinnen überbieten sich gegenseitig darin, ihre Nähe zu religiösen Vorstellungen zu beweisen, ob sie an jüdische Grundsätze glauben oder nicht, und veranschaulichen dadurch die neugewonnene Bedeutung religiöser Ideale für das israelische Gemeinwesen. So brüstete sich Miri Regev, die selbst nicht religiös ist, ihrer Pilgerfahrt zum Grab des Schimon Bar Jochai in Meron.[29] Auch Ajelet Schaked, eine säkulare Politikerin der Partei Yamina (wörtlich etwa: »nach rechts«), zuletzt Innenministerin im Kabinett Bennett-Lapid, postete ein Bild von sich beim Kerzenanzünden am Sabbatabend gemäß jüdischem Gesetz und Brauchtum.[30]

Seit den neunziger Jahren hat Netanjahu die säkulare Linke erfolgreich mit dem Ruf des Antipatriotismus belegt und damit die großen Umrisse der nationalen Identität neu gezogen, gipfelnd in dem berüchtigten Nationalstaatsgesetz von 2018, das den ethnischen Vorrang der Juden in Israel festschrieb. Diese Technik wurde von zahllosen populistischen und autoritären Führungsfiguren angewandt, am auffälligsten von Kaczyński, Orbán und Modi, die alle drei an ursprüngliche und identitäre Vorstellungen von der Nation appellieren.[31] Und so gründet auch das Nationalstaatsgesetz die wahre Identität Israels in Ethnizität und Religion und macht damit automatisch diejenigen, die sich für eine bürgerschaftliche Definition der Staatsangehörigkeit einsetzten, zu Verrätern.

Gabriel, der Rabbiner aus einer Siedlung im Westjordanland, dem wir bereits im dritten Kapitel begegnet sind, erklärt, warum es für den israelischen Nationalismus so wichtig ist, jüdisch zu sein.

EVA ILLOUZ: Sind Sie mit dem Begriff der Liebe zu Israel aufgewachsen, oder haben Sie ihn sich später angeeignet? Was hat dieser Begriff für Ihre Bildung bedeutet, und welche Bedeutung hat er heute in Ihrem Judentum, in Ihrer politischen Wahrnehmung? Weil ich das Gefühl habe, dass dieser Begriff einige der religiösen Gebote mit der Liebe zum Staat verbindet. Dass er eine Art Bindemittel ist.

GABRIEL: Man könnte sagen, dass ich mit ihm aufgewachsen bin, ich bin mir nicht sicher, ob es dabei so sehr darum geht, alle Menschen zu lieben, als vielmehr darum, jedem zu helfen, der Hilfe braucht. Ich bin eher in praktischer Hinsicht mit ihm aufgewachsen: die Augen aufmachen, jemanden in Bedrängnis sehen und ihm helfen, egal, wer es ist. Ich glaube, das ist die Grundlage. Auch heißt es in der Thora: Wenn du siehst, wie der Esel deines Hassers unter seiner Last zusammenbricht, ist es eine Mitzwa, ihm zu helfen. Was ist die Bedeutung von »dein Hasser«? Jemand, der einem ein Unrecht getan hat, nicht notwendigerweise ein Linker, der dem ganzen Volk Israel ein Unrecht zugefügt hat, sondern jemand, der einem privat etwas angetan hat, man steht unter einer Mitzwa, ihm zu helfen, wenn er in Not ist. Ich glaube, da ist die Grundlage. Wenn Krieg kommt, dann vereinen wir uns plötzlich. Ich glaube also, es ist viel leichter im Ernstfall. Und im Frieden werden alle Streitschwerter geschliffen, und dann ist es schwieriger. Aber wenn ich mir persönlich heute angucke, was los ist, ist es wirklich nicht sehr leicht ... Ich habe es nicht am eigenen Leibe erfahren, ich war nicht bei der Deportation [der Räumung jüdischer Siedlungen im Gazastreifen 2005], ich war nicht dort oder in Amona [der kleinen illegalen Siedlung, die mehrfach geräumt und abgerissen wurde]. Aber meine Freunde wurden in Amona von Polizisten zusammengeschlagen. Sie hatten das Gefühl, man wolle sie umbringen. Leute nahmen es als Hass auf sie wahr. Es gibt also eine Menge Punkte, an denen alles zerbrechen kann. Wir müssen aber einen Weg finden, darüber hinauszukommen.

EVA ILLOUZ: Gibt es eine Priorität, einem Juden eher zu helfen als einem Nichtjuden? Ich möchte wissen, was Sie über jene denken, die meinen, man solle alle lieben und nicht nur die aus der eigenen Gruppe.

GABRIEL: Für mich ist es klar, dass es selbst unter Juden, etwa im Rahmen einer Mitzwa der Nächstenliebe, eine Mitzwa gibt, den Menschen aus der eigenen Stadt zuerst zu helfen. Das berührt einen anderen, allgemeineren Punkt: Es gibt eine bestimmte Sehnsucht von Juden, wie all die Heiden zu sein. Das ist vielleicht die Wurzel des Streits zwischen uns. Ich glaube nicht, dass ich wie all die Heiden sein sollte. In gewisser Weise sagen auch sie, dass wir nicht wie all die Heiden sein sollten, weil sie sagen, dass unsere Moral höher und besonders sein sollte. Wir haben bereits die höhere Moralität. Bei den Linken sagen sie, ich will wie all die Heiden sein, aber ich muss immer noch besser sein. Also sage ich, ich sollte besser sein, und erwarte das auch von mir, auf der anderen Seite glaube ich aber auch, dass ich nicht wie alle anderen sein sollte. Ich muss mich um mein Volk kümmern, und darin liegt kein Grund, sich nicht um andere zu kümmern, aber wenn es mein Blut und das Blut meiner Brüder ist oder ihr Blut, dann tut es mir leid …

EVA ILLOUZ: Das ist sehr interessant. In Ihren Augen kümmern sich die Linken also nicht genug um ihr eigenes Volk? Ich glaube, das wird in vielen Ländern über die Linke gesagt. Es ist eine wiederholte Klage.

GABRIEL: Macht Sinn. Ich glaube, es ist verquer. Dass man sagt, ich will wie jeder andere sein, und mehr von sich selbst verlangt, und dann ist man nicht wie jeder andere. Man muss sich entscheiden. Wenn man mehr von sich verlangt, sollte man sich auch besser behandeln. Wenn man aber sagt, ich bin wie all die Heiden, dann wird jemand, der sagt, wir sind nicht wie die Heiden, für einen vielleicht nicht zu seinem

Volk gehören. Dann gibt es gar keine Notwendigkeit für Nationalismus, weil die ganze Welt eins ist. Man sagt also, sie [die eigenen Leute] sollten nicht die Leute sein, die ich unterstütze. Es ist aber eine Tatsache, dass das nicht passiert, weil sie [die Linken] sich nicht um arabische LGBT-Menschen kümmern. Sie hätten zu »ihrem Volk« gehören sollen und sie hätten sich mehr um sie kümmern sollen als um einen Araber, der gegen LGBT-Menschen ist.

Gabriels Ausführungen folgen der Logik des Nationalismus, gemäß der Landsleute zur eigenen Sippschaft gehören, der man mehr schuldet als Menschen außerhalb der eigenen Familie. Dies ermöglicht eine Ethik der gegenseitigen Hilfe und Brüderlichkeit, die wiederum die eigene Identität, Abstammung und Zugehörigkeit stärkt. Der Nationalismus formuliert hier eine Hyperidentität oder doppelte Identität, bei der eine an ein Territorium gebunden und die zweite durch Religion und Geschichte bestimmt ist. Der Rabbiner spricht Themen an, die man auch von anderen Ländern kennt, deren demokratische Institutionen ebenfalls von populistischen Führern tiefgreifend verändert worden sind. In einem Aufsatz für das *Journal of Democracy* erklären die Politikwissenschaftler Ivan Krastev und Steven Holmes den extremen Rechtsschwenk von Nationen wie Ungarn mit der Weigerung, westliche Nationen zu imitieren.[32] In den vergangenen dreißig Jahren hätten die osteuropäischen Länder viele verschiedene Bezeichnungen für eine solche Nachahmung gehabt (Liberalisierung, Demokratisierung, Integration), die für sie aber immer eine Nachahmung geblieben sei. Rabbiner Gabriel zufolge hat sich die israelische Linke derselben Sünde schuldig gemacht: Sie will den Rest der Welt nachahmen, sie will die wahre und authentische Identität der Juden aufgeben, und genau eine solche Vorstellung steht laut Holmes' und Krastevs Buch *Das Licht, das erlosch* im Mittelpunkt der Herausbildung des Illiberalismus in Osteuropa.[33] Eine derartige Nachahmung, so die Autoren, ruft Frustration und ein permanentes Minderwertigkeitsgefühl auf Seiten des Nachahmenden hervor, der doch auch ein authentisches, ursprüngliches Bewusstsein einer kollektiven Identität beansprucht. Nicht nur impliziert die Nachahmung ein tiefsitzendes Gefühl moralischer Unterlegenheit, sondern sie überträgt ihrem Vorbild auch implizit das Recht, den Nachahmer zu bewerten. Gabriels Behauptungen erinnern an den Vorwurf Jarosław Kaczyńskis (Vorsitzender der polnischen Partei Recht und Gerechtigkeit, PiS), der »Liberalismus wende sich gegen den Begriff der Nation selbst«, sowie an die Behauptung der ungarischen Historikerin und Orbán-Beraterin Mária Schmidt: »Wir sind Ungarn, und wir wollen unsere Kultur bewahren.«[34] So gesehen, ist der Nationalismus – auf jeden Fall jener der populistischen Sorte – tief mit einer stolzen Selbstbehauptung verbunden, dem Versuch, einen verletzten Stolz zu heilen, die Wahrnehmung einer unterlegenen Position zu korrigieren und die Authentizität der eigenen Kultur von Neuem zur Geltung zu bringen. Die Sünde der israelischen Linken tritt damit deutlicher hervor: Die Linke zeigt einen Mangel an nationalem Stolz. Sie kritisiert nicht nur ihr Land nach den moralischen Standards anderer Länder, sondern macht sich auch des Bemühens schuldig, westliche demokratische Institutionen zu imitieren und damit Israel anhand internationaler Gerechtigkeitsstandards zu diskreditieren. Die Linke möchte internationalen moralischen und rechtlichen Normen folgen, ein kultureller Prozess, der zunehmend von jenen angefochten wird, die stolz ihre jüdische Identität betonen. Auf diese Weise wird der politische Rivale zum Feind, was für Steven Levitsky und Daniel Ziblatt ein Zeichen scheiternder Demokratien ist.[35]

Mehr noch: Innere Feinde zu benennen wird zum Politikersatz.

Ein entscheidender Faktor ermöglichte diese kaum glaubliche Stigmatisierung genau jener Gruppen, die aufs Engste mit der Entwicklung des israelischen Nationalbewusstseins verbunden gewesen waren: die Tatsache nämlich, dass diesem Nationalbewusstsein eine kräftige Portion Judentum zugesetzt wurde und damit eine Religiosität, die den Säkularismus der Eliten und staatlichen Institutionen delegitimierte.

Wie wir gesehen haben, spielte die Koalition der Schas-Partei mit der Likud eine entscheidende Rolle bei deren Neuausrichtung auf jüdisch-religiöse Werte. Netanjahu verbündete sich mal gleichzeitig, mal abwechselnd mit der ultraorthodoxen misrachischen Schas und mit nationalreligiösen Parteien, die im israelischen Leben zunehmend tonangebend geworden sind. Beide, Schas wie Likud und ihre Wählerschaften, stimmen in ihrem Verständnis des Nationalismus als Ausdruck jüdischer Identität überein. Die Schas verfolgte parallel ein Programm der Sozialfürsorge und Verteilungsgerechtigkeit (und stellte sich somit an die Seite der unteren Schichten) sowie eine stolze Form religiöser und ethnisch jüdischer Identität.[36] Der israelische Politologe Yoav Peled hielt diesen Doppelcharakter der Ideologie der Schas bereits 1998 fest: »Die Schas will den säkularen Zionismus als hegemoniale Ideologie in der israelischen Gesellschaft durch einen religiösen Judaismus ersetzen und stellt diesen als Rezept sowohl für die sozioökonomischen als auch für die kulturellen Missstände dar, unter denen ihre Wählerschaft leidet.«[37] Diese Bemühungen scheinen unter ihren rechten Anhängern tatsächlich Früchte getragen zu haben, insofern die israelische Rechte heute stark auf religiöse Werte und Praktiken ausgerichtet ist. So lassen sich Likud-Wähler mit größerer Wahrscheinlichkeit (82 Prozent) als andere jüdische Israelis (62 Prozent) an Freitagen ihren Becher Wein segnen (Kiddusch) und essen koscher (68 Prozent im Verhältnis zu 57 Prozent).[38] Unter den orthodoxen (nicht aber charedisch ultraorthodoxen) Kippaträgern sind diejenigen, die sich als besonders religiös bezeichnen, eher Anhänger der Rechten. 36 Prozent der liberalen Gläubigen, 62 Prozent der »normalen« Gläubigen und 71 Prozent der Strenggläubigen verorten sich rechts. Unübersehbar erlaubt das Merkmal der Religiosität eine Voraussage darüber, wie rechts und nationalistisch jemand wahrscheinlich ist. Vielleicht überrascht es nicht, dass die Religiosität somit eine Prognose darüber ermöglicht, wie bereitwillig jemand die offizielle Nationalgeschichte übernimmt und wie kulant er auf eine Menschenrechtsverletzung reagieren wird.

Dass Schas wie Likud und andere Parteien mit dem Anspruch, die nationalreligiöse Wählerschaft der Siedler zu vertreten (z. B. die bereits genannten Ha-Ichud HaLeumi – Tkuma und Otzma Jehudit), Fragen der – ethnischen, religiösen und nationalen – Identität in den Mittelpunkt des israelischen Nationalismus rückten, hatte zweierlei Folgen: Zum einen spalteten sie das Gemeinwesen unter dem Banner einer Identitätspolitik noch weiter, erzeugten tiefe Spannungen zwischen gesellschaftlichen Gruppen wie Mizrachim und Aschkenasen, säkularen und religiösen, patriotischen und antipatriotischen Kreisen und definierten die Eigenschaft, israelisch zu sein, in die Eigenschaft um, religiös jüdisch zu sein.[39] Zum anderen beförderten sie die zunehmende Sakralisierung des Nationalbewusstseins, nicht nur durch den Bezug auf die für das Land Gestorbenen, sondern auch durch eine Aufwertung der rituellen Symbole des Judentums.

Dieser ideologische Kontext verhalf dem religiösen Nationalismus, der bis in die neunziger Jahre als Phänomen einer extremen Randgruppe gegolten hatte, zu einer führenden Rolle in der israelischen Politik und Gesellschaft. Der religiöse Nationalismus, der sowohl von religiös-nationalistischen Parteien als auch von einer orthodoxen Partei wie der Schas verfochten wird, umfasst nach Roger Friedland vier Elemente.[40] Erstens hält der religiöse Nationalismus das Staatsgebiet für einen sakralen Raum; das Land wird zu einem Hauptakteur in der Entfaltung einer göttlichen Geschichte, die noch im Werden ist. Zweitens richten religiöse Nationalisten ihre Aufmerksamkeit sehr stark auf die Körper von Frauen – deren erotische Fleischlichkeit sie verdecken, absondern und regulieren. Drittens sprechen sie der Fremdheit erhebliche symbolische Bedeutung zu, das heißt, sie schließen Ausländer aus. Als viertes Element unterwerfen sich religiöse Nationalisten wie andere, nichtnationalistische Gläubige Gott und vermischen in ihrer Unterwerfung unter Gott die Liebe zu Gott und die Liebe zur Nation. Sie hüllen das Land und die Nation in dieselbe metaphysische Erhabenheit und streng gehütete Heiligkeit wie Gott. Sie heben damit den Nationalismus auf eine neue Stufe: Der religiöse Nationalismus ist eine Aneignung des Landes, des Volkes und der Geschichte in einem Rahmen, der ihnen kosmischen Sinn und Zweck verleiht. Während sie die Gesellschaft faktisch spalten, ist die Beschwörung eines einzigen jüdischen Volkes die scheinbare Lösung, die sie für dieses Problem anbieten. Sind die Spaltungsprozesse einmal in Gang gesetzt, lässt sich der Nationalismus – und vor allem der religiöse – so ironischerweise als Mittel zur Heilung genau der Brüche reklamieren, für die er mit seiner hyperidentitären Logik selbst verantwortlich ist. Er postuliert das Jüdische als das vereinigende Element des kollektiven Lebens. Elija, die junge Frau, der wir in diesem Kapitel schon begegnet sind, veranschaulicht diese Sichtweise:

ELIJA: Ich denke, wir alle sehen in letzter Zeit, dass wir, statt uns daran zu erinnern, dass wir ein Volk sind ... Ich weiß einfach nicht, wie ich es erklären soll, es gibt einen Bürgerkrieg, die Leute greifen sich gegenseitig an, führen gar keine Diskussion, führen gar kein Gespräch. [...] Wir sind total gespalten, wir vertiefen nur den Riss zwischen uns. Für mich persönlich ist es eine Schande, das anzusehen. Vor siebzig Jahren gab es Menschen, die von überall auf der Welt hierherkamen, um einen Staat aufzubauen und zusammenzuleben. Und sie wussten, wie man die Streitigkeiten für einen Moment beiseiteschiebt und sich für ein größeres Ziel zusammenschließt. Und jetzt sehe ich das nicht. Es tut mir schon leid, weil wir am Ende alle hier leben, und niemand wird hier so bald weggehen, also ist es an der Zeit, dass ... Okay, es gibt immer Auseinandersetzungen, sagen wir der Staat Israel ist wie eine große Familie, also gibt es Streitigkeiten in der Familie, aber wir sollten sie beiseiteschieben können, lasst uns einander in die Augen schauen, lasst uns miteinander reden. Das sind Dinge, die nach meinem Gefühl nicht mehr passieren.

Unwissentlich kommentiert Elija genau die Lage, die von dem Vorsitzenden der Partei, der sie anhängt, mit Bedacht herbeigeführt worden ist. Populistische Führer scheinen also viele Dinge gleichzeitig hinzubekommen: Sie spalten, stacheln auf und kreieren fiktive Feinde, die angeblich die Nation untergraben, und warten dann mit dem Angebot einer Wiederherstellung der kollektiven Einheit auf, zu deren Auseinanderbrechen sie mit ihrem Nationalismus beigetragen haben. Uns steht also mit Elija ein Beispiel vor Augen, wie dieser religiös geprägte Nationalismus die authentische israelische Identität um das Land und das Jüdische neu ausrichten will.

Tu biSchevat ist ein jüdischer Feiertag, der am 15. Tag des Monats Schevat (im Winter) begangen wird und ursprünglich zum Zweck des biblischen Zehnten den Beginn des Anbauzyklus markierte. In Diaspora-Gemeinden ist er nur wenig bekannt, in Israel aber wird er mit großem Aufwand gefeiert. Er erfreut die Kinder, die einen Baum pflanzen dürfen, die Staatsvertreter, welche die Israelis daran erinnern, dass das Land ihnen gehört, und die Obsthändler mit ihrem ausufernden Angebot an Trockenfrüchten, wie sie rituell an diesem Tag gegessen werden.

Jossi Dagan, seit 2015 Vorsitzender des Regionalrats von Samaria [im Westjordanland], pflanzte an Tu biSchevat 2021 dem Brauch gemäß einen Baum und veröffentlichte zu diesem Anlass den folgenden Post auf seiner Facebook-Seite:

> Wir haben das Privileg, einer Generation anzugehören, in der wir bedeutende Partner zum Aufbau des Landes für künftige Generationen sein können.
>
> Die Weinberge, auf denen der Prophet Jeremia predigte, gedeihen und internationale Medaillen gewinnen zu sehen.
>
> Das Land Israel erwidert die Liebe seiner Söhne trotz aller Hindernisse und Barrieren – die Siedlung wächst aus eigenen Kräften, und die Landwirtschaft in Samaria gedeiht mehr denn je.
>
> Produkte aus Samaria werden weltweit vermarktet (auch in den Vereinigten Arabischen Emiraten), und die Nachfrage steigt unablässig …
>
> Wir sind privilegiert … Sehr bewegt habe ich mit ihrem [Rinas] Vater, Rabbiner Eitan Schnerb aus Lod, einen Orangenbaum im Land Samaria gepflanzt.
>
> Der Vorsitzende des Jischuw-Komitees, Moti Feldman, hat mir bewegt erzählt, dass der Hain zu unserer Rechten auf den Tag genau vor 25 Jahren an Tu biSchevat gepflanzt wurde. Das waren die schwierigen Tage der Oslo-Abkommen, und es herrschte die Befürchtung, dass die Siedlung entwurzelt werden würde. 25 Jahre sind vergangen, die Siedlung ist nicht nur nicht vertrieben worden – sondern hat sich verdreifacht: 3-mal so viele Einwohner (!).
>
> Und wir wachsen und expandieren, und hier neben diesem Hain haben wir heute einen weiteren Hain gepflanzt, neue Obstbäume in Nord Samaria – im Herzen des Staates Israel. Einen fröhlichen Feiertag dem Lande Israel.[41]

Die 17-jährige Rina Schnerb war im August 2019 einem Terroranschlag im Westjordanland zum Opfer gefallen; sie ist es, vor der Jossi Dagan sich in seinem Post verneigt. Er nutzt die Gelegenheit aber auch dazu, die von Erfolg gekrönten wirtschaftlichen Bemühungen der Westbank-Siedlungen zu würdigen und, wichtiger noch, ehrt dabei zugleich das biblische Land Samaria selbst, das in der Tat expandiert ist, wie er euphemistisch sagt. Der Vorsitzende des Regionalrats von Samaria, der 35 auf 2800 Quadratkilometer verteilte Siedlungen mit 25 000 Bewohnern beaufsichtigt, führt zwei für die kollektive israelische Psyche zentrale emotionale Motive an: die Trauer um einen toten Menschen, der dem israelisch-palästinensischen Konflikt zum Opfer gefallen ist, und die Liebe zum Land Israel, das von Geschichte und Heiligkeit, aber auch kommerziellem Erfolg geprägt ist (womit das kapitalistische Ethos angezapft wäre, das ebenfalls zur Legitimation von Netanjahus Macht beiträgt). Eine solche Liebe empfinden Menschen für ein Land, das sie durch metaphorische Alchemie zu erwidern weiß. Das Land verfügt gleichsam über Handlungsmacht und bildet einen Bund auf Gegenseitigkeit mit den Menschen, die in ihm leben. Die Ausdehnung der Siedlungen im Westjordanland, das Wachstum ihrer landwirtschaftlichen Erträge und der florierende Export sind allesamt Ausdruck der Liebe, die das Land seinen Leuten zurückgibt. In dieser kurzen Grußadresse bringt Dagan die doppelte emotionale Kraft des religiösen Nationalismus auf den Punkt, der Israel beherrscht: Menschen sterben für das Land, und ihr Tod weiht die Heiligkeit des biblischen Lands, das hier in ökonomischer Hinsicht als ein durch natürliches Wirtschaftswachstum expandierendes gezeichnet wird. Das Land vergilt Trauer und Tod durch blühende Unternehmungen: Das Land bindet die Bürgerinnen an ihre Geschichte und wahre Identität – und an ihren ökonomischen Erfolg.

Sosehr er auch von Ideologie und Manipulation lebt, wurde Netanjahus nationalistischer Populismus durch grundlegende soziale und kulturelle Umwälzungen ermöglicht. Der Nationalismus begann eine gesellschaftliche Spaltung entlang Klassenzugehörigkeiten und ethnischen Unterschieden dahingehend umzuformulieren, dass Religion und identitärer Nationalismus zu Klassenmerkmalen wurden. Damit wurde der identitäre Nationalismus zum Prärogativ der weniger gebildeten Mittel- und unteren Mittelschicht.[42] Soziologische Faktoren trugen zu diesem Wandel bei. Ein Faktor bestand in dem Sachverhalt, dass die Eliten seit den achtziger Jahren im Zuge der Entwicklung einer globalen Ökonomie allmählich eine kosmopolitische Perspektive entwickelten. Ihre Tätigkeiten verlangten nun häufige Reisen, die Integration in globale wirtschaftliche Netzwerke, Englisch als Verkehrssprache, größere Zahlen von Bildungsabschlüssen inner- und außerhalb Israels sowie die zunehmende Beurteilung Israels nach internationalen Rechtsnormen.[43]

Vielleicht weil die israelischen kosmopolitischen Eliten auch anfingen, internationale berufliche Netzwerke zu knüpfen, wurden sie von Netanjahu zunehmend bewusst als unjüdisch und unpatriotisch hingestellt. Die Eliten aus der Kultur- und Finanzwelt profitierten im Zuge der Globalisierung sogar noch stärker als zuvor von der Ausweitung der höheren Bildung. Parallel zu diesen Prozessen identifizierten sich die arbeitenden Schichten der Mizrachim, die zwar soziale und ökonomische Gewinne verzeichnen konnten, aber immer noch deutlich hinter ihren aschkenasischen Mitbürgern zurückblieben, stärker mit dem religiösen Nationalismus.[44] Schas und die Likud selbst verwandelten den Nationalismus von einem allumfassenden Rahmen in einen Teil des politischen und moralischen Habitus der unteren Mittelschicht. Der Nationalismus wurde also zu einem Klassenmerkmal, nämlich zur Identität der Menschen, die der sogenannten »kosmopolitischen Klasse« gegenüberstehen, einer Klasse, die nicht nur internationale Arbeitsmöglichkeiten hat und mit größerer Wahrscheinlichkeit im Ausland lebt, sondern sich auch am ehesten zu einem Kernbestand an moralischen Werten bekennt, wie sie etwa die Verfassungen westlicher Demokratien prägen. Diese Klassenspaltung übersetzt sich in zutiefst gegensätzliche Moralvorstellungen.

Durchweg kommt die Forschung über Fremdenfeindlichkeit und Nationalismus zu dem Ergebnis, dass negative Einstellungen gegenüber Außenseitergruppen umgekehrt proportional zum Bildungsstand sind: Menschen mit höherer Bildung bekunden erheblich weniger xenophobe und nationalistische Gefühle. Dieser Zusammenhang ist in der empirischen Forschung sowohl zeitübergreifend als auch für verschiedene Länder dokumentiert.[45] Obwohl sich die meisten Untersuchungen nur auf die Einstellungen gegenüber ethnischen Außenseitergruppen konzentrieren, gibt es auch empirische Belege dafür, dass höher Gebildete weniger zur Bevorzugung der Eigengruppe neigen als Personen mit geringerem Bildungsgrad.[46]

Für die aschkenasischen Eliten, die das Land aufbauten, bildeten Nation und Nationalismus einen Weg, um sich aus ihrer paneuropäischen Unterwerfung zu befreien, ihre Würde zu behaupten und Zugang zu den materiellen Ressourcen zu erlangen, die der Staat ihnen bot. Ihr Nationalbewusstsein half ihnen auch dabei, die neu gegründeten Institutionen in einer Weise zu gestalten, in der sich ihre Ideologie und ihre Interessen niederschlugen. Ja, die aschkenasischen Eliten waren wahrscheinlich weitaus nationalistischer als die misrachischen Arbeiterschichten, weil Letztere dem institutionellen Kern des Staates viel ferner standen. So waren Mizrachim im Verhältnis zu Aschkenasen im öffentlichen Dienst und vor allem im gehobenen öffentlichen Dienst, der Einfluss auf die Staatsgeschäfte nimmt, stark unterrepräsentiert.[47]

Sobald dieselben Eliten aber in die globale Wirtschaftstätigkeit und Wissenszirkulation verstrickt waren, identifizierten sie sich subjektiv wie objektiv weniger stark mit der Nation. Es sind die arbeitenden, ortsgebundenen Schichten ohne auswärtige Arbeitsmöglichkeiten und regelmäßige Auslandskontakte, die sich den Nationalismus als Quelle der sozialen Zugehörigkeit und Identität zu eigen machen.

In einer großangelegten vergleichenden Analyse zu 22 Ländern kommt der Wirtschaftswissenschaftler Moses Shayo zu dem Resultat, dass sich Angehörige der arbeitenden Schichten eher mit der Nation identifizieren als die höherer Schichten, dass also eine negative Korrelation zwischen Einkommen und Nationalgefühl besteht. Noch bemerkenswerter ist, dass die Vertreter dieser unteren Schichten in hoch industrialisierten Volkswirtschaften Umverteilungsmaßnahmen skeptischer gegenüberstehen als ihre bessergestellten Mitbürger.[48] Diese Gruppen nehmen Zuflucht zum Nationalismus, um ihren Stolz zu behaupten und ihren unterprivilegierten Status wettzumachen, während sie eine Politik ablehnen, die ihren wirtschaftlichen Interessen zugutekommen könnte. Soweit der Nationalismus ein Gefühl von Brüderlichkeit und Gleichheit vermittelt, scheint er den Verlust an Würde auszugleichen, der oft mit Ungleichheiten einhergeht. Er verleiht einer Gruppe sozialen Auftrieb, weil der Nationalismus eine Gemeinschaft von Gleichen unterstellt. Wie die Nationalismusforscherin Liah Greenfield ausführt, bietet er damit eine psychologische Befriedigung, da die nationale Identität für »breite und immer weiter wachsende Teile der Menschheit eine Erfahrung von Würde« stiftet und affirmiert.[49] Das ist ein außerordentlich wichtiger Befund. Das Nationalbewusstsein verhilft zu einem Gefühl von Brüderlichkeit, Würde und Selbstwert. Mit Anthony Smith bin ich der Meinung, dass dies so ist, weil sich Angehörige bestimmter Gruppen durch ihren Nationalismus »in genau den Hinsichten gleich fühlen, in denen sie sich von den Nichtmitgliedern außerhalb der Gruppe unterscheiden«.[50] Die »Gleichheit« gibt ihnen ein Selbstwertgefühl. Zudem vermittelt der Nationalismus – oder der Patriotismus als emotionaler Ausdruck des Nationalismus – ein tiefes Empfinden von Zugehörigkeit, also genau dem, woran es sozial und wirtschaftlich marginalisierten Gruppen womöglich mangelt. Der Nationalismus verspricht Mitgliedschaft und Zusammengehörigkeit und ist damit ein mächtiger Anker der Identität. Nicht zuletzt übersetzt sich die Liebe zum eigenen Land oft in eine Ethik brüderlicher und gegenseitiger Unterstützung all jener, die mit der nationalen Gemeinschaft identifiziert werden. In der Folge gelten Nationalisten als Verteidiger des Volkes, denen die Aufgabe des Schutzes der Grenzen und der Bewahrung der Erinnerung anvertraut wird. Der Nationalismus treibt somit einen Keil zwischen gesellschaftliche Gruppen und formuliert Klassentrennungen auf der Grundlage von Bildungsniveaus um.

Der uns schon bekannte Rabbiner Gabriel bringt eine verbreitete Ansicht über die Linke und den Friedensprozess zum Ausdruck:

EVA ILLOUZ: Warum führen die Linken das Land ins Verderben?

GABRIEL: Zum Beispiel die Architekten von Oslo – bei vielen Juden, zum Beispiel einer Familie von Terroropfern, die von palästinensischen Polizisten ermordet wurden, welche von uns mit Waffen ausgestattet wurden, kann ich verstehen, warum sie Menschen hassen, die nicht bereuen, was sie [mit den Osloer Abkommen] getan haben. Für sie [die Linken] ist es ein Akt der Gerechtigkeit. Ich weiß nicht, ob ich sie nicht vielleicht auch hassen würde, wenn ich in der Lage [dieser Familien] wäre.

Die Linken verraten die Bestimmung des Landes, das zu lieben und zu beschützen uns aufgetragen ist.

Der Nationalismus wird zu einem Vehikel des Populismus, denn der Populismus, so Cas Mudde und Cristóbal Rovira Kaltwasser, ist »eine dünne Ideologie«, laut der einer »korrupten Elite« ein homogenes und tugendhaftes Volk gegenübersteht. Der Populismus kann sich mit dem Nationalismus gleichsam in eine »dichte« Ideologie hüllen und den Gegensatz zwischen »dem Volk« und »der Elite« mit Inhalt füllen: Die weniger gut ausgebildete untere Mittelschicht wird zum Beschützer der Nation gegen die hoch gebildete kosmopolitische Elite. Eine derart konfrontative Auffassung verstärkt die Bindung an die und die Liebe zur Nation, freilich um den Preis, all jene zu dämonisieren, die mit Menschen anderer Nationalitäten zusammenzuarbeiten scheinen. In einem Gipfel der Ironie bietet die Geschichte des Zionismus somit ein eindringliches Beispiel für die spektakuläre Umkehrung, die Populisten bewirken können: Die führenden sozialistischen Politiker, die das Land aufgebaut haben und die hartnäckige, mitunter heftige Nationalisten waren, sind gerade in dem Moment zu Feinden der Nation stilisiert worden, als sich die Klassenspaltungen und ethnischen Gräben in der Gesellschaft vertieften, wobei der Nationalismus nunmehr die Klassen- und ethnischen Verhältnisse umkrempelt und die Klassenkämpfe mit der sehr viel gefährlicheren und unheilvolleren Drohung des Betrugs vermischt.

Das ist aber noch nicht das Ende der Geschichte. Sie hat eine weitere gewaltige ironische Wendung.

Als sich Netanjahu entschied, Trump vor und nach seiner Wahl zum US-Präsidenten zu unterstützen, waren manche Beobachter zu Recht erstaunt, konnten dem israelischen Ministerpräsidenten aber noch einen Vertrauensvorschuss gewähren. Zwar umgab sich Trump zugegebenermaßen mit Leuten wie Steve Bannon, dem Chef von Breitbart News, einer vor Rassismus und Antisemitismus strotzenden Website,[51] doch wusste niemand mit Sicherheit, in welche Richtung sich die neue Präsidentschaft entwickeln würde. Obwohl Trump sich weigerte, seine antisemitische Wählerbasis oder den Ku-Klux-Klan zu verurteilen, der ihn begeistert unterstützt hatte, und obwohl er lange brauchte, um sich von Klanchef David Duke zu distanzieren,[52] waren wir uns noch nicht sicher, ob Trumps Diskurs und seine Strategien definitiv antisemitisch geprägt sein würden (zumal seine Tochter Ivanka zum Judentum konvertiert ist). Doch die Ereignisse in Charlottesville vom August 2017 ließen keinen Zweifel mehr: Neonazis begingen Gewalttaten gegen friedliche Gegendemonstranten; einer von ihnen steuerte ein Auto in die Menge und tötete dabei eine Frau (eine Tat, die technisch an Terrorattentate in Europa erinnert). Um seine Anhängerschaft nicht zu verprellen, reagierte Trump auf die Ereignisse, indem er sowohl die Neonazis und Klansmen als auch ihre liberalen Gegner verurteilte.[53] Beide Seiten hätten sich angeblich in derselben Weise und im selben Ausmaß schuldig gemacht. Die Welt war schockiert darüber, wie Trump beide Gruppen in einen Topf warf, Netanjahu aber hatte keine Einwände.[54] Einmal mehr konnte die nachsichtige (oder zynische) Beobachterin dieses Schweigen als widerwillige Zustimmung eines Vasallen zu seinem Lehensherrn deuten (kein Land auf der Welt erhält so viel Militärhilfe von den USA wie Israel[55]). Die Annahme war berechtigt, dass Israel trotz der sichtbaren Zeichen von Antisemitismus beim amerikanischen Präsidenten keine andere Wahl hatte als stillschweigende Kollaboration.

Diese Lesart ist allerdings unplausibel, weil Netanjahu vor und nach Charlottesville andere Regierungschefs umwarb, die nichts gegen Antisemitismus haben oder geradeheraus mit ihm sympathisieren und von denen Israel wirtschaftlich nicht abhängig ist. Netanjahus diesbezügliche Konzessionen gehen bis zur Billigung einer teilweisen Holocaust-Leugnung.

Nehmen wir den Fall Ungarn. Unter der Regierung Orbán zeigt das Land beunruhigende Anzeichen einer Legitimierung des Antisemitismus.[56] So kündigte die ungarische Regierung 2015 die Absicht an, eine Statue zu Ehren von und zum Gedenken an Bálint Hóman zu errichten, einen Minister, der eine entscheidende Rolle bei der Deportation von 600 000 ungarischen Juden gespielt hatte.[57] Nur wenige Monate später erwies sich, dass dies kein Einzelfall war, als eine Statue zum Gedenken an György Donáth errichtet wurde, einen der Architekten der judenfeindlichen Gesetzgebung im Zweiten Weltkrieg.[58] Es war daher keine Überraschung, dass sich Orbán während der Kampagne für seine Wiederwahl antisemitischer Stereotypen bediente, vor allem gegen George Soros, den in Ungarn geborenen jüdischen Milliardär, der liberale Initiativen unterstützt und sich für offene Grenzen und Einwanderung einsetzt.[59] Er belebte dabei das antisemitische Klischee von der Macht der Juden wieder, als er Soros vorwarf, er hege die Absicht, Ungarn zu untergraben.

Und wen unterstützte Netanjahu? Nicht die besorgte jüdische Gemeinde in Ungarn, die erbittert gegen die antisemitischen Verhaltensweisen von Orbáns Regierung protestierte, und auch nicht den liberalen Juden Soros, der humanitäre Anliegen verteidigt. Er schuf lieber neue Spannungslinien, indem er den Stammesangehörigen rechte politische Verbündete vorzog und sich hinter Orbán stellte, der das Andenken an finstere Antisemiten wiederbelebt.[60] Nach meiner Kenntnis hat die Regierung Netanjahu nie offiziell gegen Orbáns antisemitische Neigungen und Affinitäten protestiert, im Gegenteil: Nicht lange nach den ungarischen Wahlen von 2018 unternahm Netanjahu eine Reise nach Ungarn, mit der er Orbán von der Schmach des Antisemitismus der Schoah befreite.[61] In Budapest wurde Netanjahu vom Bund der jüdischen Gemeinden Ungarns in eisiger Atmosphäre begrüßt, während Orbán ihn betont herzlich empfing.[62] Um die anrührende Freundschaft zu bekräftigen, lud Netanjahu Orbán zu einem Staatsbesuch in Israel im Juli 2018 ein.[63] Dort wurde Orbán ein Empfang bereitet, wie er für den loyalsten jüdischen Verbündeten angemessen gewesen wäre.

Nicht weniger paradox ist Israels Verhältnis zu Polen. Das Land wird bekanntlich von der nationalistischen Partei Recht und Gerechtigkeit (PiS) regiert, die eine kompromisslose Politik gegen afrikanische oder muslimische Flüchtlinge verfolgt und durch eine Reihe von Reformen die Unabhängigkeit der Justiz so weit eingeschränkt hat, dass die Regierung die Judikative kontrolliert.[64] 2016 löste die Regierung das mit dem Kampf gegen Rassendiskriminierung, Ausländerfeindlichkeit und Intoleranz befasste Gremium auf, da seine Tätigkeit »nutzlos« geworden sei.[65] Ermutigt durch Erklärungen und Maßnahmen der Regierung, mehrten sich die Anzeichen von Nationalismus in der polnischen Gesellschaft. Im Februar 2018 kündigte Präsident Andrzej Duda die Unterzeichnung eines Gesetzes an, das die Behauptung einer Kollaboration der polnischen Nation mit den Nazis zu einer Straftat machen würde; das Gesetz ist inzwischen in Kraft getreten, wobei zwei besonders umstrittene Paragrafen gestrichen wurden.[66] Allerdings greift man nun auf ein älteres Gesetz zurück, dass es verbietet, die polnische Nation oder den polnischen Staat öffentlich zu verunglimpfen, um Personen zu verfolgen, die Polen eine Beteiligung am Holocaust oder an anderen von den Nationalsozialisten verübten Verbrechen vorwerfen. Zwar protestierte Israel gegen die geplante Gesetzgebung, doch unterzeichneten Benjamin Netanjahu und der polnische Ministerpräsident Mateusz Morawiecki im Juni 2018 eine gemeinsame Erklärung, die den polnischen Staat und die polnische Nation von jedem Verbrechen gegen Juden freisprach und den Ausdruck »polnisches Konzentrationslager« als offensichtlich falsch und als eine Verharmlosung der deutschen Verantwortung verurteilte. In der Erklärung werden zudem Antisemitismus und Antipolonismus im selben Atemzug genannt; auch wird die Behauptung aufgestellt, dass nur eine Handvoll beklagenswerter Individuen für die dunkelsten Stunden der polnischen Geschichte Verantwortung trügen.[67] Im Juli 2018 wurde diese Erklärung vom International Institute for Holocaust Research der Gedenkstätte Yad Vashem sowie von einer Gruppe von 17 Historikern, Mitgliedern von Wissenschaftsakademien, klar verurteilt.[68] Doch es blieb bei dem unfassbaren Resultat: Benjamin Netanjahu, der israelische Regierungschef, unterzeichnete eine Erklärung, die letztlich auf eine Form von Holocaust-Leugnung hinausläuft. Der Geschichtskenner Netanjahu konnte nicht im Unwissen darüber sein, dass, in den Worten des polnischen Publizisten Sławomir Sierakowski, »zwei Drittel der 250000 während der ›Liquidation‹ der jüdischen Ghettos im Jahr 1942 geflohenen Juden bis 1945 getötet worden waren, überwiegend von Polen oder unter polnischer Beteiligung«.[69] Das bedeutet einen entscheidenden Wendepunkt für den Zionismus, der Netanjahu zu einer Avantgardefigur der besonderen Art macht:[70] In Israel reduzierte er den Zionismus auf seinen jüdischen Kern, erteilte einer israelischen Identität eine Absage und verknüpfte Israelischsein mit Jüdischsein; gleichzeitig aber gab er antisemitischen Machthabern seine symbolische Unterstützung. Unübersehbar geht die Rückkehr zum Judaismus Hand in Hand mit einer Allianz mit antisemitischen Populisten und dem Herumtrampeln auf den Führern des konservativen und des Reformjudentums,[71] womit Israel von einem erheblichen Teil des Weltjudentums abgeschnitten wird.

Damit hat Netanjahu die Sensibilitäten und Interessen jüdischer Gemeinschaften hintangestellt. Israel und die Regierung Netanjahu haben sogar das Gedenken an die Schoah entsakralisiert und Absprachen mit offenen oder verdeckten Antisemiten getroffen. Das ist faszinierend und wirft die Frage auf: Warum ist das so?

Während Netanjahu im Inland eine aggressive Form des religiösen Nationalismus gefördert hat, verteidigt er gleichzeitig eine neue Vorstellung von Zionismus, die sich von den Werten der meisten jüdischen Gemeinschaften auf der Welt verabschiedet, um die Strategien und die Geopolitik Israels in den Vordergrund zu stellen. Netanjahu hat eine tiefe politische Affinität zu populistisch-autoritären Machthabern wie Trump, Orbán, Morawiecki und Putin, während er für die liberale amerikanische jüdische Gemeinschaft wenig Interesse zeigt. Somit ging die Stärkung des Jüdischen innerhalb Israels mit einer zunehmenden Loslösung Israels von den Interessen und Ansichten jüdischer Gemeinschaften im Ausland einher. Interessanterweise bestand dieses Muster auch in der Phase fort, als Netanjahu vorübergehend nicht Regierungschef war. Im August 2022 sickerte ein Memorandum der auch für Bosnien und Herzegowina zuständigen israelischen Botschaft im albanischen Tirana an die Presse durch. Das Schriftstück bezeichnete eine Wahlrechtsreform als »willkommen«, die von den tendenziell nationalistischen Parteien der bosnischen Serben und Kroaten vorangetrieben wurde und unter anderem darauf hinauslief, die politische Repräsentation von Minderheiten weiter zu schwächen.[72] Scharf kritisiert wurde dieses Memorandum von Jakob Finci, dem Präsidenten der jüdischen Gemeinschaft von Bosnien und Herzegowina.[73]

Um ein letztes krasses Beispiel anzuführen: Einer der größten Bewunderer Viktor Orbáns ist Jischai Fleischer, der Sprecher der jüdischen Gemeinschaft in Hebron, einer kompromisslosen Bastion des religiösen Nationalismus. 2022 postete Fleischer ein Selfie mit dem ungarischen Ministerpräsidenten und einen Tweet, in dem er Orbán als einen modernen Helden des Nationalismus und Verbündeten Israels bezeichnete. Was aber hatte Orbán gesagt, das Fleischer so entzückte? Nun, er hatte bei der Eröffnung einer Konferenz behauptet, dass die Ungarn kein »gemischtrassiges« Volk werden wollten, eine Formulierung, die fast nach der Ideologie der Nationalsozialisten klingt.[74] Auf die Kritik, die ihm entgegenschlug, reagierte Fleischer in einer Weise, die völlig im Einklang mit Netanjahus Politik steht, indem er sagte, er betrachte Ungarn nicht mit den Augen eines Diaspora-Juden, sondern mit denen eines israelischen Juden, des Bürgers eines souveränen Staates. Und aus dieser nationalistischen Perspektive müssten sich Nationalstaaten gegen das »globalistische Programm« verbünden, das die Grenzen öffnen und die Identitäten auslöschen wolle.

Fleischer bringt meine Argumentation sehr schön auf den Punkt. Er veranschaulicht die ungute Allianz zwischen Israel und einer globalen extremen Rechten, die ihren Antisemitismus unter dem Deckmäntelchen des Pro-Zionismus verbirgt. Für die Politikwissenschaftlerin Jelena Subotić ist dies eine grundsätzliche Neuerung des rechtsextremen Antisemitismus, eine Veränderung, die die israelische extreme Rechte selbst zu verschleiern hilft. Damit setzt sich eine von einem identitären Nationalismus getragene Staatsräson über den

Kampf gegen den Antisemitismus hinweg und zeigt, wie breit und tief das Bündnis zwischen verschiedenen populistischen Bewegungen bereits geworden ist.

Der Grund dafür ist nun offensichtlich. Populistischen Politikerinnen ist eine nativistische Vorstellung von der Nation gemeinsam,[75] weshalb sie eine ethnische, religiöse oder »rassische« »Verwässerung« ihres Landes durch Einwanderer oder universelle Rechte strikt ablehnen. Faktisch leistet Israel schon lange Pionierarbeit für das Modell, das diese Nationen anstreben: Es macht die Staatsbürgerschaft von ethnischer und religiöser Zugehörigkeit abhängig (wie am Rückkehrgesetz zu sehen), erschwert oder verunmöglicht Juden die Heirat mit Andersgläubigen, widersetzt sich Einwanderung und ethnischer Vermischung – den Ehrentitel einer Demokratie, der in der internationalen Gemeinschaft mit gewissen Privilegien verbunden ist, möchte es aber schon behalten und behauptet daher seit Jahrzehnten, es sei demokratisch *und* jüdisch. Ann Coulter, eine bekannte rechte amerikanische Kolumnistin, und Richard Spencer, Chef des White-Supremacy-Thinktanks National Policy Institute, führen Israel oft als Modell eines Staates der ethnischen Vorherrschaft an, den sie anstreben.[76] (Von einer »ethnischen Reinheit« ist Israel natürlich weit entfernt, machen Araberinnen und Araber doch etwa 20 Prozent seiner Bevölkerung aus, ein Umstand, den die amerikanische Alt-Right-Bewegung bequemerweise übersieht.) Israel, der Nationalstaat des jüdischen Volkes (der jüdische Staatsbürger über nichtjüdische stellt), ist eine besonders explizite Version des ethnischen Demokratiemodells.

Allgemeiner gesagt, haben diese Länder heute einen tiefen gemeinsamen politischen Kern: die Angst vor Ausländern, die als »anders« betrachtet werden können, an ihren Grenzen (wobei diese Angst im israelischen Fall weniger eingebildet ist als in dem Ungarns oder Polens); die Beschwörung eines Nationalstolzes, der nicht von einer anrüchigen Vergangenheit befleckt ist und dessen Kritiker des Verrats an der Nation bezichtigt werden; die Ausgrenzung von Menschenrechtsorganisationen und die Anfechtung einer Weltordnung, die auf liberalen Grundsätzen beruht. Das Triumvirat Netanjahu/Trump/Putin hatte eine klare Vorstellung und Strategie: einen politischen Block zu schaffen, der die derzeitige liberale internationale Ordnung und ihre zentralen Akteure untergraben würde – und diese Vorstellung ist durch die Abwahl Trumps alles andere als obsolet geworden.

In einem Aufsatz über Trump führt der Rechtswissenschaftler Mark S. Weiner aus, dessen politische Vision und Praxis folge (unwissentlich) der Richtschnur Carl Schmitts, des Kronjuristen der Nazis, der 1933 in die Partei eintrat:

> Anstelle von Normativität und Universalismus bietet Schmitt eine Theorie der politischen Identität auf einer Grundlage an, die Trump aus seiner vorpolitischen Karriere gewiss zutiefst zu schätzen weiß: Land [was für ihn Immobilien heißt, E.I.].
>
> Für Schmitt bildet sich eine politische Gemeinschaft, wenn eine Gruppe von Menschen erkennt, dass sie eine bestimmte kulturelle Eigenschaft teilen, die ihnen so wichtig ist, dass sie sie mit ihrem Leben verteidigen würden. Verankert ist diese kulturelle Grundlage der Souveränität letztlich in der spezifischen Geografie – etwa binnenländisch und damit nach innen orientiert oder küstennah und damit nach außen orientiert –, in der ein Volk lebt.
>
> Was hier auf dem Spiel steht, sind zwei gegensätzliche Positionen bezüglich des Verhältnisses von nationaler Identität und Recht. Für Schmitt ist der »Nomos« einer Gemeinschaft oder das aus ihrer Geografie erwachsende Selbstgefühl die philosophische Voraussetzung ihres Rechts. Für Liberale hingegen definiert sich die Nation in erster Linie durch ihre rechtlichen Verpflichtungen.[77]

Netanjahu und seinesgleichen bekennen sich zu dieser schmittianischen Vision des Politischen und ordnen rechtliche Verpflichtungen der Geografie und Volkszugehörigkeit unter. Auf diese Weise hat Netanjahu die Bedeutung des Judaismus für das israelische Nationalbewusstsein grundsätzlich transformiert. Der jüdische Charakter des Landes wurde mit dem hoch umstrittenen Nationalstaatsgesetz von 2018 radikalisiert. Auf Schmusekurs mit antisemitischen Politikern zu gehen, mag wie ein Widerspruch zu diesem Gesetz erscheinen, doch folgt es derselben etatistischen Logik: Der Staat sieht sich nicht mehr in der Pflicht, das Volk als Ganzes zu repräsentieren, sondern zielt darauf, sich territorial auszudehnen, seine Macht durch die Benennung von Feinden auszuweiten, über Zugehörigkeit und Nichtzugehörigkeit zu entscheiden, die Definition der Staatsbürgerschaft zu verengen, die Grenzen des Gemeinwesens zu verstärken und die internationale liberale Ordnung zu unterminieren. Die Linie, die Netanjahus Unterstützung für Orbán mit dem Staatsangehörigkeitsrecht verbindet, ist die schiere Ausweitung staatlicher Macht.

Am erstaunlichsten ist allerdings die Tatsache, dass Netanjahu, um seine illiberale Politik zu betreiben, bereit war, einen nennenswerten Teil des jüdischen Volkes vor den Kopf zu stoßen und als irrelevant zu behandeln, darunter seine anerkanntesten Rabbiner und Intellektuellen sowie die große Zahl von Juden, die den Staat Israel in der Vergangenheit mit Geld oder politischen Maßnahmen unterstützt haben. Damit ist ein klarer und unleugbarer Wechsel von einer Politik auf der Grundlage des Volkes zu einer Politik auf der Grundlage von Land, Territorium und Religion vollzogen. Für die Mehrzahl der Jüdinnen außerhalb Israels bilden die Menschenrechte und der Kampf gegen den Antisemitismus den Kern ihrer zentralen Werte. Netanjahus begeisterte Zustimmung zu autoritären antisemitischen Machthabern ist Ausdruck eines tiefen Wandels der Identität des Staates von einem Repräsentanten des Volkes zu einem Staat, der sich durch Annexionen, die Verletzung des Völkerrechts, Ausgrenzung und Diskriminierung vergrößern will. Der Populismus, der in seinem Zentrum steht, ist kein Faschismus. Aber er ist die Präambel dazu.

Resümee

Eine der vielen Auswirkungen der Religion auf die Gesellschaft besteht darin, dass sie Überzeugungen durch heilige Symbole und Objekte beflügelt. Ist das Land einmal zum heiligen gemacht, dann wird die Forderung nach Loyalität zur Nation total. Derartige Nationalismen bilden leicht eine Form von »aggressiver Identität« aus, und solche »›[a]ggressiven Identitäten [...] gründen sich auf Behauptungen über und Forderungen zugunsten einer gefährdeten Mehrheit‹. Eine solche Identität wird von Gruppen beansprucht, die sich selbst als Mehrheiten betrachten, deren Identität mit der der Nation verbunden ist.«[78] Der Nationalismus wird dann zu einem umfassenden Rahmen, in dem eine Gruppe ihre Privilegien gegenüber einer anderen Gruppe geltend macht. Ein solcher Nationalismus ist eine Art fehlgeleitete Ideologie, die Klassenungleichheiten in Fragen der Loyalität zur Nation umformuliert. Einem solchen Verständnis von Nationalbewusstsein muss man ein alternatives entgegensetzen.

Die vorliegende Analyse möchte in keiner Weise nahelegen, das alle Formen des Nationalismus, oder besser: des Patriotismus notwendigerweise schädlich sind. Eyal Lewin trifft eine sehr nützliche Unterscheidung zwischen blindem und konstruktivem Patriotismus. Während blinder Patriotismus totale Loyalität verlangt, ist ein konstruktiver Patriotismus für ihn moderat und zeichnet sich durch die Bereitschaft aus, Entwicklungen permanent kritisch zu begleiten und Einschätzungen gegebenenfalls zu ändern:

> Blinder Patriotismus ist durch politische Enthaltung und gewollte politische Ignoranz geprägt, während konstruktiver Patriotismus damit einhergeht, sich zu informieren und sich für soziale Integration und ein hohes Maß an politischem Engagement einzusetzen. Der blinde Patriotismus ist stark mit nationalistischen Einstellungen und dem Gefühl verbunden, dass die nationale Sicherheit – ja, die nationale Kultur selbst – in Gefahr ist; der konstruktive Patriotismus wiederum kann die nationale Identität vorübergehend ausblenden und sogar das Gefühl nationaler Überlegenheit ablehnen. Der blinde Patriotismus definiert soziale Zugehörigkeit über die Genealogie und vorgängige Ursprünge, die aus der Geschichte der Nation abgeleitet werden, während der konstruktive Patriotismus soziale Grenzen durch staatsbürgerliche Verfahren und geteilte politische Strukturen bildet.[79]

Dies stützt eine weitere Unterscheidung, nämlich die zwischen autoritärem und demokratischem Patriotismus. Der erste beschreibt die Ergebung des eigenen Willens in den der Machthaber und die Preisgabe der eigenen individuellen Entscheidungsfreiheit, wohingegen sich im zweiten die Liebe widerspiegelt, die ein Volk zusammenbringt, statt dass es aufgrund einer fehlgeleiteten Loyalität zu den Institutionen, die sein Leben beherrschen, geeint würde.[80] Ein demokratischer Patriotismus, der auf einer kritischen Liebe zur Nation beruht, wie ich es nennen würde, sollte der moralische und emotionale Rahmen sein, der den Wunsch von Menschen zur Bildung einer Gemeinschaft kanalisiert.

Epilog: Die Gefühle einer anständigen Gesellschaft

Die in diesem Buch analysierten Gefühle haben alle etwas gemeinsam: Sie sind durchweg Folge der Manipulation durch Politiker, die die Ängste, das Misstrauen, die Wut und das Ressentiment der Bürgerinnen und Bürger für ihre Zwecke und Strategien einspannen. Natürlich erfolgen solche Manipulationen nicht aus dem Nichts. Sie machen sich geografische Gegebenheiten, historische Traumata und kollektive soziale Erfahrungen zunutze. Diese sozialen Erfahrungen werden als Teil der Identität und emotionalen Verfassung von Individuen in die politische Psyche eingeschrieben, sobald sie in Narrative gekleidet sind, die Politikerinnen und Spindoktoren gebetsmühlenartig wiederholen. Schützenhilfe dafür leisten, ob bewusst oder unbewusst, Print- und visuelle Medien sowie soziale Netzwerke mit ihrer Gier nach reißerischen Texten. Die Mischung dieser Emotionen bildet die Matrix des Populismus, weil sie Gegensätze zwischen sozialen Gruppen innerhalb einer Gesellschaft hervorrufen und zur Entfremdung von jenen Institutionen führen, die die Demokratie schützen, und weil sie in vielerlei Hinsicht blind für etwas sind, was wir Realität nennen dürfen. Genauer gesagt: Der Populismus lebt ebenso sehr in der Realität (und nennt verschiedene Missstände beim Namen, die das Leben arbeitender Menschen radikal verändert haben) wie in der Einbildung. Die Angst bietet ein verlockendes Motiv, um Feindbilder zu kultivieren, aber auch neue Feinde zu erfinden, solche Feinde als unveränderbar und die Feindschaft somit als ewig zu betrachten. Außerdem führt sie dazu, dass die Politik von einem Modus der Konfliktlösung auf einen Zustand der permanenten Überwachung von Gefahrenquellen umgestellt wird, und sei es um den Preis einer Aussetzung der Rechtsstaatlichkeit. Israels Angst vor seinen äußeren und inneren Feinden ist tiefer in seinem Staatsapparat verwurzelt als die populistischen Ängste anderswo, da das Land über eine besondere Geschichte und Geografie verfügt; aber sie weist Ähnlichkeiten mit ihnen auf, denn all diese Ängste drücken die Furcht vor einer Verschiebung der Machtverhältnisse zwischen einer (»rassischen«, ethnischen, religiösen) Mehrheit und den jeweiligen Minderheiten aus. Trump, Orbán, Le Pen, Meloni, die Schwedendemokraten und Modi fokussieren sich auf Minderheiten, die ihre Nation angeblich bedrohen. Der Abscheu erzeugt und speist die Dynamik einer wachsenden Distanzierung sozialer Gruppen durch die Furcht vor Verunreinigung und Ansteckung: Er trägt dazu bei, dass sich ethnische und religiöse Minderheiten absondern, und bewirkt über die Logik der Ansteckung auch, dass sich die politischen Gruppen voneinander entfernen, die die jeweiligen Minderheiten unterstützen oder ablehnen. Das Ressentiment wiederum ist ein Schlüsselprozess der Selbstviktimisierung; seine Rhetorik ist Allgemeingut geworden, da sich alle Gruppen, ob Mehrheiten oder Minderheiten, auf sie berufen, um das Verhältnis der anderen zu ihnen zu beschreiben. Damit verwandelt das Ressentiment das politische Selbst in eines, das sich über seine Wunden definiert, so wie sich etwa Trump-Wähler und israelische Siedlerinnen in dem Gefühl gleichen, Opfer linker Eliten zu sein. Wenn sich aber alle Gruppen als Opfer voneinander verstehen, erzeugt dies Feindschaften und verändert unsere üblichen Vorstellungen von Gerechtigkeit, an deren Stelle Rachefantasien treten. Zuletzt verspricht eine bestimmte Form von ausgrenzendem Patriotismus der Eigengruppe Solidarität zulasten aller anderen Angehörigen der Nation, die als überflüssig oder gefährlich umdefiniert werden. Dabei dürfen wir die tiefe Beziehung nicht übersehen, die der Nationalismus heute mit Religion und Tradition unterhält. Ob Trumps weiße Rassisten, Giorgia Meloni oder Orbán, sie alle behaupten, dass ihre Länder ihr Christentum gegen Atheisten und Nichtchristen verteidigen müssten. Auch fordern sie eine Rückkehr zu traditionellen Familienwerten und widersetzen sich der Geschlechterpolitik ebenso wie Reformen zur Gleichstellung von LGBT-Personen. Das steht im Einklang mit Israels Verteidigung seiner ethnisch und religiös jüdischen Oberhoheit, wenn auch mit dem Unterschied, dass die Juden nur einen winzigen Bruchteil der Menschheit bilden und nur ein Land haben, in dem sie souverän sind. All die genannten Gefühle schaffen im Zusammenspiel große imaginäre Räume, die immun gegenüber der Realität sind, Räume voller emotionaler Projektionen und Szenarien, die sich paranoiden Interpretationen des sozialen und politischen Lebens anbieten. In diesen imaginären emotionalen Räumen werden innergesellschaftliche Konflikte durch Feindbilder und die Bezugnahme auf ungesühnte Wunden angeheizt, wird ein vermeintlich wahres Volk durch eine urtümliche authentische Definition desselben verherrlicht.

In diesem Buch wurde ein Analyseraster für den israelischen Populismus vorgeschlagen, wohl wissend, dass für ein Verständnis des allgemeineren Phänomens plurale Ansätze notwendig sind. Die Ausprägungen des Populismus unterscheiden sich von Land zu Land, und nicht überall hat er die gleichen Ursachen. Das Beispiel Israel steht nur für eine von vielen Spielarten. Bei allen Unterschieden und Varianten können wir aber doch herausarbeiten, was möglicherweise seinen Kern darstellt: Im Gegensatz zum Faschismus beansprucht er nicht die Abschaffung der Demokratie, sondern will sie angeblich verteidigen. Orbáns illiberale Demokratie mag illiberal sein, aber ist sie nicht immer noch eine Demokratie?

Die Demokratie stellt freilich üblicherweise faire Institutionen in den Mittelpunkt, nicht einen Anführer oder ein Volk. Indem der Populismus sich also auf die Demokratie bezieht, versucht er, von ihrem normativen Glanz zu profitieren. Der Populismus ist maskulinistisch, auch wenn bisweilen Frauen (wie Le Pen oder Meloni) in der ersten Reihe stehen. Die meisten Populistinnen und Populisten appellieren an traditionelle Familienwerte und lehnen die Anliegen der LGBT-Bewegungen ab – Themen, die Netanjahu nicht so stark bespielt, wobei das seine ultrakonservativen politischen Partner übernehmen. Ob in Israel oder in anderen Ländern: Der Populismus ist antikosmopolitisch, anti-»globalistisch« und agitiert – vor allem im europäischen Kontext – gegen die EU. Hand in Hand mit dem Misstrauen gegenüber fremden kulturellen Einflüssen geht dabei ein Bekenntnis zur eigenen, ursprünglichen kulturellen Identität, die der angeblichen ständigen Berufung der »Eliten« auf internationales Recht, Gerichte und Normen entgegengesetzt wird. Das ist auch der Grund, warum Religion und Nationalismus eine so entscheidende Rolle bei der Bekräftigung dieser »eigentlichen« kulturellen und ethnischen Identität spielen. Letzlich – und das ist bis zu einem gewissen Punkt überraschend – könnten wir sagen, dass der Populismus einen Diskurs der Rebellion verkörpert. Die Linke ist nicht länger die zentrale Instanz des sozialen Protests. Sein Schwerpunkt hat sich nach rechts verlagert.

Das vorliegende Buch hat die These entfaltet, dass entsprechende politische Ansichten in Tiefenschichten eingelagert sind, die vier entscheidende Emotionen aktivieren. Deshalb, so meine Überzeugung, kann eine Soziologie der Affekte und Emotionen nützliche Werkzeuge bereitstellen, um den Mechanismus zu verstehen, mit dem populistische Politiker die von vielen gesellschaftlichen Gruppen empfundenen Missstände mittels Narrativen erklären, die demokratiefeindliche Vorstellungen verbreiten und ihre Anhängerschaft in Bann ziehen. Dieses Raster kann (und sollte) für unterschiedliche Länder entsprechend modifiziert werden und bietet selbstverständlich nicht die einzige Erklärung für den Populismus. Es ist nur eine Möglichkeit, um seine komplexen und wandelbaren Formen zu verstehen.

Am Beispiel Israels möchte ich eine Dimension des Populismus besonders hervorheben, nämlich die Tatsache, dass es den rechten Populisten gelungen ist, die traditionelle Beziehung der Linken zu den arbeitenden Schichten zu kappen und die Linke als Repräsentantin der Eliten darzustellen. Wenn es einen Prozess gibt, den der israelische Fall sehr überzeugend veranschaulicht, dann ist es dieser: die Gleichsetzung einer linken Programmatik (auf der Grundlage von Universalismus, Menschenrechten, Verteilungsgerechtigkeit und kulturellem Pluralismus) mit »Elitismus« und die Unterstellung, dass diesen Eliten ihr eigenes Volk gleichgültig geworden ist – oder immer schon war. Viele Elemente kommen in dieser neuen Wahrnehmung der Linken zusammen: der Umstand, dass die Arbeiterschicht und Teile der Mittelschicht unter die Räder des globalen Kapitalismus gekommen sind; der neue scharfe geografische und kulturelle Graben zwischen Ballungsräumen und Kleinstädten, dem Land oder der »Peripherie«, wie man in Israel unverblümt sagt, wobei Erstere überwiegend von der Globalisierung profitiert und Letztere eher unter ihr gelitten haben oder ganz von ihr verheert wurden; die zunehmende Kluft zwischen Gruppen mit traditionellen Familienwerten und einer Linken, die andere Gruppen mit dem Tempo des von ihr angemahnten Wandels im Bereich der Reproduktion, Sexualität und Geschlechterverhältnisse überfordert; die Schwächung und Fragmentierung der Linken in Israel und überall auf der Welt sowie ihre interne Spaltung in einen traditionellen und einen progressiven Flügel. All dies zusammen bildet die gesellschaftliche Grundlage für die neue Gefühlsstruktur, die der populistischen Rechten dabei geholfen hat, die sozialdemokratische Linke als eine neue Elite darzustellen, die eine fremde Sprache spricht und die Interessen und Ansichten von Akteuren vertritt, welche der Nation feindlich gesinnt sind. Israel, Ungarn, Polen und die USA unter Trump sind eindringliche Beispiele für diese Entwicklung. Israel erlaubt eine besonders erhellende Fallstudie, weil sich die offenen Klassenkämpfe und ethnischen Auseinandersetzungen zwischen Aschkenasen und Mizrachim in hohem Maße mit den Kämpfen zwischen links und rechts überschneiden und zur Erklärung beitragen, warum die misrachischen Wähler aus der arbeitenden Bevölkerung das Programm der extremen Rechten seit drei Jahrzehnten durchgängig unterstützen. Israels relativ neue techno-kapitalistische Eliten sind völlig von der Globalisierung der Wirtschaft absorbiert und relativ unbeteiligt, wenn es darum geht, die große sozioökonomische Lücke zwischen ihnen und der Arbeiterschicht zu schließen. Sie tragen damit nur zur Vertiefung einer politischen Spaltung bei, aus der die populistische Rechte Kapital zu schlagen weiß.

Die in diesem Buch analysierten politischen Affekte und Emotionen sollen weniger einer Erklärung des Populismus als einer dichten Beschreibung der Art und Weise dienen, wie Wähler anhand von Affekten, die umso mächtiger sind, als sie auch einen moralischen Charakter haben, ihre soziale Welt verstehen und ihre politischen Identitäten konstruieren. Eine entscheidende Einsicht über den Populismus besteht ja in der Tat darin, dass er an moralische Affekte appelliert, die als starke Reaktionen auf wahrgenommene Verstöße gegen die Moral zu verstehen sind und darüber entscheiden, wie gutes oder schlechtes Verhalten, gute oder schlechte Menschen, der Wert unserer eigenen Gruppe definiert wird und welche Maßnahmen zu ihrem Schutz ergriffen werden.[1] Populistische Politiker wissen, wie man Probleme, die von Experten gelöst werden müssten (etwa die Frage, wie viel Einwanderung ein Land aus wirtschaftlichen Gründen fördern sollte), in moralische umwandelt (die Bedrohung unserer Lebensweise durch Einwanderung); Trump, Orbán, Le Pen und Netanjahu haben es erfolgreich vorgeführt. Auch die progressive Linke hat soziale Fragen gänzlich in moralische Auseinandersetzungen umcodiert, und das erklärt, warum die politische Landschaft heute so auf Identitäten fixiert, polarisiert und moralisiert ist. Moralische Emotionen wie Angst und Abscheu, Ressentiment und Liebe zur eigenen Gruppe bringen eine Moral der Ausgrenzung und Selbstfeier hervor.

Insbesondere im Hinblick auf Israel wird es sicherlich Einwände gegen die vorliegende Analyse geben. Hätte es angesichts der tragischen Geschichte der Juden, der israelischen Geografie und des Umstands, dass der Staat Israel auf der Basis einer religiösen Definition seines Volkes gegründet wurde, überhaupt eine israelische Öffentlichkeit ohne Angst, Abscheu, Ressentiment und ausgrenzende Liebe geben können? Die Antwort auf diese Frage setzt voraus, dass wir in der Lage sind, alternative Gefühle zu benennen, die die Grundlage einer »anständigen« Gesellschaft bilden könnten und sollten.

Die Gefühle einer »anständigen« Gesellschaft

In ihrem Buch *Politische Emotionen* vertritt Martha Nussbaum die These, dass Liebe und Mitgefühl die geeigneten Kandidaten für die Herausbildung einer guten politischen

Bindung seien.[2] Das bestreite ich. Liebe kann keinesfalls die Grundlage staatsbürgerlicher Bindungen sein. In ihrer Erörterung von Augustinus' Begriff der Nächstenliebe wandte sich Hannah Arendt bekanntlich gegen eine Begründung der Politik in der Liebe. Würde Liebe in der Politik eine Rolle spielen, so ihr Argument, hätten wir nie die Kraft, zu verzeihen oder zu urteilen. Ja, Arendt sagt sogar,

> daß der Scharfblick der Liebe gegen all die Aspekte und Qualitäten abblendet, denen wir unsere Stellung und unseren Stand in der Welt verdanken, daß sie das, was sonst nur mitgesehen wird, in einer aus allen weltlichen Bezügen herausgelösten Reinheit erblickt [...].[3]

Eine solche Liebe ermöglicht, ja erlaubt es Menschen nicht, zu urteilen und zu bewerten, und hindert sie somit daran, selbst zu entscheiden und Gerechtigkeit und Fairness zu üben. Zudem ist die Liebe wählerisch. Sie kann sich nicht auf viele andere erstrecken, ohne dass sie ihr Wesen aufgibt. Obendrein ist sie ein sehr schlechter Kandidat zum Knüpfen zivilgesellschaftlicher Bindungen, weil sie immer eine gewisse narzisstische Komponente enthält: Ich liebe die andere Person, die ihrerseits mich liebt. Ich liebe an ihr, *dass* sie mich liebt. In liberalen Gesellschaften geht das politische Band, wie ich glaube, von einer anderen Position aus: Es beginnt mit Distanz, mit Fremdheit und Widerstreit. Dieses Verständnis des Politischen gehört zu unserer Tradition seit Aristoteles, Nietzsche und Arendt, die Politik allesamt als *polemos* verstanden und eine Vorstellung der Gesellschaft als Schauplatz von Konflikten oder gar Kriegsschauplatz hegten. Eines der zentralen Ziele des Liberalismus ist es, Rechte auf Fremde oder Personen, die nicht zur selben Gruppe gehören, auszuweiten. Ein weiteres Ziel ist die Verregelung von Widerstreit und Differenz angesichts eines Ausgangspunktes, der in der Anerkennung der irreduziblen Natur von Meinungsunterschieden und Interessenkonflikten im menschlichen Leben besteht. Dabei ist es nicht nur die Aufgabe von Institutionen, die Fremdheit der anderen und die Unausweichlichkeit von Konflikten zu regulieren. Vielen Philosophen, unter anderem Jürgen Habermas, war und ist klar, dass diese Fragen in der Zivilgesellschaft behandelt werden müssen, in der Art, wie wir miteinander kommunizieren, und in den moralischen Voraussetzungen dieser Kommunikation. Leider hat Habermas es versäumt, die Rolle von Gefühlen in einer solchen Zivilgesellschaft explizit zu erörtern. Ich möchte geltend machen, dass die Zivilgesellschaft einen minimalen Respekt einschließen muss und dass ein solcher Respekt nicht möglich ist ohne bestimmte Emotionen, die es uns erlauben, einander in geeigneter Weise als Bürgerinnen und Mitmenschen anzusprechen.[4] Deshalb können wir sagen, dass eine gute Zivilgesellschaft bestimmte emotionale Dispositionen oder Habitus begünstigen sollte.

Aus offensichtlichen Gründen sind Angst, Abscheu, Ressentiment und blinder Patriotismus hierfür nicht geeignet, weil diese Gefühle letztlich darauf zielen, Auseinandersetzungen anzuheizen, und weil sie in der Absicht münden, alle Unterschiede im Rahmen einer imaginierten Gemeinschaft ähnlicher Menschen zu beseitigen, weshalb sie zur Regulierung von Konflikten und Differenz nichts beitragen können. Mitgefühl und Brüderlichkeit geben weitaus bessere Kandidaten für die Emotionen ab, die konstitutiv für eine gute Zivilgesellschaft sind, weil beide Emotionen die radikale Fremdheit und Unterschiedlichkeit derer voraussetzen, denen sie gelten.

Oft hat man beobachtet, dass es umso mehr Solidarität gibt, je »zusammengehöriger« eine Gemeinschaft ist.[5] Die Solidarität gründet sich dann auf der Fähigkeit ihrer Mitglieder, sich mit anderen zu identifizieren und sie als Teil einer »Familie« zu betrachten, statt sie nach allgemeinen Grundsätzen zu beurteilen. Aristoteles, der statt des modernen Begriffs von Freundschaft sprach, erörtere diese als den »Willen, zusammenzuleben«.[6] Der Philosoph Charles Taylor hat Patriotismus und republikanische Solidarität als potenzielle Abhilfen gegen den fragmentierenden Individualismus von Demokratien vorgeschlagen.

> »Republiken« im Taylorschen Sinne unterscheiden sich von liberalen Gesellschaften dadurch, daß ihre Bewohner sich als eine von gemeinsamen Werten getragene und durch ein gemeinsames Schicksal verbundene Gemeinschaft begreifen und deshalb bereit sind, dieses Gemeinwesen als ein »unmittelbar gemeinsames Gut« zu verteidigen.[7]

Wie in einer Familie entwickelt man hier das Gefühl, von dem mitbetroffen zu sein, was mit den anderen geschieht. Doch wenn wir uns liberale Gesellschaften als Familien vorstellen, können wir nicht erklären, warum ihre Angehörigen bereit sein sollten, neue Mitglieder aufzunehmen. Damit Menschen von außerhalb der Familie mitmachen können, muss es in der Zivilgesellschaft ein zusätzliches moralisches Element geben.

Soziale Demokratien können solidarisch verfasst sein und trotzdem ein hohes Maß an Individualismus aufweisen. Wie Ulrich K. Preuß zu Recht feststellt, ist Solidarität ein modernes Konzept.[8] Es kommt zusammen mit dem Wohlfahrtsstaat auf und ist nicht in der *Gemeinschaft*, sondern in der

Gesellschaft[9] verwurzelt. Solidarität ist die Gesamtheit der Verpflichtungen, die wir gegenüber denjenigen empfinden, die mit uns ein Territorium oder eine Geschichte teilen, gegenüber denjenigen, die wir als uns ähnlich betrachten.

Ultraorthodoxe und Säkulare, rechte Patrioten und universalistische Kosmopolitinnen, Suprematisten und Verteidiger des Völkerrechts, Juden und Araber, Mizrachim und Aschkenasen – die Uneinigkeiten und Brüche in der israelischen Gesellschaft verlaufen entlang vieler Linien. Wie in anderen Gesellschaften, die durch scharfe soziale Unterschiede gespalten sind, reicht die Solidarität in der israelischen womöglich nicht weit genug, um der sozialen Kooperation Vorschub zu leisten. Wenn sich soziale Gruppen nicht einmal auf die Grundsätze ihrer Gesellschaft, auf ihre höheren Güter einigen können – ob sie jüdisch oder israelisch, demokratisch oder illiberal sein soll, ob sie auf internationalem Recht oder der jüdischen Religion beruhen soll, ob sie innerhalb klarer oder flexibler Grenzen verfasst sein soll –, dann ist es ihnen nicht gelungen, einen universalistischen Bund zu schließen, wie er den moralischen Kern moderner Verfassungen ausmacht. Eine Solidarität, die sich nur auf die jeweilige Eigengruppe erstreckt, wird dafür kein Heilmittel bilden. Brüderlichkeit ist vielleicht ein geeigneteres Konzept.

Man darf Brüderlichkeit und Solidarität nicht verwechseln. Sowohl die Solidarität als auch die Brüderlichkeit stellen auf den ersten Blick Verpflichtungen und gegenseitige Unterstützung zwischen Menschen dar. Beiden »ist die Verpflichtung zu gegenseitiger Hilfe und sozialer Verantwortung gemeinsam«.[10] Es besteht aber ein wichtiger Unterschied: Solidarität beruht auf einer wechselseitigen Übereinkunft,[11] sie »drückt sich [...] stets in bestimmten Visionen von menschlichen Zwecken und moralischen Belangen aus«.[12] Brüderlichkeit hingegen basiert nicht auf Übereinstimmung oder einer gefühlsmäßigen Bindung an andere, sondern auf der moralischen und rechtlichen Idee der Gerechtigkeit innerhalb der politischen Gemeinschaft.[13] Noch aus einem weiteren Grund sollte man beide auseinanderhalten: In einer Gesellschaft kann es Solidarität geben, obwohl in ihr ein starker Mangel an Brüderlichkeit herrscht. Israel zum Beispiel ist durch ein hohes Maß an Solidarität und ein geringes an Brüderlichkeit gekennzeichnet. Ein hoher Grad an Solidarität zeigt sich dort innerhalb verschiedener sozialer Gruppen, etwa gegenüber vermissten Soldaten und ihren Familien unter jüdischen Israelis.[14] Auf der anderen Seite ist die Zustimmung von 42 Prozent der jüdisch-israelischen Bürger zu der Auffassung, dass jüdische Bürgerinnen und Bürger in Israel mehr Rechte haben sollten als nichtjüdische,[15] ein deutliches Zeichen für ein geringes Maß an Brüderlichkeit und eine nur schwach ausgebildete Verpflichtung auf die Idee der Gerechtigkeit in der Gesellschaft.

Brüderlichkeit war und ist einer der drei Hauptgrundsätze der Französischen Revolution, auch wenn John Rawls festgestellt hat: »Gegenüber der Freiheit und Gleichheit hat der Gedanke der Brüderlichkeit in der Demokratietheorie weniger Gewicht gehabt. Er gilt als ein nicht so ausgesprochen politischer Begriff, der selbst kein demokratisches Recht bestimmt«.[16] In der Tat ist die Brüderlichkeit von den drei Elementen aus dem Motto der Französischen Revolution das am meisten vernachlässigte.

Brüderlichkeit ist der Zusammenhang, in dem Theologie und Politik aufeinandertreffen, und sie könnte der Zusammenhang sein, in dem die Religion eine aktive Rolle in der Zivilgesellschaft spielt (nicht aber in ihren Institutionen). Als politischer Grundsatz wurde sie zuerst in der Französischen Revolution aufgestellt, als Ausdruck der Notwendigkeit, den Mittellosen zu helfen, indem man ihnen Arbeit gibt oder sie unterstützt, wenn sie arbeitsunfähig sind. Sie wurde als heilige Pflicht betrachtet und war so gesehen wahrscheinlich eine Übersetzung des christlichen Gebots der Armenhilfe ins Säkulare.

Für den Theologen Wolfgang Palaver hat die Religion viel zur politischen Brüderlichkeit beizutragen.[17] Er stellt einen Gegensatz zwischen statischen und dynamischen Religionen auf und argumentiert, dass letztere die Möglichkeit einer universellen Brüderlichkeit implizieren. Eine universelle Brüderlichkeit ist notwendig, um zu verhindern, dass die Demokratie ihren populistischen Versuchungen erliegt. Sie schützt die Rechte von Minderheiten gegen die Vorherrschaft der Mehrheit. International verhindert sie ein nationalistisches Einigeln und zwingt ein Land, die allgemeinen Menschenrechte zu achten.[18] In Palavers Augen ist eine dynamische Religion wichtig, um in demokratischen Gesellschaften den Geist der Brüderlichkeit am Leben zu halten. Kirchen und religiöse Gemeinschaften spielen in dieser Hinsicht eine wichtige Rolle in der Zivilgesellschaft.[19]

Palaver zufolge war es der katholische Philosoph Jacques Maritain, der das Thema der Heiligkeit des menschlichen Lebens durch die Brüderlichkeit am überzeugendsten ausgearbeitet hat:

> Nach Maritain besteht die gemeinsame Aufgabe in der »Verwirklichung einer brüderlichen Gemeinschaft« und nicht in der »mittelalterlichen Idee eines auf Erden zu errichtenden Gottesreiches« und noch weniger im Mythos von Klasse oder Rasse, Nation oder Staat.[20]

Diese Strömung im Katholizismus trug dazu bei, den Weg zu einer katholischen Moderne zu ebnen, das heißt zu ideologischem Pluralismus, Demokratie und Menschenrechten. Robert Schuman, vielleicht die prägendste Figur bei der Gründung der Europäischen Union, folgte Bergson und Maritain, indem er die christliche Bruderschaft zur Überwindung des Hasses und zur Stärkung der Solidarität in Europa betonte. Aus dieser brüderlichen Haltung begriff er, wie wichtig es ist, »der Engstirnigkeit des politischen Nationalismus, dem autarken Protektionismus und dem kulturellen Isolationismus entgegenzutreten« und sie durch die »Vorstellung der Solidarität« und »Akzeptanz der wechselseitigen Abhängigkeit aller« zu ersetzen.[21]

Papst Franziskus bietet ein weiteres Beispiel solcher Brüderlichkeit, deren Bedeutung er in seinen Reden und Schriften regelmäßig betont. Die 2019 unterzeichnete gemeinsame Erklärung von Franziskus und dem Großimam Ahmad Mohammad Al-Tayyeb zur Brüderlichkeit aller Menschen bekundete

> [d]ie feste Überzeugung, dass die wahren Lehren der Religionen dazu einladen, in den Werten des Friedens verankert zu bleiben; dass sie dazu anregen, die Werte des gegenseitigen Kennens, der Brüderlichkeit aller Menschen und des allgemeinen Miteinanders zu vertreten; dass sie darauf hinwirken, dass die Weisheit, die Gerechtigkeit und die Nächstenliebe wiederhergestellt werden und der Sinn für die Religiosität unter den jungen Menschen wiedererweckt wird, um die neuen Generationen vor der Vorherrschaft des materialistischen Gedankenguts, vor der Gefahr der politischen Handlungsweisen der Gier nach maßlosem Gewinn und vor der Gleichgültigkeit zu schützen, die alle auf dem Gesetz der Kraft und nicht auf der Gesetzeskraft begründet sind.[22]

Ich möchte ein eindringliches Beispiel solcher Brüderlichkeit im Bereich der Politik anführen. 1990 wurden auf dem jüdischen Friedhof von Carpentras 34 Gräber auf eine besonders widerwärtige Weise geschändet, die einen Aufschrei des Entsetzens in Frankreich auslöste.[23] Der französische Innenminister flog im Hubschrauber zum Friedhof und verurteilte Rassismus, Antisemitismus und Intoleranz in deutlichen Worten.[24] Viele Vertreter des gesamten politischen Spektrums von rechts bis links besuchten den Friedhof und die jüdische Gemeinde von Carpentras, es folgten Massenkundgebungen gegen Rassismus und Antisemitismus. Am bemerkenswertesten war vielleicht, dass mit François Mitterrand erstmals auch ein französischer Staatspräsident an einer Demonstration teilnahm. Diese für einen amtierenden Präsidenten ganz und gar unübliche Maßnahme war ein deutlicher Beweis dafür, dass die menschliche Brüderlichkeit über der Parteipolitik steht.[25]

Für die Philosophin Véronique Munoz-Dardé müssen Gerechtigkeit und Brüderlichkeit keinen Gegensatz bilden, obwohl sie oft so dargestellt werden.[26] Man kann die Brüderlichkeit sehr wohl auch als Resultat eines rechtlichen und moralischen Rahmens verstehen. In diesem Verständnis muss man sie grundsätzlich von jeder sentimentalen Wohltätigkeit unterscheiden und abgrenzen. Tatsächlich hat die Brüderlichkeit öfter den Einwand auf sich gezogen, sie sei zu subjektiv, verschwommen und formlos für ein tragfähiges politisches Gefühl, das sich aussichtsreich in eine erkennbare Form politischen Handels übersetzen ließe. Der französische Philosoph Étienne Vacherot etwa warnte im 19. Jahrhundert eindringlich vor der Brüderlichkeit:

> Freiheit und Gleichheit sind Prinzipien, wohingegen Brüderlichkeit nur ein Gefühl ist. Ein Gefühl, wie mächtig, wie tief empfunden und wie allgemein es auch sein mag, ist nun aber kein Recht; man kann es unmöglich zur Grundlage der Gerechtigkeit machen. Die Politiker, die es als Prinzip zu etablieren versuchen, machen denselben Fehler wie die Moraltheoretiker, welche die Moralgesetze auf die Liebe gründen.[27]

In der Praxis aber geht die Brüderlichkeit aus rechtlichen und moralischen Rahmen hervor, die ohnmächtigen Menschen Rechte verleihen, aus einer Staatsauffassung, die den Staat als Garanten der Rechte aller und nicht nur bestimmter Gruppen ansieht. Wie ich hinzufügen möchte, setzt sie auch das Festhalten an einem starken Begriff von Universalismus voraus, der alle Menschen als gleich betrachtet und diese Auffassung durch Institutionen verteidigt. Eine solche Sichtweise findet sich in der Philosophie von John Rawls, für den das »Unterschiedsprinzip« einer »natürlichen Bedeutung der Brüderlichkeit« entspricht, »dem Gedanken nämlich, daß man keine Vorteile haben möchte, die nicht auch weniger Begünstigten zugute kommen«.[28]

Einen wichtigen Punkt möchte ich noch hinzufügen: Als Empfindung muss Brüderlichkeit mit einer Kernidee dazu verbunden sein, was Menschen sind. Gefühle können nicht ohne eine minimale Bestimmung des Gegenstands, auf den sie sich richten, ausgelöst werden. Brüderlichkeit ist das Empfinden, das den Universalismus zum Affekt werden lässt. Dieser Prozess kann nicht stattfinden, wenn er nicht mit einem universellen Begriff vom Menschen verbunden ist. Vielleicht ist das der Grund, warum Israel ein Beispiel für Solidarität ohne Brüderlichkeit darstellt: weil es eine schwache und unsichere universalistische politische Kultur hat.

Brüderlichkeit und Universalismus

Oft greift man im Zusammenhang mit Solidarität und Brüderlichkeit zur Metapher der Familie. Doch hat das vorliegende Buch hoffentlich genügend Gründe vorgebracht, um daran zu zweifeln, dass das die richtige Metapher ist. Wollte man an ihr festhalten, müsste man sagen, dass die israelische Gesellschaft ihre Bürgerinnen nötigt, zu einer Familie zu stehen, die sich wie eine erzwungene anfühlt und von der man sich schon lange entfremdet hat. Ja, ich möchte noch einen Schritt weiter gehen: Wo die Familienmetapher am meisten hochgehalten wird, kann sich das Gefühl einer menschlichen Brüderlichkeit wahrscheinlich am wenigsten herausbilden.

Brüderlichkeit setzt nicht Vertrautheit, Nähe und Mitgliedschaft in derselben Primärgruppe voraus. Manche sprechen von Brüderlichkeit in Begriffen der Kooperation und geteilten Verantwortung.[29] Doch ist Brüderlichkeit in allererster Linie eine wohlwollende emotionale Ausrichtung auf andere, die nicht unbedingt Angehörige meiner Primärgruppe sind. Deshalb impliziert sie notwendig eine universalistische Komponente. Als Emotion, die typischerweise von Fremden hervorgerufen wird, schließt Brüderlichkeit Mitgefühl ein, geht aber darüber hinaus. Sie impliziert die Fähigkeit zu einer wohlwollenden oder zumindest nicht misstrauischen Gefühlshaltung fremden anderen gegenüber ebenso wie zur Anteilnahme daran, was Menschen widerfährt, die nicht meiner Primärgruppe angehören, wie im Fall Carpentras. Nur ein tiefsitzender universalistischer Begriff vom Menschen, der im Recht und in der moralischen Kultur verankert ist, ermöglicht die Entwicklung einer solchen Brüderlichkeit. In einem Interview mit der *Zeit* betonte Papst Franziskus die brüderlichen Anfänge der Europäischen Union: »Als die großen Politiker der Nachkriegszeit wie Schuman oder Adenauer von der Einheit Europas träumten, schwebte ihnen nichts Populistisches vor, sondern die Verbrüderung Europas, vom Atlantik bis zum Ural.«[30] Ihre Vision überwand die tiefe Feindschaft zwischen den Alliierten und Deutschland.

Universalismus ist nicht mit Universalisierung zu verwechseln, wenn man darunter den Versuch versteht, die eigenen Überzeugungen in andere Länder oder Gruppen zu exportieren. Der Universalismus geht vielmehr von La Boéties Beobachtung aus, dass die Natur »uns alle nach derselben Form gemacht und, so scheint es, aus demselben Holz geschnitzt hat, so daß wir einander als Gefährten oder vielmehr als Brüder wiedererkennen«.[31] Man könnte dies als anthropologischen Universalismus bezeichnen. Der im Recht und in der Verfassung verankerte formale Universalismus findet Zustimmung gerade dadurch, dass er sich aus unserem intuitiven Verständnis anderer Menschen als Brüder speist. Erzwingen lässt er sich nicht. Er ist daher von dem imperialen Wunsch zu unterscheiden, alle Länder und Kulturen in eine gemeinsame Zeit und einen gemeinsamen Raum, in eine einzige Kultur zu zwängen. Der Universalismus wurde vom Kantianismus entwickelt, einer Philosophie, die den Universalismus als moralische Lösung des Problems des Bösen und der Frage der politischen Institutionen versteht. Für Kant hat der Universalismus drei Aspekte: den praktischen Universalismus (oder das Interesse an der gleichen Freiheit und Würde jeder Person); Autonomie (das Verlangen nach individueller und kollektiver Selbstgesetzgebung); den Zustand des »ewigen Friedens« in einer Republik.[32] Der Universalismus unterscheidet sich vom Kosmopolitismus, ist aber eng mit ihm verwandt. Unter Kosmopolitismus verstehen wir den Umstand, Weltbürgerin zu sein, sich als eine solche zu fühlen oder eine sein zu wollen.[33] Das ist nur möglich, wenn wir die Einheit der Menschheit voraussetzen und eine solche Verbundenheit als wünschenswert empfinden. Da wir allerdings alle immer noch tief in ein Land, einen Ort, eine Sprache, eine Kultur eingebettet sind, ist die Bedeutung einer solchen Zugehörigkeit zur Menschheit nicht selbstverständlich gegeben, wie der politische Philosoph James D. Ingram zu Recht anmerkt. Das israelische Beispiel zeigt ja, dass die schiere Orientierung an der Menschheit als ganzer ein politischer Akt ist. Ingram führt den Begriff der Kosmopolitik ein, um von »der Politik einer gemeinsamen Welt« zu sprechen, verstanden als »Umorientierung politischer Handlungen, die an verschiedenen öffentlichen Orten vorgenommen werden, aber auf die Welt zielen«.[34] Die Frage, was wir auf den Rest der Welt ausweiten wollen, steht zur Diskussion. Es ist eine politische Frage, die lokal geklärt werden kann und muss: Rechte, Staatsbürgerschaft, Wohlwollen, Hilfe, Wohltätigkeit, Achtung – der Kosmopolitismus jedoch ist der Horizont solcher Diskussionen.

Die Juden und der Universalismus

Seit dem 18. Jahrhundert spielen die Juden eine Schlüsselrolle bei der Verbreitung des Universalismus, der zum einen fest in den moralischen Auffassungen verschiedener Stränge des Judentums verankert ist und den Juden zum anderen eine Erlösung aus ihrer politischen Unterwerfung versprach. An den großen universalistischen Befreiungsbewegungen beteiligten sich Jüdinnen in großer Zahl. Durch den Universalismus konnten sie im Prinzip frei und denen gleich sein, die sie beherrschten: In einer universalistischen Gemeinschaft sollte die Zugehörigkeit zu einer religiösen Minderheit den eigenen politischen Status nicht beeinflussen. Das mag einer der Gründe dafür sein, warum Juden ein überproportional starkes kommunistisches oder sozialistisches Engagement an den Tag legten.[35] Und es ist auch der Grund, warum Juden vorbildliche Bürger von Ländern mit universalistischen Verfassungen wie Frankreich oder den Vereinigten Staaten waren.[36] Diese Geschichte der Juden als Beförderer von Aufklärung und universalistischen Werten kommt heute an ihr Ende. Fassungslos werden wir Zeuge neuer Bündnisse zwischen Israel, ultraorthodoxen Gruppen des religiösen Judentums auf der ganzen Welt und dem neuen globalen Populismus, in dem Ethnozentrismus und sogar Rassismus unbestreitbar eine Rolle spielen. Erstaunliche 53,59 Prozent der französischen Juden, die in Israel leben, stimmten für den extrem rechten französischen Präsidentschaftskandidaten Éric Zemmour;[37] das American Israel Public Affairs Committee, eine mächtige, aber traditionell unparteiische Lobby-Organisation, hat Trump begeistert unterstützt,[38] und 81 Prozent der orthodoxen jüdischen Amerikaner fanden Trump laut einer Umfrage von 2019 gut.[39] Diese Zahlen sprechen eine eindeutige Sprache. Waren die Juden und die Arbeiterklasse nach Marx einmal universelle Klassen, die die Perspektive der Mittellosen repräsentierten, für die eine Befreiung durch den Universalismus erfolgen würde, so repräsentieren sie heute überwiegend Gruppen, die von der Ideologie und der Politik der extremen Rechten beeinflusst sind.

Das ist zweifellos darauf zurückzuführen, dass sich die populistische Rechte in Israel mit populistischen Machthabern in anderen Ländern zusammengetan hat, die es dem Land in internationalen Organisationen, die sich an internationale Normen und Gesetze halten, weniger schwer machen. Und es liegt zweifellos auch daran, dass sich die Religion, wie sie in Israel institutionalisiert worden ist, jeder Dynamik verweigert. Tatsächlich ist die jüdische Religion in Israel ausgesprochen statisch und antimodern. Das Land hat die Herausbildung und Ausbreitung strenger Formen von Ultraorthodoxie ermöglicht, die starre und binäre Vorstellungen von Identität und einen extremen religiösen Nationalismus speisen. Beides steht einer liberalen Zivilgesellschaft in dem Sinne entgegen, dass die ultraorthodoxen Gruppierungen zwar ein hohes Maß an Solidarität unter ihren eigenen Mitgliedern begünstigen können, aber das, was man für gewöhnlich als brüderliches Verhältnis zwischen unterschiedlichen Gruppen von Menschen betrachtet, nicht nur nicht begünstigen, sondern ablehnen.

Es ist also der jüdische Universalismus, der durch ein Bündnis zwischen dem Liberalismus und einer dynamischen jüdischen Religion wiederbelebt werden muss, wie sie heute zumeist vom konservativen und Reformjudentum sowie von einigen Strängen des orthodoxen Judentums vertreten wird, die alle an der universalistischen Bestimmung des Judentums festhalten. Der Universalismus ist kein narrensicherer Schutz vor den Versäumnissen der Demokratie, aber gewiss einer der stärksten Puffer gegen die nativistischen Ansprüche des Populismus. Eine Erneuerung der israelischen Zivilgesellschaft wird nur möglich werden durch einen lebhaften Dialog zwischen einer dynamischen jüdischen Religion, die sich die universalistische Dimension des Judaismus zunutze macht, und einer radikalen universalistischen Kultur, die nichtjüdischen Minderheiten die vollen Menschenrechte zuzugestehen weiß. Das ist zweifellos der wahre und einzige Geist des Zionismus und jener Zivilreligion, die er im Lande Israel zu verwirklichen versucht hat. Ob es ihm gelingt, bleibt eine tragisch offene Frage.

Anmerkungen

Einleitung: Der Wurm im Apfel

1 Theodor W. Adorno, *Aspekte des neuen Rechtsradikalismus. Ein Vortrag*, Berlin 2019 [1967], S. 10.

2 Peter E. Gordon/Espen Hammer/Axel Honneth (Hg.), *The Routledge Companion to the Frankfurt School*, New York/Abingdon 2018, S. xvi.

3 Seymour Martin Lipset, *Soziologie der Demokratie*, aus dem Englischen von Otto Kimminich, Neuwied/Berlin 1963; Daniel Bell, *The Radical Right*, New Brunswick, NJ, 2002 [1955].

4 Von den Wählern, die weniger als 30000 US-Dollar im Jahr verdienen, stimmten 53 % für Clinton und 40 % für Trump; 30000 bis 50000 USD: 51 % Clinton, 42 % Trump; 50000 bis 100000 USD: 46 % Clinton, 50 % Trump; 100000 bis 200000 USD: 47 % Clinton, 48 % Trump; 200000 bis 250000: 48 % Clinton, 49 % Trump; mehr als 200000 USD: 46 % Clinton und 48 % Trump; vgl. Statista Research Department, »Exit polls of the 2016 presidential elections in the United States on November 9, 2016, percentage of votes by income« (9. November 2016).

5 Jason Stanley, *How Propaganda Works*, Princeton 2015, S. 5.

6 Bruno Latour, *Elend der Kritik. Vom Krieg um Fakten zu Dingen von Belang*, aus dem Französischen von Heinz Jatho, Zürich 2021.

7 David M.J. Lazer et al., »The science of fake news«, in: *Science* 359/6380 (2018), S. 1094-1096.

8 Jerome J. McGann, »Romanticism and its ideologies«, in: *Studies in Romanticism* 21/4 (1982), S. 573-599.

9 David Scott Bell/Byron Criddle, *The French Communist Party in the Fifth Republic*, Oxford/New York 1994.

10 Steven Levitsky/Daniel Ziblatt, *Wie Demokratien sterben. Und was wir dagegen tun können*, aus dem Englischen von Klaus-Dieter Schmidt, München 2018.

11 Vgl. etwa Jan-Werner Müller, *Was ist Populismus? Ein Essay*, Berlin 2016; Ronald Inglehart/Pippa Norris, »Trump, Brexit, and the rise of populism. Economic have-nots and cultural backlash«, Harvard Kennedy School Working Paper No. RWP16-026 (2016); Noam Gidron/Peter A. Hall, »The politics of social status. Economic and cul-

tural roots of the populist right«, in: *The British Journal of Sociology* 68/S 1 (2017), S. 57-84; Dani Rodrik, »Populism and the economics of globalization«, in: *Journal of International Business Policy* 1/1 (2018), S. 12-33.

12 Brian McCulloch, »Who owns France's media and what are their political leanings?« in: *The Connexion* (19. Januar 2022).

13 Liam Stack, »6 takeaways from the Times's investigation into Rupert Murdoch and his family«, in: *The New York Times* (3. April 2019).

14 Rodrik, »Populism and the economics of globalization«.

15 Zitiert nach Erica Etelson, »How liberals left the white working class behind«, in: *Yes! Magazine* (16. Dezember 2019).

16 Patrick J. Deneen, *Warum der Liberalismus gescheitert ist*, aus dem Englischen von Britta Schröder, Salzburg/Wien 2019.

17 Helena Flam, »Emotions' map. A research agenda«, in: dies./Debra King (Hg.), *Emotions and Social Movements*, Abingdon/New York 2005, S. 19-40, S. 19. Einen anderen überzeugenden makropolitischen Ansatz bietet Ute Frevert, *Die Politik der Demütigung. Schauplätze von Macht und Ohnmacht*, Frankfurt am Main 2017.

18 Raymond Williams, *Marxism and Literature*, Oxford/New York 1977; Paul Filmer, »Structures of feeling and socio-cultural formations. The significance of literature and experience to Raymond Williams's sociology of culture«, in: *The British Journal of Sociology* 54/2 (2003), S. 199-219.

19 Tony Bennett, *Popular Culture. Themes and Issues (2)*, Unit 3: *Popular Culture. History and Theory*, Milton Keynes 1981.

20 Kevin Hetherington, *Expressions of Identity. Space, Performance, Politics*, London/Thousand Oaks/New Delhi 1998.

21 Mabel Berezin, »Secure states. Towards a political sociology of emotion«, in: *The Sociological Review* 50/2 (2002), S. 33-52; Filmer, »Structures of feeling«.

22 Vgl. etwa Maéva Clément/Thomas Lindemann/Eric Sangar, »The ›hero-protector narrative‹. Manufacturing emotional consent for the use of force«, in: *Political Psychology* 38/6 (2017), S. 991-1008; Cristopher Cepernich/Roberta Bracciale, »Digital hyperleaders. Communication strategies on social networks at the 2019 European elections«, in: *Italian Political Science* 14/2 (2019), S. 93-113.

23 Vonnie C. McLoyd et al., »Marital processes and parental socialization in families of color. A decade review of research«, in: *Journal of Marriage and Family* 62/4 (2000), S. 1070-1093.

24 Jack M. Barbalet, »A macro sociology of emotion. Class resentment«,

in: *Sociological Theory* 10/2 (1992), S. 150-163; Madan M. Pillutla/J. Keith Murnighan, »Unfairness, anger, and spite. Emotional rejections of ultimatum offers«, in: *Organizational Behavior and Human Decision Processes* 68/3 (1996), S. 208-224.

25 John Garry, »Emotions and voting in EU referendums«, in: *European Union Politics* 15/2 (2014), S. 235-254; Ted Brader, »Striking a responsive chord. How political ads motivate and persuade voters by appealing to emotions«, in: *American Journal of Political Science* 49/2 (2005), S. 388-405.

26 Larissa Z. Tiedens/Colin Wayne Leach (Hg.), *The Social Life of Emotions*, Cambridge/New York 2004.

27 Mabel Berezin, »Emotions and political identity. Mobilizing affection for the polity«, in: Jeff Goodwin/James M. Jasper/Francesca Polletta (Hg.), *Passionate Politics. Emotions and Social Movements*, Chicago/London 2001, S. 83-98.

28 Berezin, »Secure states«.

29 Kennet Lynggaard, »Methodological challenges in the study of emotions in politics and how to deal with them«, in: *Political Psychology* 40/6 (2019), S. 1201-1215.

30 Arlie Russell Hochschild, *Fremd in ihrem Land. Eine Reise ins Herz der amerikanischen Rechten*, aus dem Englischen von Ulrike Bischoff, Frankfurt am Main/New York 2017.

31 Ruth Igielnik, »Trump support remains unmoved by investigations, poll finds«, in: *The New York Times* (22. September 2022).

32 Williams, *Marxism and Literature*.

33 Joseph Epstein, *Neid. Die böseste Todsünde*, aus dem Englischen von Matthias Wolf, Berlin 2010.

34 Zit. n. Stanley, *How Propaganda Works*, S. 48.

35 Ein 2020 von den Vereinten Nationen veröffentlichter Bericht nennt weltweit 112 Wirtschaftsunternehmen mit Verbindungen zu israelischen Siedlungen. Von diesen 112 Firmen sind 94 israelisch, darunter führende israelische Banken und Kommunikationsunternehmen; die anderen 18 sind internationale Unternehmen wie Airbnb und Booking.com; vgl. UN Human Rights Office, »UN rights office issues report on business activities related to settlements in the occupied Palestinian territory« (12. Februar 2020).

36 Dani Filc, »Political radicalization in Israel. From a populist habitus to radical right populism in government«, in: Kristian Steiner/Andreas Önnerfors (Hg.), *Expressions of Radicalization. Global Politics, Processes and Practices*, Cham (Schweiz) 2018, S. 121-145, S. 122.

37 Dies könnte auch die Folge des Rückgriffs auf dieselben Marketing-

strategen sein. An Netanjahus Wahlsieg über Schimon Peres von 1996 hatte der Berater und Demoskop Arthur Finkelstein, der zuvor für Ronald Reagan und zahlreiche andere republikanische Kandidaten gearbeitet hatte, erheblichen Anteil. Tatsächlich gibt es einen politischen Stil, der sich, sei es über förmliche Kanäle politischer Beratung, sei es durch unbewusste Nachahmung und informelle Netzwerke, um die Welt verbreitet hat.

38 Julius Maximilian Rogenhofer/Ayala Panievsky, »Antidemocratic populism in power. Comparing Erdoğan's Turkey with Modi's India and Netanyahu's Israel«, in: *Democratization* 27/8 (2020), S. 1394-1412; Kathleen Hall Jamieson/Doron Taussig, »Disruption, demonization, deliverance, and norm destruction. The rhetorical signature of Donald J. Trump«, in: *Political Science Quarterly* 132/4 (2017), S. 619-651; Andrew Arato, »Populism, constitutional courts and civil society«, in Christine Landfried (Hg.), *Judicial Power. How Constitutional Courts Affect Political Transformations*, Cambridge 2019, S. 318-341; Federico Neiburg/Omar Ribeiro Thomaz, »Ethnographic views of Brazil's (new) authoritarian turn«, in: *HAU. Journal of Ethnographic Theory* 10/1 (2020), S. 7-11.

39 Isidore Abramowitz/Hannah Arendt/Abraham Brick et al., »To the editors of the New York Times«, in: *New York Times* (4. Dezember 1948).

40 Yonatan Levi/Shai Agmon, »Beyond culture and economy. Israel's security-driven populism«, in: *Contemporary Politics* 27/3 (2021), S. 292-315, S. 293.

41 Ebd.

42 Ebd., S. 293.

43 Dani Filc, *The Political Right in Israel. Different Faces of Jewish Populism*, Abingdon/New York 2010.

44 Zev Stub, »Israeli home prices rose 346 % in a decade, fastest in the world«, in: *Jerusalem Post* (1. Januar 2021).

45 Jan-Werner Müller, *Freiheit, Gleichheit, Ungewissheit. Wie schafft man Demokratie?*, aus dem Englischen von Michael Bischoff, Berlin 2021.

46 Filc, *The Political Right in Israel.* Zu beachten ist, dass die Bezeichnung »konservativer Nationalismus« mit unterschiedlicher Bedeutung gebraucht werden kann. In diesem Fall meint sie eine fremdenfeindliche Sichtweise, die nationale Zugehörigkeit an ethnische Identität bindet, in Verbindung mit einer antielitären Einstellung gegen jede Kraft (wie die politische Linke), die in ihrer Wahrnehmung auf der Seite »der anderen« steht.

47 Mikko Salmela/Christian von Scheve, »Emotional roots of right-wing political populism«, in: *Social Science Information* 56/4 (2017), S. 567-595.
48 Aristoteles, *Politik. Schriften zur Staatstheorie*, übersetzt und herausgegeben von Franz F. Schwarz, Stuttgart 1989, S. 160 (3. Buch, 4. Kap.).
49 Martha C. Nussbaum, *Politische Emotionen. Warum Liebe für Gerechtigkeit wichtig ist*, aus dem Englischen von Ilse Utz, Berlin 2014, S. 308.
50 Pierre Bourdieu, *Die feinen Unterschiede. Kritik der gesellschaftlichen Urteilskraft*, aus dem Französischen von Bernd Schwibs und Achim Russer, Frankfurt am Main 1993 [1979].
51 Müller, *Was ist Populismus?*, S. 18.

1. Versicherheitlichte Demokratie und Angst

1 Niccolò Machiavelli, *Der Fürst*, übersetzt von Friedrich von Oppeln-Bronikowski, Frankfurt am Main 1995 [1532].
2 Mikko Jakonen, »Thomas Hobbes on fear, mimesis, aisthesis and politics«, in: *Distinktion. Scandinavian Journal of Social Theory* 12/2 (2011), S. 157-176; Andrew Alexandra, »›All men agree on this ...‹. Hobbes on the fear of death and the way to peace«, in: *History of Philosophy Quarterly* 6/1 (1989), S. 37-55.
3 Judith N. Shklar, *Der Liberalismus der Furcht*, aus dem Englischen von Hannes Bajohr, Berlin 2013 [1989].
4 Alex Schulman, »Hobbes, Thomas (1588-1679)«, in: *The Encyclopedia of Political Thought*, Wiley Online Library 2014, S. 1675-1686.
5 Jabotinsky Institute, »The Iron Wall« (4. November 1923).
6 Carl Schmitt, *Der Begriff des Politischen. Text von 1932 mit einem Vorwort und drei Corollarien*, 9., korrigierte Auflage, Berlin 2015.
7 Zit. n. Ronen Bergman, *Der Schattenkrieg. Israel und die geheimen Tötungskommandos des Mossad*, aus dem Englischen von Henning Dedekind u.a., München 2019, S. 75f. (Übersetzung ergänzt und modifiziert; Anmerkung des Übersetzers.)
8 Selbst der Oberste Gerichtshof, die mit dem Schutz der Rechte der Bürger betraute Institution, hat immer dazu geneigt, sich auf die Seite der Armee und der Geheimpolizei zu schlagen, wenn diese mit irgendeinem Risiko für die »nationale Sicherheit« drohten, und so viele Male Grundrechte im Austausch gegen Sicherheit geopfert; vgl. Gad Barzilai/Ephraim Yuchtman-Yaar/Zeev Segal, *»Der Oberste*

Gerichtshof in den Augen der israelischen Gesellschaft«, Tel Aviv 1994 (auf Hebräisch).

9 Zit. n. David Israel, »Watch: The Six Day War«, in: *The Jewish Press* (5. Juni 2017) (Hervorhebung E.I.).

10 Dan Meridor/Ron Eldadi, »Israel's National Security Doctrine. The report of the Committee on the Formulation of the National Security Doctrine (Meridor Committee), ten years later«, Institute for National Security Studies (2019), S. 11.

11 Jeffrey C. Alexander, »The social construction of moral universals«, in: ders., *Remembering the Holocaust. A Debate*, New York 2009, S. 3-104.

12 Idith Zertal, *Nation und Tod. Der Holocaust in der israelischen Öffentlichkeit*, aus dem Hebräischen von Markus Lemke, Göttingen 2003, S. 159-168.

13 Zit. n. Guy Harpaz, »The role of dialogue in reflecting and constituting international relations. The causes and consequences of a deficient European-Israeli dialogue«, in: *Review of International Studies* 37/4 (2011), S. 1857-1883, S. 1865.

14 Baruch Kimmerling, »Patterns of militarism in Israel«, in: Eliezer Ben-Rafael u.a. (Hg.), *Handbook of Israel. Major Debates*, Berlin/Boston 2016, S. 609-636.

15 Bergman, *Der Schattenkrieg*.

16 Samara Asmir, »Introduction. In the name of security«, in: *Adalah Notebooks* 4 (April 2004), S. 2-9.

17 William Bloss, »Escalating US police surveillance after 9/11. An examination of causes and effects«, in: *Surveillance & Society* 4/3 (2007).

18 Uriel Abulof, »Deep securitization and Israel's ›demographic demon‹«, in: *International Political Sociology* 8/4 (2014), S. 396-415.

19 The World Bank, »Military Expenditure (% of GDP)«.

20 Jonathan Cook, »Israeli spyware technology, tested on Palestinians, now operating in a city near you«, in: *Washington Report on Middle East Affairs* (Januar/Februar 2020), S. 8-11.

21 Yuval Shany/Amir Cahane, »Under the radar screen?«, The Israel Democracy Institute (2017).

22 Josh Breiner, »Police want facial recognition systems installed across Israel«, in: *Haaretz* (10. Juli 2021).

23 Ilana Hammerman, »The zionist left has paved the way to the rise of the extreme right«, in: *Haaretz* (26. Januar 2020).

24 Die NGO Freedom House, die den Grad von Freiheit und Demokratie in verschiedenen Ländern misst, hat die Philippinen als »teilweise frei« eingestuft, während Israel als »frei« bewertet wird.

25 Nicole Curato, »Politics of anxiety, politics of hope. Penal populism and Duterte's rise to power«, in: *Journal of Current Southeast Asian Affairs* 35/3 (2016), S. 91-109.
26 Peter Beinart, »Sorry, Bibi. Iran is bad, but it is no Amalek, Haman or even Nazi Germany«, in: *Haaretz* (4. März 2015).
27 Benjamin Netanjahu, *A Durable Peace. Israel and Its Place among the Nations*, New York 2000.
28 »Benjamin Netanyahu testifies about Iraq to Congress«, CNN (12. September 2002).
29 Peter Hirschberg, »Netanyahu: It's 1938 and Iran is Germany; Ahmadinejad is preparing another Holocaust«, in: *Haaretz* (14. November 2006).
30 N.N., »Bibi's Holocaust Remembrance Day warning message«, in: *The Australian Jewish Times* (28. Januar 2010).
31 J.P. O'Malley, »Netanyahu lambasted for incitement in insider's Rabin biography«, in: *Times of Israel* (19. März 2017).
32 N.N., »Netanyahu defends comparison of Iran, Nazi Holocaust«, Reuters (18. April 2012).
33 Adiv Sterman/Raphael Ahren, »Netanyahu blames Jerusalem Mufti for Holocaust, is accused of ›absolving Hitler‹«, in: *Times of Israel* (21. Oktober 2015).
34 »PM Netanyahu addresses Munich Security Conference«, Israel Ministry of Foreign Affairs (18. Februar 2018).
35 Herb Keinon, »In Holocaust Remembrance speech, Netanyahu responds to Iranian threats of retaliation«, in: *Jerusalem Post* (11. April 2018).
36 N.N., »Netanyahu addresses Congress on Iran«, in: *The New York Times* (3. März 2015).
37 Dahlia Scheindlin, »The dangerous politics of playing the victim«, in: *Foreign Policy* (4. Juli 2019).
38 Benjamin Netanjahu, »The right-wing government is in danger – we must go out and vote Mahal«, Youtube (17. März 2015).
39 TOI Staff, »Likud says Herzog ›crossed red lines‹ at Munich Summit«, in: *Times of Israel* (8. Februar 2015).
40 Dov Waxman, »It wasn't just politics that led to Netanyahu's ouster – it was fear of his demagoguery«, in: *The Conversation* (15. Juni 2021).
41 Zit. n. Israel Shahak/Norton Mezvinsky, *Jewish Fundamentalism in Israel*, London/Ann Arbor 2004 [1999], S. 12.
42 Ebd.
43 Benny Gantz, »1364 terrorists killed – 3.5 years of quiet in the South«, Youtube (20. Januar 2019).

44 Als Beispiele: Seth J. Frantzman, »Ten takeaways from Nasrallah's speech«, in: *Jerusalem Post* (14. Juli 2019); Louis Charbonneau, »In New York, defiant Ahmadinejad says Israel will be ›eliminated‹«, Reuters (24. September 2012).

45 Amnesty International Israel, »The Initiative for National Security and Human rights (INSHR)« (noch nicht erschienen).

46 Rym Momtaz, »How France pivoted to the right«, in: *Politico* (6. Dezember 2021).

47 Matthew Goodwin/Caitlin Milazzo, *UKIP. Inside the Campaign to Redraw the Map of British Politics*, Oxford 2015.

48 Vgl. dazu etwa Hervé Le Bras, *Il n'y a pas de grand remplacement*, Paris 2022.

49 Sigmund Freud, *Jenseits des Lustprinzips* (1920), in: *Gesammelte Werke*, herausgegeben von Anna Freud u.a., Frankfurt am Main 1999, Bd. XIII, S. 1-69.

50 Corey Robin, *Fear. The History of a Political Idea*, Oxford/New York 2004.

51 Jonathan Renshon/Jooa Julia Lee/Dustin Tingley, »Physiological arousal and political beliefs«, in: *Political Psychology* 36/5 (2015), S. 569-585; Douglas R. Oxley u.a., »Political attitudes vary with physiological traits«, in: *Science* 321/5896 (2008), S. 1667-1670.

52 Carl Schmitt, »Definition der Souveränität«, in: *Politische Theologie*, 11., korrigierte Auflage, Berlin 2021 [1922], S. 11-21.

53 The Knesset, »Declaring a State of Emergency«, online verfügbar unter: {https://m.knesset.gov.il/en/about/lexicon/pages/declaring stateemergency.aspx} (alle URL Stand Januar 2023).

54 Juristisches Personal des Außen- und Verteidigungsausschusses, »Diskussion über den Antrag der Regierung, den Notstand zu verlängern«, Knesset (31. Mai 2020), online verfügbar unter: {https://m.knesset.gov.il/Activity/committees/ForeignAffairs/Legislation Docs23/bit020620-4.pdf} (auf Hebräisch).

55 Auch ist die Angst ideengeschichtlich ein Verbündeter der Gegenaufklärung, in deren Augen die menschliche Natur tendenziell der Kontrolle bedarf, weil die Menschen einander grundsätzlich feindselig gesinnt sind und im ewigen Kampf miteinander stehen.

56 Brian Michael Jenkins, »An incremental tyranny«, in: Gillian Duncan u.a. (Hg.), *State Terrorism and Human Rights. International Responses Since the End of the Cold War*, Abingdon/New York 2013, S. 32-41, S. 39.

57 »Size of the security services market worldwide from 2011 to 2020, by region«, Statista (6. Juli 2022).

58 Rosa Brooks, *How Everything Became War and the Military Became Everything. Tales from the Pentagon*, New York 2016.

59 Ebd., S. 21.

60 Rory McCarthy, »Gaza doctors say patients suffering mystery injuries after Israeli attacks«, in: *The Guardian* (17. Oktober 2006).

61 Der offizielle Bericht der Erkundungskommission der Vereinten Nationen im Anschluss an die Gazakonflikte konnte nicht mit Sicherheit feststellen, dass solche Angriffe stattgefunden hatten; doch mehrere Ärzte, die Patienten im Gazastreifen behandelten, beschrieben Verletzungen, die zum Einsatz von DIME-Geschossen passen; vgl. etwa »Human rights in Palestine and other occupied Arab territories. Report of the United Nations fact-finding mission on the Gaza conflict«, United Nations General Assembly (25. September 2009).

62 B'Tselem, »Fatalities after ›Cast Lead‹«, online verfügbar unter: {https://www.btselem.org/hebrew/statistics/fatalities/after-cast-lead/by-date-of-event} (auf Hebräisch).

63 Ebd.

64 Asaf Shtull-Trauring, »Report: 44 % of Israeli Jews support Rabbis' edict forbidding rentals to Arabs in Safed«, in: *Haaretz* (28. Dezember 2010).

65 Amnesty International Israel, »The Initiative for National Security and Human rights (INSHR)«.

66 Hannah Arendt, *Elemente und Ursprünge totaler Herrschaft. Antisemitismus, Imperialismus, totale Herrschaft*, München 1986 [1951], S. 745.

2. *Abscheu und Identität*

1 Vgl. Martha C. Nussbaum, *From Disgust to Humanity. Sexual Orientation and Constitutional Law*, New York 2010, S. 23.

2 TOI Staff, »Ohio governor pans ›vile, disgusting‹ anti-semitic sign at anti-lockdown rally«, in: *Times of Israel* (23. April 2020).

3 Joshua M. Tybur et al., »Disgust. Evolved function and structure«, in: *Psychological Review* 120/1 (2013), S. 65-84, S. 65; Paul Rozin/Jonathan Haidt/Clark McCauley, »Disgust«, in: Lisa Feldman Barrett/Michael Lewis/Jeannette M. Haviland-Jones (Hg.), *Handbook of Emotions*, 4. Auflage New York/London 2010, S. 815-834.

4 Paul Rozin/April E. Fallon, »A perspective on disgust«, in: *Psychological Review* 94/1 (1987), S. 23-41, S. 24.

5 Mary Douglas, *Reinheit und Gefährdung. Eine Studie zu Vorstellungen von Verunreinigung und Tabu*, aus dem Englischen von Brigitte Luchesi, Frankfurt am Main 1988 [1966].

6 Ebd.

7 Ebd.

8 Bunmi O. Olatunji/Craig N. Sawchuk, »Disgust. Characteristic features, social manifestations, and clinical implications«, in: *Journal of Social and Clinical Psychology* 24/7 (2005), S. 932-962.

9 Rozin/Haidt/McCauley, »Disgust«.

10 Vgl. Kenneth Friedman, »What is kosher wine?«, *Kosher Wine* (20. Juli 2021). Damit steht das Judentum freilich nicht alleine da. Für gläubige Muslime ist Schweinefleisch eine verunreinigende Substanz – in interreligiösen Freundschaften zwischen Christen und Muslimen ist ein Christ, der Schweinefleisch verkauft, in der muslimischen Gemeinschaft nicht gern gesehen und wird als verunreinigend behandelt; vgl. Rashida Alhassan Adum-Atta, »The politics of purity, disgust, and contamination. Communal identity of trotter (pig) sellers in Madina Zongo (Accra)«, in: *Religions* 11/8 (2020), S. 421-432, S. 421.

11 Thomas M. Leonard (Hg.), *Encyclopedia of the Developing World*, Bd. 1, New York/Abingdon 2013, S. 1640.

12 Ebd.

13 N. N., »Black people disgust me«, Reddit (2014), online verfügbar unter: {https://www.reddit.com/r/changemyview/comments/2kcvle/cmv_black_people_disgust_me/}.

14 Anna Bagaini, »The origins of right-wing populism in Israel. Peace process and collective identities' struggle«, Vortrag vor dem European Consortium for Political Research, General Conference, Wrocław 2019.

15 »Meir Kahane«, *New World Encyclopedia*.

16 James Q. Whitman, *Hitlers amerikanisches Vorbild. Wie die USA die Rassengesetze der Nationalsozialisten inspirierten*, aus dem Englischen von Andreas Wirthensohn, München 2018.

17 Lehava, »Lehava: Zur Verhinderung der Assimilation im Heiligen Land«, online verfügbar unter: {https://www.leava.co.il/blog/} (auf Hebräisch).

18 Im Tirtzu, »Über die Im-Tirtzu-Bewegung«, online verfügbar unter: {https://imti.org.il/about-us/movement/?gclid=CjoKCQjwpdqDBhCSARIsAEUJohOY9RgL60oFvOs_ldGn3T-JnqQoThQjRpATaZQa7Llz5pBqfQ_GOyAaAojWEALw_wcB} (auf Hebräisch).

19 Arik Bender, »Die Knesset hat ein ›rassistisches Gesetz‹ abge-

wendet«, in: *Maariv* (1. Dezember 2004), online verfügbar unter: {https://www.makorrishon.co.il/nrg/online/1/ART/830/340.html} (auf Hebräisch).

20 »In U.S., far more support than oppose separation of church and state«, Pew Research Center (28. Oktober 2021).

21 Lara Whyte, »Has Trump's White House ›resurrected‹ Army of God anti-abortion extremists?«, Open Democracy (5. Februar 2018).

22 Chinki Sinha, »India's interfaith couples on edge after new law«, BBC (15. März 2021).

23 Siehe dazu einen Tweet von Bezalel Smotritch vom 5. April 2016 (7:20 Uhr), online verfügbar unter: {https://twitter.com/bezalelsm/status/717220377483735040?lang=he} (auf Hebräisch).

24 Jair Altman, »Public invited to inform on those renting to Arabs«, Ynet (12. Dezember 2010).

25 »Lehava: State-sponsored incitement«, Institute for Middle East Understanding (10. September 2012).

26 Matthew Zagor, »›I am the law!‹ – perspectives of legality and illegality in the Israeli army«, in: *Israel Law Review* 43/3 (2010), S. 551-589; Yagil Levy, »The military as a split labor market. The case of women and religious soldiers in the Israel Defense Forces«, in: *International Journal of Politics, Culture, and Society* 26/4 (2013), S. 393-414.

27 Zit. n. Jair Nehorai, »Das Gift der Schlange«, Facebook (2018).

28 Zit. n. Jair Nehorai, »Müll«, Facebook (2018) (die beiden Posts sind leider nicht mehr verfügbar).

29 Guy Ezra, »Rabbi Tau: Coronavirus-Ausbruch – weil die Menschen sich wie Tiere benehmen«, Srugim (12. April 2020), online verfügbar unter: {https://www.srugim.co.il/438497-הרב-טאו-הקורונה-בגלל-התנהגות-האדם-כבה} (auf Hebräisch).

30 Jair Nehorai, »Rabbi Eliezer Kaschtiel: ›Die jüdische Überlegenheit ist genetisch, die Araber können unsere Sklaven sein‹«, in: *Haaretz* (7. August 2019), online verfügbar unter:{https://www.haaretz.co.il/blogs/yairnehorai/BLOG-1.7644613} (auf Hebräisch).

31 Avishai Ben-Haim, »Ovadia Yosef: The Arabs should be destroyed«, Ynet (6. April 2001), online verfügbar unter:{https://www.ynet.co.il/articles/0,7340,L-654389,00.html} (auf Hebräisch).

32 Shabtay Bendet, »Arab communities support Shas«, Walla News (3. Januar 2013), online verfügbar unter:{https://news.walla.co.il/item/2603160} (auf Hebräisch).

33 Shimon Dotan, *Die Siedler der Westbank*, Teil 2: *Die Erfüllung*, 2016, 00:53.

34 William Ian Miller, *The Anatomy of Disgust*, Cambridge, MA/London 1998.

35 »NGOs: Eli Ishai is inciting against the refugees«, Ynet (16. Mai 2012), online verfügbar unter: {https://www.ynet.co.il/articles/0,7340,L-4229971,00.html} (auf Hebräisch).

36 Suzanne Gamboa, »Donald Trump announces presidential bid by trashing Mexico, Mexicans«, NBC News (16. Juni 2015).

37 Robin McKie, »Far-Right leader Geert Wilders calls Moroccan migrants ›scum‹«, in: *The Guardian* (18. Februar 2017).

38 Jon Stone, »›Completely dehumanising‹. Nigel Farage describes group of children and adults landing in Kent as ›invasion‹«, in: *The Independent* (6. August 2020).

39 Bagaini, »The origins of right-wing populism in Israel«, S. 5.

40 Ebd.

41 Ebd.

42 Jason Stanley, *How Fascism Works. The Politics of Us and Them*, New York 2020.

43 Ebd.

44 Roee Kibrik, »The real reasons Israel showed solidarity with Lebanon after the Beirut blast«, in: *Haaretz* (8. September 2020).

45 Wolfgang Palaver, »Fraternity versus parochialism. On religion and populism«, in: *Religions* 11/7 (2020), 319.

46 Mit Palaver gesprochen: »Donald Trump […] wurde bei den Präsidentschaftswahlen 2016 von 81 Prozent der weißen evangelikalen Christen und 60 Prozent der weißen Katholiken gewählt. Auch Narendra Modis hindu-nationalistische Politik in Indien veranschaulicht eine problematische Verquickung von Populismus und Religion. In Europa haben viele rechtspopulistische Parteien begonnen, sich zum Christentum zu bekennen, um die Bürger davon zu überzeugen, dass sie ihre Nationen gegen eine ›Islamisierung‹ verteidigen müssen.« (Ebd.) Die von Palaver zitierten Zahlen finden sich in Jessica Martínez/Gregory A. Smith, »How the faithful voted. A preliminary 2016 analysis«, Pew Research (9. November 2016).

47 Asaf Shtull-Trauring, »Report: 44 % of Israeli Jews support rabbis' edict forbidding rentals to Arabs in Safed«, in: *Haaretz* (28. Dezember 2010).

48 Or Kashti, »Ultra-Orthodox are proud Israelis who don't feel oppressed, survey shows«, in: *Haaretz* (17. Juli 2020).

49 Menschen mit zumindest einer jüdischen Großmutter/einem jüdischen Großvater können die Staatsbürgerschaft Israels erwerben; entsprechend der Halacha gelten jedoch nur Menschen mit einer jüdi-

schen Mutter als Juden; das führt zu einer Diskrepanz zwischen der Zahl der Menschen, die die Staatsbürgerschaft Israels erhalten, und jener, die als Juden gelten.

50 Ebd.

51 Or Kashti, »Survey: Ultra-orthodox teenagers hate Arabs, national-religious want to deny them rights«, in: *Haaretz* (19. Februar 2021), online verfügbar unter: {https://www.haaretz.co.il/news/education/.premium-1 9551329} (auf Hebräisch).

52 Jacqueline van Stekelenburg, »Radicalization and violent emotions«, in: *PS: Political Science & Politics* 50/4 (2017), S. 936-939, S. 936.

53 Yael Berda, »Managing dangerous populations. Colonial legacies of security and surveillance«, in: *Sociological Forum* 28/3 (2013), S. 627-630.

54 Ali Gamal, »Egypt: The forbidden love of interfaith romances«, BBC (24. November 2014); »Zivilehe in Israel – Schwierigkeiten und Lösungen«, Israel Visa, online verfügbar unter: {https://www.israel-visa.co.il/%D7%A0%D7%99%D7%A9%D7%95%D7%90%D7%99%D7%9D-%D7%90%D7%96%D7%A8%D7%97%D7%99%D7%99%D7%9D-%D7%91%D7%99%D7%A9%D7%A8%D7%90%D7%9C/} (auf Hebräisch).

55 Philip S. Gorski/Samuel L. Perry, *The Flag and the Cross. White Christian Nationalism and the Threat to American Democracy*, Oxford 2022.

56 Tovah Lazaroff, »Smotrich: Arab parties are the enemy, no government can depend on them«, in: *The Jerusalem Post* (15. April 2021).

57 Natalie J. Shook/Benjamin Oosterhoff/Barış Sevi, »From disease to democracy. How disgust shapes western politics«, in: Philip A. Powell/Nathan S. Consedine (Hg.), *The Handbook of Disgust Research. Modern Perspectives and Applications*, Cham (Schweiz) 2021, S. 243-258; David Matsumoto/Mark G. Frank/Hyisung C. Hwang, »The role of intergroup emotions in political violence«, in: *Current Directions in Psychological Science* 24/5 (2015), S. 369-373.

3. Ressentiment oder der verborgene Eros des nationalistischen Populismus

1 Aristoteles, *Politik*, übersetzt und herausgegeben von Eckart Schütrumpf, Hamburg 2012, Buch V, Kap. 10.

2 Søren Kierkegaard, »Ausbeute an Beobachtungen über die zwei Zeit-

alter«, in: ders., *Eine literarische Anzeige* [1846], aus dem Dänischen von Emanuel Hirsch, Düsseldorf 1954, S. 63-120, S. 89.

3 Max Scheler, *Das Ressentiment im Aufbau der Moralen*, Frankfurt am Main 2017 [1912], S. 7.

4 Bernard N. Meltzer/Gil Richard Musolf, »Resentment and ressentiment«, in: *Sociological Inquiry* 72/2 (2002), S. 240-255.

5 Guillem Rico/Marc Guinjoan/Eva Anduiza, »The emotional underpinnings of populism. How anger and fear affect populist attitudes«, in: *Swiss Political Science Review* 23/4 (2017), S. 444-461.

6 Sammy Smooha, »The mass immigrations to Israel. A comparison of the failure of the Mizrahi immigrants of the 1950s with the success of the Russian immigrants of the 1990s«, in: *Journal of Israeli History* 27/1 (2008), S. 1-27; Shlomo Swirski/Dvora Bernstein, »Wer hatte welchen Beruf, für wen haben sie gearbeitet, und für was?«, in: »*Die israelische Gesellschaft. Kritische Aspekte*«, Tel Aviv 1993, S. 120-147 (auf Hebräisch); Yinon Cohen, »Sozioökonomische Gefälle zwischen Mizrachim und Aschkenasen, 1975-1995«, in: »*Israelische Soziologie*« 1 (1998), S. 115-134 (auf Hebräisch).

7 Swirski/Bernstein, »Wer hatte welchen Beruf?«.

8 Aziza Khazzoom, »Westliche Kultur, Stigma und soziale Schließung. Die Ursprünge der ethnischen Ungleichheit unter Juden in Israel«, in: »*Israelische Soziologie*« 2 (1999), S. 385-428 (auf Hebräisch); Yehouda Shenhav, »How did the Mizrahim ›become‹ religious and zionist? Zionism, colonialism and the religionization of the Arab Jew«, in: *Israel Studies Forum* 19/1 (2003), S. 73-87.

9 Ella Shohat, »Sephardim in Israel: Zionism from the standpoint of its Jewish victims«, in: *Social Text* 19/20 (1988), S. 1-35.

10 Sami Shalom-Chetrit, »*Der Kampf der Mizrachim in Israel. Zwischen Unterdrückung und Freiheit, Identifikation und Alternativen 1948-2003*«, Tel Aviv 2004, S. 73f. (auf Hebräisch).

11 Ebd., S. 122f.

12 Hanna Ayalon et al. (Hg.), »*Bildungsungleichheit. Von der Forschung zur Politik*«, Jerusalem 2019 (auf Hebräisch).

13 Shlomo Swirski/Etti Connor-Attias/Emma Rapoport, »Soziale Momentaufnahme 2014«, Adva Center (Januar 2015) online verfügbar unter: {https://adva.org/wp-content/uploads/2015/02/social-2014-11.pdf#page=28} (auf Hebräisch).

14 Swirski/Bernstein, »Wer hatte welchen Beruf?«; Shlomo Swirski, »›Alija‹ in Massen. Zur Ankunft irakischer Juden in den 1950er Jahren«, in: »*Saaten der Ungleichheit*«, Tel Aviv 1995, S. 9-70 (auf Hebräisch).

15 Nissim Mizrachi/Hanna Herzog, »Participatory destigmatization strategies among Palestinian citizens, Ethiopian Jews and Mizrahi Jews in Israel«, in: Michèle Lamont/Nissim Mizrachi (Hg.), *Responses to Stigmatization in Comparative Perspective*, London 2012, S. 66-83; Nissim Leon, »The Ne'emanei Ha-Torah Movement, 1962-1971: An early version of Shas?«, in: *Journal of Israeli History* 38/1 (2020), S. 213-232; Shohat, »Sephardim in Israel«; Sami Shalom-Chetrit, »*Der Kampf der Mizrachim in Israel. Zwischen Unterdrückung und Freiheit, zwischen Identifikation und Alternativen: 1948-2003*«, Tel Aviv 2004 (auf Hebräisch).

16 Ofra Ofer Oren, »Dudu Topaz sprach von tschachtschachim. Dank ihm hat Menachem Begin die Wahl gewonnen«, Xnet (10. Dezember 2018), online verfügbar unter: {https://xnet.ynet.co.il/articles/0,7340,L-5422306,00.html} (auf Hebräisch).

17 Tatsächlich ist die Ungleichheit in Israel in den vergangenen Jahren gewachsen: 1986 lag der Gini-Index für Israel bei 36,5. Bis 2016 war er auf 39 gestiegen. Im internationalen Vergleich zeigt sich, dass Israel ein relativ hohes Maß an Ungleichheit aufweist. So betrug Kanadas Gini-Index 2016 32,7, während Deutschland und Frankreich auf 31,9 kamen. Angesichts des erheblichen Rückgangs der israelischen Staatsausgaben in den vergangenen zwei Jahrzehnten überrascht das womöglich nicht: 1995 lagen die Staatsausgaben von Israel, Frankreich und Deutschland auf ähnlichem Niveau, bei etwa 55 % des BIP. Bis 2016 hatte Israel seine Ausgaben auf 38,7 % des BIP gesenkt, während Deutschland auf 44, 4 % und Frankreich auf 56, 7 % kamen; World Bank, »Gini Index (World Bank Estimate) – Israel, France, Germany, Canada«; OECD, »General government spending«.

18 Dani Filc, »Wir sind das Volk (und ihr seid es nicht!). Integrativer und ausschließender Populismus in Israel«, in: »*Studien zum Wiedererwachen Israels. Eine Anthologie über die Probleme des Zionismus, des Jischuw und des Staates Israel*« 20 (2010), S. 28-48 (auf Hebräisch).

19 Filc, »Political radicalization in Israel«; ders., »Wir sind das Volk«.

20 Filc, »Political radicalization in Israel«.

21 Arje Deri, »Heute um Mitternacht«, Facebook (31. Dezember 2012) (auf Hebräisch).

22 Shy Sulman, »Arje Machluf Deri in einem Werbeclip gegen die weißen Aschkenasen und die Diskriminierung«, Youtube (21. Februar 2015) (auf Hebräisch).

23 Yonah Jeremy Bob, »Shas-Vorsitzender Arje Deri gesteht Steuerde-

likte und wird für sie verurteilt«, in: *The Jerusalem Post* (25. Januar 2022) (auf Hebräisch).

24 Arje Deri, »Jair und arrogant«, Facebook (9. März 2015) (auf Hebräisch).

25 In ihrem wegweisenden Aufsatz über die Wurzeln des Populismus verweisen auch Inglehart und Norris auf diesen Sachverhalt: »Frühere Analysen von westeuropäischen Parteien haben den Populismus oft mit der Rechten assoziiert und Begriffe wie ›rechtsradikale‹, ›Rechtsaußen-‹ oder ›rechtsextreme‹ Parteien verwendet. Es wird aber zunehmend anerkannt, dass das an bestimmten zentralen Merkmalen populistischer Parteien auf der ganzen Welt vorbeigeht, so in den beiden Amerikas, in Osteuropa und Asien, wo populistische Parteien oft auf linke Wirtschaftspolitiken setzen.« (Ronald Inglehart/Pippa Norris, »Trump, Brexit, and the rise of populism«, S. 8)

26 Edward W. Said, *Orientalismus*, aus dem Englischen von Hans Günter Holl, Frankfurt am Main 2017 [1978], S. 60.

27 Susan Neiman, *Left is Not Woke*, Cambridge 2023 (im Erscheinen).

28 Momi Dahan, »How successful was the melting pot in the economic field?«, in: *Israel Economic Review* 14/1 (2016), S. 1-51.

29 Or Kashti, »Auch nach einer Generation im Land bleibt die ethnische Kluft in der höheren Bildung bestehen«, in: *Haaretz* (6. November 2015), online verfügbar unter: {https://www.haaretz.co.il/news/education/1.2770238} (auf Hebräisch).

30 Avital Lahav/Omri Efraim, »Aschkenasen, Mizrachim und Araber. Bericht offenbart Kluft«, Ynet (29. Januar 2014), online verfügbar unter: {https://www.ynet.co.il/articles/0,7340,L-4482291,00.html} (auf Hebräisch).

31 Ironischerweise wird die Öffnung der akademischen Hochschulen, die über einen geringeren Status verfügen als Universitäten, jedoch eine massive Rolle beim Zugang von Mizrachim zu höherer Bildung gespielt haben, einem linken Aschkenasen zugeschrieben, Amnon Rubinstein; vgl. Omri Zarhovitch, »Es gab ein Universitätskartell, das der Gesellschaft schweren Schaden zugefügt hat«, Globes (13. Oktober 2018), online verfügbar unter: {https://www.globes.co.il/news/article.aspx?did=1001255943} (auf Hebräisch).

32 Eine Studie von 2019 besagt, dass der durchschnittliche Wert sämtlicher Vermögenswerte in aschkenasischen Haushalten 2,4 Millionen Schekel beträgt, während er in misrachischen Haushalten bei nur 1,8 Millionen Schekel liegt; vgl. Maor Milgrom/Gilad Bar-Levav, »Inequality in Israel. How is wealth divided?«, in: *Economic Quarterly* 63/1 (2019), S. 35 (auf Hebräisch).

33 Dahlia Scheindlin, »Ten years with Netanyahu«, Friedrich-Ebert-Stiftung, Berlin 2017.

34 »Armutsrisiko, Chance zum Aufstieg in die Mittelschicht«, Adva Center (2019), online verfügbar unter: {https://adva.org/wp-content/uploads/2019/03/Near-Poverty-HE-2.pdf} (auf Hebräisch).

35 Yonatan Berman, »Inequality, identity, and the long-run evolution of political cleavages in Israel 1949-2019«, World Inequality Database (August 2020).

36 Über die genannten neoliberalen wirtschaftspolitischen Maßnahmen hinaus lockerte Netanjahu in seinen Rollen als Ministerpräsident und Finanzminister den Kündigungsschutz für Angestellte im öffentlichen Dienst, reduzierte die staatlichen Ausgaben für die Gesundheitsversorgung, erschwerte den Zugang zum Arbeitslosengeld und senkte das Kindergeld deutlich. All diese Veränderungen begünstigen die höheren sozioökonomischen Schichten gegenüber den unteren; vgl. Filc, *The Political Right in Israel.*

37 Yascha Mounk, »International patterns show why Trump is so hard to beat«, in: *The Atlantic* (1. Oktober 2020).

38 Benjamin Netanjahu, »Geht wählen, um eine linke Regierung zu verhindern«, Facebook (8. April 2019), online verfügbar unter: {https://www.facebook.com/Netanyahu/posts/10156276738122076} (auf Hebräisch).

39 N.N., »Minister Dudi Amsalem in ›7 Tage‹«, Twitter (19. Juni 2020), online verfügbar unter: {https://twitter.com/YediotAhronot/status/1273873150162489345?cxt=HKwWgsC-xa-42qojAAAA} (auf Hebräisch).

40 Lee Bebout, »Weaponizing victimhood. Discourses of oppression and the maintenance of supremacy on the right«, in: Anthony Nadler/A.J. Bauer (Hg.), *News on the Right. Studying Conservative News Cultures*, New York 2019, S. 64-83, S. 64.

41 Wendy Brown, *States of Injury. Power and Freedom in Late Modernity*, Princeton 2020.

42 Ohad Cohen, »Likud country. The Likud as a political home for Mizrahim? On intersections and regimes of justification«, Dissertationsvorhaben (2021).

43 Daniel Maman/Zeev Rosenhek, »The reconfigured institutional architecture of the state. The rise of fiscal and monetary authorities«, in: Asa Maron/Michael Shalev (Hg.), *Neoliberalism as a State Project. Changing the Political Economy of Israel*, New York 2017, S. 60-73; Joseph Zeira, *The Israeli Economy. A Story of Success and Costs*, Princeton/Woodstock 2021.

44 Ruth Margalit, »Miri Regev's culture war«, in: *The New York Times* (23. Oktober 2016).

45 Derartige Anschuldigungen bleiben in der Regel unbeantwortet, weil sich die Linke ohnehin dem Kulturrelativismus verschrieben hat und gar nicht in der Lage wäre zu erklären, warum Tschechow für die Kultur der Aufklärung wichtiger ist als die halachischen Dekrete eines sephardischen Rabbiners.

46 Leonie Huddy/Alexa Bankert, »Political partisanship as a social identity«, *Oxford Research Encyclopedia of Politics* (24. Mai 2017); Leonie Huddy/Alexa Bankert/Caitlin Davies, »Expressive versus instrumental partisanship in multiparty European systems«, in: *Political Psychology* 39/S 1 (2018), S. 173-199; Shanto Iyengar/Masha Krupenkin, »Partisanship as social identity. Implications for the study of party polarization«, in: *The Forum* 16/1 (2018), S. 23-45.

47 Jeremy Engels, *The Politics of Resentment. A Genealogy*, University Park 2015, S. 12 (Hervorhebung E.I.).

48 Ebd., S. 12f.

49 Wie Dani Filc 1996 festgestellt hat, gab es diese Tendenz bei Netanjahu von Anfang an. Sie verstärkte sich anscheinend so allmählich, dass der Punkt nicht genau zu benennen ist, an dem sie ihr heutiges Ausmaß erreicht hat; vgl. Dani Filc, »Post-populism in Israel. The South American model of Netanyahu, 1996«, in: *Theory and Criticism* 9/2 (1996), S. 217-232.

50 Seine auffälligste Verwendung dieser Rhetorik bestand in der Behauptung, die Tatvorwürfe gegen ihn seien zu Zwecken der politischen Verfolgung erfunden worden, vgl. etwa das Facebook-Video vom 5. April 2021, online verfügbar unter: {https://www.facebook.com/Netanyahu/videos/1424596971209300/?t=117} (auf Hebräisch).

51 Ami Pedahzur, *The Triumph of Israel's Radical Right*, New York 2012, S. 7.

52 Ami Pedahzur, »Supporting conditions for the survival of extreme right-wing parties in Israel«, in: *Mediterranean Politics* 5/3 (2000), S. 1-30, S. 6.

53 Ebd., S. 6f.

54 Vgl. etwa Barak Ravid, »Israel's split screen. Netanyahu on trial as post-election consultations start«, Axios (5. April 2021); Toi Staff, »Netanyahu's lawyers to court: The charges are fabricated; cancel them«, in: *Times of Israel* (29. November 2020).

55 Stephen Collinson, »Trump looks to seize on feud with FBI as critical court hearing looms«, CNN (18. August 2022).

56 Cohen, »Likud country«.

57 Ilan Peleg (Hg.), *Victimhood Discourse in Contemporary Israel*, Lanham 2019.

58 Die Ansiedlung ihrer Zivilbevölkerung durch eine Besatzungsmacht auf dem von ihr eroberten Territorium ist ein Kriegsverbrechen.

59 Peace Now, »New population data for Israelis in the West Bank« (2. Oktober 2019).

60 United Nation Security Council, »Israel's settlements have no legal validity, constitute flagrant violation of international law, Security Council reaffirms«, United Nations (23. Dezember 2016).

61 Lara Jakes/David M. Halbfinger, »In shift, U.S. says Israeli settlements in West Bank do not violate international law«, in: *The New York Times* (18. November 2019).

62 Breaking the Silence, »Text testimonies – mapping, arresting, threatening« (Online-Dokument mit der Katalognummer 297662).

63 Breaking the Silence, »Text testimonies – at the roadblocks, many times, ambulances weren't allowed to pass« (644650).

64 Breaking the Silence, »Text testimonies – they hung up a sign, ›Mohammad's a pig‹ and vandalized a few olive trees« (363474).

65 B'Tselem, »House demolitions. Demolition of houses as punishment« (die Statistik wird online laufend aktualisiert).

66 Diese Behauptung ist, gelinde gesagt, irreführend. Israel obliegt die unmittelbare Kontrolle der Bauvorschriften nur im C-Gebiet des Westjordanlands (nicht in den Gebieten A und B, die der Palästinensischen Behörde unterstehen). Da die Gebiete A und B jedoch »Inseln« innerhalb des C-Gebiets darstellen, muss auch dort jede bauliche Erweiterung durch Israel genehmigt werden. Einem Bericht der israelischen NGO B'Tselem aus dem Februar 2019 zufolge ist jede palästinensische Bautätigkeit durch die Besatzungsbürokratie erheblich eingeschränkt. Beispielsweise werden Baugenehmigungen nach Regelungen erteilt, die unter britischem Mandat beschlossen wurden und somit das massive Bevölkerungswachstum der vergangenen 72 Jahre nicht berücksichtigen. Die Palästinenser sind also von vornherein benachteiligt – die Wahrscheinlichkeit, dass sie eine Baugenehmigung erhalten, ist wesentlich geringer (zwischen 2000 und 2016 wurden nur 4 % der entsprechenden Anträge bewilligt); vgl. Jael Stein, »Fake Justiz. Die Verantwortung der Richter am Obersten Gerichtshof für die Zerstörung palästinensischer Häuser und ihre Zwangsenteignung«, B'Tselem (Februar 2019), online verfügbar unter: {https://www.btselem.org/sites/default/files/publications/201902_fake_justice_heb.pdf} (auf Hebräisch).

B'Tselem zufolge wurden zwischen 2006 und 2021 mindestens 3942 palästinensische Häuser unter dem Vorwand zerstört, illegal errichtet worden zu sein: »House demolitions. Demolition on the pretext of unlawful construction«, B'Tselem (die Statistik wird laufend aktualisiert); 2012 richtete sich die überwiegende Mehrheit der Strafanzeigen wegen illegaler Bauten in C-Gebieten gegen Palästinenser, die mit dreimal höherer Wahrscheinlichkeit angeklagt wurden als Juden, obwohl die jüdischen Siedler in diesem Gebiet die Mehrheit bilden; vgl. Akiwa Eldar, »Die meisten Fälle illegaler Bauten in C-Gebieten – gegen Palästinenser«, in: *Haaretz* (26. Mai 2012), online verfügbar unter: {https://www.haaretz.co.il/news/politics/1.1716365} (auf Hebräisch).

67 Auch diese Aussage muss in den Kontext gestellt werden. Der spezielle Aspekt des Steinewerfens ist nicht ausreichend dokumentiert. Jedoch bestehen wichtige Unterschiede zwischen der jüdischen und der palästinensischen Bevölkerungsgruppe im Westjordanland. Erstens unterliegen Palästinenser der Zuständigkeit der Armee, während für die jüdischen Siedler die Polizei zuständig ist. Für ihre jeweiligen Ausgangspositionen heißt das, dass die Strafverfolgung von Juden reglementierter und kontrollierter ist – sie sind Staatsbürger. Zweitens können Personen, die terroristischer Aktivitäten verdächtigt werden, in Verwaltungshaft genommen werden. Dies bedeutet, dass sie ohne Zugang zu einem Anwalt und ohne Anklage unbestimmt lange festgesetzt werden können, in einzelnen Fällen für mehrere Jahre. Dieses Instrument wird praktisch ausschließlich gegen Palästinenser eingesetzt, weil in Israel Juden selten als Terroristen betrachtet werden, wie sich aus dem folgenden Artikel ersehen lässt, der die erste Verwaltungshaft eines Juden seit sehr langer Zeit beschreibt: Itai Blumental/Tova Zimuki, »Verdacht auf jüdischen Terror. 18-Jähriger über sechs Monate ohne Verfahren inhaftiert«, Ynet (5. August 2015), online verfügbar unter: {https://www.ynet.co.il/articles/0,7340,L-4687596,00.html} (auf Hebräisch).

68 Francis Fukuyama, *Identität. Wie der Verlust der Würde unsere Demokratie gefährdet*, aus dem Englischen von Bernd Rullkötter, Hamburg 2019.

69 Tamar Hermann/Or Anabi, »Special elections survey«, Israel Democracy Institute (4. Februar 2019).

70 Rory McVeigh/Kevin Estep, *The Politics of Losing. Trump, the Klan, and the Mainstreaming of Resentment*, New York 2019.

71 Ebd.

72 Zit. n. ebd., S. 72f.

73 Wie in der Einleitung bereits angemerkt, wäre die Annahme, dass die meisten Trump-Unterstützer aus den einkommensschwächsten Gruppen der amerikanischen Gesellschaft stammen, jedoch verfehlt. Seine höchsten Zustimmungswerte fand er bei Menschen mit mittleren und sehr hohen Einkommen; vgl. Statista Research Department, »Exit polls of the 2016 presidential elections in the United States on November 9, 2016, percentage of votes by income« (9. November 2016).

74 McVeigh/Estep, *The Politics of Losing*, S. 8.

75 Casey Ryan Kelly, »Donald J. Trump and the rhetoric of ressentiment«, in: *Quarterly Journal of Speech* 106/1 (2020), S. 2-24.

76 Ebd., S. 8.

77 Kelly, »Donald J. Trump and the rhetoric of ressentiment«, S. 13.

78 Charlie Tyson, »Why are we so spiteful?«, in: *The Atlantic* (13. Mai 2021).

79 Kelly, »Donald J. Trump and the rhetoric of ressentiment«.

80 Dahlia Scheindlin, »The dangerous politics of playing the victim«, in: *Foreign Policy* (4. Juli 2019); Omar Al-Ghazzi, »We will be great again. Historical victimhood in populist discourse«, in: *European Journal of Cultural Studies* 24/1 (2021), S. 45-59; James Traub, »Hungary's 500-year-old victim complex«, in: *Foreign Policy* (28. Oktober 2015).

81 Kelly, »Donald J. Trump and the rhetoric of ressentiment«, S. 3.

82 Rich Lowry, »The victim president«, in: *Politico* (18. Dezember 2019).

83 Stanley, *How Fascism Works*, S. 94.

84 Rivkah Brown, »Poland is in denial about its role in the Holocaust – it was both victim and perpetrator«, in: *The Independent* (22. Januar 2020).

85 Kelly, »Donald J. Trump and the rhetoric of ressentiment«, S. 6.

86 Michael Kimmel, zit. n. Bebout, »Weaponizing victimhood«, S. 68.

87 Adorno, *Aspekte des neuen Rechtsradikalismus*.

88 Bart Bonikowski, »Ethno-nationalist populism and the mobilization of collective resentment«, in: *British Journal of Sociology* 68/S 1 (2017), S. S 181-S 213, S. S 192.

89 Engels, *The Politics of Resentment*, S. 20f.

90 Russell Hochschild, *Fremd in ihrem Land*.

91 Scheler, *Das Ressentiment im Aufbau der Moralen*.

92 Ben Anderson, »›We will win again. We will win a lot‹. The affective styles of Donald Trump«, in: *Society & Space* (28. Februar 2017).

93 Bradley Campbell/Jason Manning, *The Rise of Victimhood Culture*.

Microaggressions, Safe Spaces, and the New Culture Wars, Cham (Schweiz) 2018, S. xix.

94 Darunter, wie bereits erwähnt, Arthur Finkelstein (siehe Einleitung, Anm. 37), ein politischer Berater von rechten Politikern wie Nixon, der Netanjahu bei den israelischen Wahlen von 1996 unterstützte.

95 Tal Shalev, »Der Republikaner«, in: »*Der Liberale*« (9. Mai 2016), online verfügbar unter: {https://theliberal.co.il/כך-נוצר-והתפתח-הרומן-של-נתניהו-עם-המפלג/} (auf Hebräisch).

96 Engels, *The Politics of Resentment*, S. 74.

97 Campbell/Manning, *The Rise of Victimhood Culture.*

98 Hannah Arendt, *Über die Revolution*, München 2011 [1963].

99 McVeigh/Estep, *The Politics of Losing*, S. 73.

4. Nationalstolz als Loyalität

1 Giuseppe Mazzini, »Dem Andenken der Märtyrer von Cosenza« (23. Juli 1844), in: *Giuseppe Mazzini's Schriften*, aus dem Italienischen mit einem Vorwort von Ludmilla Assing, Erster Band, Hamburg 1868, S. 225-232, S. 229f.

2 Jonathan Glover, *Humanity. A Moral History of the Twentieth Century*, New Haven 2012, S. 164.

3 Max Weber, »Diskussionsreden auf dem zweiten Deutschen Soziologentag in Berlin 1912«, in: ders., *Gesammelte Aufsätze zur Soziologie und Sozialpolitik*, Tübingen 1988, S. 484-491, S. 484.

4 Maurizio Viroli, *For Love of Country. An Essay on Patriotism and Nationalism*, Oxford 1995.

5 Philip J. Howe/Edina Szöcsik/Christina I. Zuber, »Nationalism, class, and status. How nationalists use policy offers and group appeals to attract a new electorate«, in: *Comparative Political Studies* 55/5 (2021), S. 832-868; Mac Mckenna, »Income inequality and political nationalism«, SSRN (2016).

6 Anthony D. Smith, *Nationalism and Modernism. A Critical Survey of Recent Theories of Nations and Nationalism*, London/New York 2013.

7 Anne Graefer, »Patriotism and populism«, Website der Birmingham City University (ohne Datum).

8 Adam Ramsay, »We need to talk about where Brexit funder Arron Banks gets his money«, Open Democracy (17. April 2018).

9 Zit. n. Graefer, »Patriotism and populism«.

10 Zit. n. Benedict Anderson, *Die Erfindung der Nation. Zur Karriere*

eines folgenreichen Konzepts, aus dem Englischen von Thomas Mergel, Frankfurt am Main/New York 1996 [1983], S. 199.

11 Diese Behauptung könnte historisch falsch erscheinen, da das amerikanische Gemeinwesen »andere« wie die amerikanischen Ureinwohner und schwarze Menschen, die als Sklaven ins Land gebracht worden waren, nicht einschloss und weil der französische Nationalismus die Bevölkerungen seiner Kolonien ausschloss. Doch schufen die amerikanische Verfassung und die französische Erklärung der Menschen- und Bürgerrechte eine starke Grundlage für die gleichen Rechte aller Bürgerinnen unabhängig von ihrer nationalen Zugehörigkeit, »Rasse« oder Religion. Sie ermöglichten die allmähliche Emanzipation verschiedener Gruppen innerhalb Frankreichs und der USA. Beispielsweise wurde die Versklavung von Afroamerikanern 1865 im 13. Zusatz zur amerikanischen Verfassung verboten, so wie später auch die »Rassen«-Trennung für verfassungswidrig erklärt und abgeschafft wurde. Somit sehen diese Länder eine gleiche Staatsbürgerschaft unterschiedlicher Gruppen vor, auch wenn in ihnen echte Gleichheit noch nicht verwirklicht ist. Die Definition Israels als eines jüdischen Staates hingegen wird andere ethnische Gruppen immer in gewissem Maße ausschließen.

12 Uzi Arad/Gal Alon, »Patriotism and Israel's national security«, Institute for Policy and Strategy (2006).

13 Ebd.

14 Der Grundsatz Ahavat Israel gilt als eine Mitzwa (Gebot) und lässt sich auf den Passus »Du sollst deinen Nächsten lieben wie dich selbst« im 3. Buch Mose 19,18 zurückführen. Hillel der Ältere, ein berühmter jüdischer Weiser und Religionsgelehrter, der der Überlieferung zufolge von 110 v. bis 10 n. Chr. lebte, soll diesen Gedanken als den wichtigsten des jüdischen Glaubens bezeichnet haben. Auch Maimonides (1138-1204) bezeichnete diese Mitzwa als besonders wichtig; vgl. »Ahavat Israel«, HaMichlol, online verfügbar unter: {https://www.hamichlol.org.il/%D7%90%D7%94%D7%91%D7%AA_%D7%99%D7%A9%D7%A8%D7%90%D7%9C} (auf Hebräisch).

15 Zeev Sternhell, *The Founding Myths of Israel. Nationalism, Socialism, and the Making of the Jewish State*, Princeton 2009, S. 9.

16 Ebd.

17 Zit. n. »Wir wussten, wenn wir erst einmal in Hebron Fuß fassen, würden sie uns nicht mehr herauskriegen«, Channel 7 (29. November 2018), online verfügbar unter: {https://www.inn.co.il/news/387834} (auf Hebräisch).

18 Sternhell, *The Founding Myths of Israel*, S. 332.
19 Dan Izenberg, »Supreme Court to decide if there is an ›Israeli nation‹«, in: *The Jerusalem Post* (7. März 2010).
20 C. A. 630/70, TAMARIN vs. STAAT ISRAEL (Israelischer Oberster Gerichtshof 1972).
21 Yoram Hazony, *Nationalismus als Tugend*, aus dem Englischen von Nils Wegner, Graz 2020.
22 Anna Bagaini, »The origins of right-wing populism in Israel. Peace process and collective identities' struggle«, Vortrag vor dem European Consortium for Political Research, General Conference, Wrocław 2019.
23 Kan News, »Netanjahu zu Rabbi Kadouri: ›Die Linken haben vergessen, was es heißt, Juden zu sein‹«, Youtube (2018), online verfügbar unter: {https://www.youtube.com/watch?v=N_5rVMDUI18} (auf Hebräisch; in Deutschland nicht verfügbar).
24 Andrew L. Whitehead/Samuel L. Perry, *Taking America Back for God. Christian Nationalism in the United States*, New York 2020, S. 10.

Laut einer aktuellen Umfrage sind 45 % der Amerikanerinnen und Amerikaner der Meinung, die Vereinigten Staaten sollten eine christliche Nation sein; 31 % sind der Ansicht, die Bundesregierung in Washington solle nicht länger an der strikten Trennung von Kirche und Staat festhalten; vgl. Gregory A. Smith/Michael Rotolo/Patricia Tevington, »45 % of Americans say U.S. should be a ›Christian nation‹«, Pew Research Center (27. Oktober 2022).

25 Wir wollen festhalten, dass Ben-Gurion eine ähnliche Taktik gegenüber der israelischen Kommunistischen Partei Maki anwandte, die er als antizionistisch und als fünfte Kolonne im Staat bezeichnete. Ben-Gurion stützte diese Vorwürfe jedoch nicht auf die Tatsache, dass arabische Knesset-Abgeordnete der Maki angehörten oder dass die Partei Verbindungen zu israelisch-arabischen Gemeinschaften unterhielt. Es war vielmehr ihre bedingungslose Unterstützung der Sowjetunion, die Ben-Gurion zu einer Bedrohung des Staates und des Volkes Israel stilisierte; vgl. Schlomo Nakdimon, »Wenn wir müssen – werden wir schießen!«, in: *Haaretz* (11. November 2011), online verfügbar unter: {https://www.haaretz.co.il/magazine/1.1563189} (auf Hebräisch).

Netanjahu war somit nicht der erste führende israelische Politiker, der konkurrierende politische Akteure als Feinde porträtierte, doch war er der erste, der solche Behauptungen auf die wahrgenommene Nähe besagter Akteure zu palästinensischen Bürgern Israels stützte.

26 Müller, *Was ist Populismus?*, ders., *Freiheit, Gleichheit, Ungewissheit*, Berlin 2021.

27 Benjamin Netanjahu, »Beim Gebet an der Klagemauer für den Erfolg des Volkes Israel«, Facebook (16. September 2019), online verfügbar unter: {https://m.facebook.com/Netanyahu/photos/a.10151681566507076/10156649002087076/?type=3} (auf Hebräisch).

28 Benjamin Netanjahu, »Beschämend«, Twitter (24. Februar 2020), online verfügbar unter: {https://twitter.com/netanyahu/status/1231946237223587841} (auf Hebräisch).

29 Srugim Nachrichten, »Regev in Meron: ›Ich schäme mich nicht, die Gräber der Heiligen zu verehren‹«, Srugim (22. August 2019), online verfügbar unter: {https://www.srugim.co.il/366969-%D7%A6%D7%A4%D7%95-%D7%9E%D7%99%D7%A8%D7%99-%D7%A8%D7%92%D7%91-%D7%A2%D7%9D-%D7%94%D7%A8%D7%91%D7%A0%D7%99%D7%AA-%D7%A7%D7%95%D7%A7-%D7%91%D7%A7%D7%91%D7%A8-%D7%A8%D7%A9%D7%91%D7%99} (auf Hebräisch).

30 Ajelet Schaked, »Sabbat Schalom«, Facebook (4. Dezember 2020), online verfügbar unter: {https://www.facebook.com/ayelet.bcnshaul.shaked/posts/3430615497056852/} (auf Hebräisch).

31 Maya Tudor, »India's nationalism in historical perspective. The democratic dangers of ascendant nativism«, in: *India Politics and Policy* 1/1 (2018), S. 107-130; Richard C.M. Mole/Agnieszka Golec de Zavala/Mahmut Murat Ardag, »Homophobia and national collective narcissism in populist Poland«, in: *European Journal of Sociology/Archives Européennes de Sociologie* 62/1 (2021), S. 37-70; Christian Lamour, »Orbán *urbi et orbi.* Christianity as a nodal point of radical-right populism«, in: *Politics and Religion* 15/2 (2022), S. 317-343.

32 Ivan Krastev/Stephen Holmes, »Explaining Eastern Europe. Imitation and its discontents«, in: *Journal of Democracy* 29/3 (2018), S. 117-128.

33 Ivan Krastev/Stephen Holmes, *Das Licht, das erlosch. Eine Abrechnung*, aus dem Englischen von Karin Schuler, Berlin 2019.

34 Beide zit. n. Krastev/Holmes, »Explaining Eastern Europe«, S. 119.

35 Steven Levitsky/Daniel Ziblatt, *Wie Demokratien sterben. Und was wir dagegen tun können*, aus dem Englischen von Klaus-Dieter Schmidt, München 2018.

36 Vgl. zu Beispielen dieser beiden Programmatiken Arje Deri, »Schas – die Revolution kehrt zurück«, Facebook (4. Februar 2015), online verfügbar unter: {https://www.facebook.com/DeryArye/videos/772237692829704/}; ders., »Sklaven«, Facebook (13. Februar 2015),

online verfügbar unter: {https://www.facebook.com/DeryArye/posts/776052929114847}; ders., »140 gefeuert«, Facebook (5. Februar 2015), online verfügbar unter: {https://www.facebook.com/DeryArye/photos/a.540702515983224/772811562772317/?type=3&theater}; ders., »Zu Besuch bei Familien vor der Zwangsräumung«, Facebook (6. Februar 2015), online verfügbar unter: {https://www.facebook.com/DeryArye/photos/a.540702515983224/773127839407356/?type=3&theater} (alle auf Hebräisch).

37 Yoav Peled, »Towards a redefinition of Jewish nationalism in Israel? The enigma of Shas«, in: *Ethnic and Racial Studies* 21/4 (1998), S. 703-727.

38 »Umfragen zufolge werden eine Million Israelis Likud wählen. Wer sind sie, und was wollen sie?«, The Jewish People Policy Institute (19. Februar 2019), online verfügbar unter: {https://ij.jppi.org.il/he/Press/article?likud-voters} (auf Hebräisch).

39 Michael Menkin, »Zwei Konzeptionen des Jüdischen und des Israelischen«, Hazman Hazeh (September 2021), online verfügbar unter: {https://hazmanhazeh.org.il/israeli-judaism/} (auf Hebräisch).

40 Roger Friedland, »Money, sex, and god. The erotic logic of religious nationalism«, in: *Sociological Theory* 20/3 (2002), S. 381-425.

41 Jossi Dagan, »Anpflanzen in Samaria«, Facebook (28. Januar 2021), online verfügbar unter: {https://www.facebook.com/permalink.php?story_fbid=2840380296209385&id=1619338854980208} (auf Hebräisch).

42 Dass nationalistische Gefühle in der unteren Mittelschicht und bei weniger gebildeten Menschen tendenziell stärker ausgeprägt sind, ist für verschiedene Länder auf der Welt belegt, vgl. Mikael Hjerm, »Education, xenophobia and nationalism. A comparative analysis«, in: *Journal of Ethnic and Migration Studies* 27/1 (2001), S. 37-60; Marcel Coenders/Peer Scheepers, »The effect of education on nationalism and ethnic exclusionism. An international comparison«, in: *Political Psychology* 24/2 (2003), S. 313-343.
Für Israel existiert keine Studie, die beides direkt miteinander in Beziehung setzt, doch gibt es indirekte Anhaltspunkte: Für religiöse Juden ist die nationale Identität in Israel eher an die ethnische und religiöse Identität gebunden, und sie neigen zur Ausgrenzung von Minderheiten. So antworteten beispielsweise auf die Frage, ob Juden eine Vorzugsbehandlung genießen sollten, 97 % der ultraorthodoxen (Charedim), 96 % der religiös-orthodoxen (Dati) und 85 der traditionellen (Masorti) Juden mit Ja, während es unter säkularen Juden nur 69 % waren; vgl. »Israel's religiously divided society«, Pew

Research Center (8. März 2016). Darüber hinaus sind säkulare Juden in Israel signifikant wohlhabender als ihre religiösen Mitbürger: 2018 verdienten säkulare Haushalte das 1,3-Fache von religiös-orthodoxen und Masorti-Haushalten sowie das 1,7-Fache von ultraorthodoxen Haushalten; vgl. »Familientag – Familien und Haushalte in Israel«, Central Bureau of Statistics, 100. Februar 2021), online verfügbar unter: {https://www.cbs.gov.il/he/mediarelease/DocLib/2021/047/11_21_047b.pdf} (auf Hebräisch).

43 Sorgfältig dokumentiert ist dieser Prozess bei Joseph Zeira, *The Israeli Economy. A Story of Success and Costs*, Princeton 2021.

44 Uri Ram, »Why secularism fails? Secular nationalism and religious revivalism in Israel«, in: *International Journal of Politics, Culture, and Society* 21/1 (2008), S. 57-73.

45 Coenders/Scheepers, »The effect of education on nationalism«; Hjerm, »Education, xenophobia and nationalism«.

46 Coenders/Scheepers, »The effect of education on nationalism«.

47 Swirski/Bernstein, »Wer hatte welchen Beruf?«. Hinzu kommt, dass viele misrachische Juden, die in den fünfziger Jahren nach Israel einwanderten, sich nicht unbedingt als Zionisten verstanden, sondern einfach eine der wenigen realistischen Optionen nutzten, die ihnen offenstanden; vgl. Swirski, »›Alija‹ in Massen«.

48 Moses Shayo, »A model of social identity with an application to political economy. Nation, class, and redistribution«, in: *American Political Science Review* 103/2 (2009), S. 147-174.
Man beachte jedoch, dass Shayos Untersuchung Israel ausspart und dass eine Israel-basierte Studie zu gegensätzlichen Ergebnissen gekommen ist; vgl. Gilad Be'ery, »Die Beziehung zwischen Religiosität und dem bevorzugten Wirtschaftssystem in Israel«, Israeli Democracy Institute, 4/2014, online verfügbar unter: {https://www.idi.org.il/media/4648/religiosit_and_preferred_economic_regime.pdf} (auf Hebräisch). Diese Diskrepanz lässt sich jedoch auch durch die unterschiedliche Formulierung der Fragen in beiden Erhebungen erklären: Shayos Daten beruhen auf Fragen, die die Zustimmung zu Umverteilungsmaßnahmen in indirekter Weise messen (etwa ob »wir größere Einkommensunterschiede als Ansporn zu individueller Anstrengung brauchen«). Die israelische Untersuchung fragte die Interviewten dagegen direkt danach, ob sie ein sozialistisches oder ein kapitalistisches Wirtschaftssystem bevorzugen. Das Wahlverhalten in Israel deckt sich eher mit Shayos Studie, insofern besser verdienende Individuen eher für die Linke stimmen, während die untere Mittelschicht mit größerer Wahrscheinlichkeit rechts

wählt; vgl. Yaron Hoffman-Dishon, »Die Wahlen zur 21. Knesset«, Adva Center (,4. April 2019), online verfügbar unter: {https://adva.org/wp-content/uploads/2019/04/bchirot2019-socioeconomic-1.pdf} (auf Hebräisch).

49 Liah Greenfeld, »Transcending the nation's worth«, in: *Daedalus* 122/3 (1993), S. 47-62, S. 49.

50 Anthony D. Smith, *National Identity*, Reno 1991, S. 75.

51 Graham Vyse, »Steve Bannon is absolutely culpable for Breitbart's racism, sexism, and anti-semitism«, in: *The New Republic* (14. November 2016).

52 Melissa Chan, »Donald Trump refuses to condemn KKK, disavow David Duke endorsement«, in: *Time* (28. Februar 2016).

53 Dan Merica, »Trump says both sides to blame amid Charlottesville backlash«, CNN (16. August 2017).

54 N.N., »Anger over Netanyahu silence on Trump and Charlottesville«, BBC (17. August 2017).

55 Katharina Buchholz, »Where U.S. military aid is going«, Statista (20. Januar 2022).

56 William Echikson, »Viktor Orbán's anti-semitism problem«, *Politico* (13. Mai 2019).

57 N.N., »Stop Bálint Homan statue, Ronald Lauder urges Hungarian PM Orbán«, World Jewish Congress (3. Dezember 2015).

58 N.N., »Statue to anti-semitic Hungarian wartime politician to be unveiled near Holocaust Memorial Center«, in: *The Budapest Beacon* (23. Februar 2016).

59 Shaun Walker, »George Soros: Orbán turns to familiar scapegoat as Hungary rows with EU«, in: *The Guardian* (5. Dezember 2020).

60 Marton Dunai, »Orban admits Hungary wartime ›crimes‹ against Jews in meeting with Netanyahu«, in: *The Forward* (18. Juli 2017).

61 Andrew Byrne/Naomi Zeveloff, »Netanyahu hails Orban's Hungary as an ally of Israel«, in: *Financial Times* (18. Juli 2017); TOI Staff, »Netanyahu congratulates Orban on reelection, invites him to Israel«, in: *The Times of Israel* (9. April 2018).

62 Raphael Ahren, »With Netanyahu in town, Hungary's Jews lament Israel ›deserting‹ them«, in: *The Times of Israel* (17. Juli 2017).

63 TOI Staff, »Netanyahu congratulates Orban on reelection«.

64 Andrew Arato, »Populism, constitutional courts and civil society«, in: Christine Landfried (Hg.), *Judicial Power. How Constitutional Courts Affect Political Transformations*, Cambridge 2019, S. 318-341.

65 Zoya Sheftalovich, »Poland's PiS abolishes anti-racism body«, in: *Politico* (5. Mai 2016).

66 Tomasz Tadeusz Koncewicz, »From captured state to captive mind«, in: *Verfassungsblog* (3. April 2021).

67 Raoul Wootlif, »Amid criticism of Poland Holocaust deal, PM says he'll ›listen to historians‹«, in: *The Times of Israel* (8. Juli 2018); Noa Landau/Ofer Aderet, »Netanyahu on softening of Polish Holocaust law: We fulfilled our duty to safeguard historical truth«, in: *Haaretz* (27. Juli 2018).

68 Zeev Sternhell, »Why Benjamin Netanyahu loves the European far-right«, in: *Foreign Policy* (24. Februar 2019); Raphael Ahren, »Yad Vashem slams ›highly problematic‹ Israeli-Polish Holocaust statement«, in: *The Times of Israel* (5. Juli 2018).

69 Sławomir Sierakowski, »Poland's dictatorship of myth«, Project Syndicate (13. August 2018).

70 Nachdem Netanjahu im August 2021 vorübergehend als Ministerpräsident abgelöst worden war, änderte die neue Regierung ihre Position gegenüber Polen. Israelische Politiker kritisierten öffentlich ein neues polnisches Gesetz, das Holocaust-Überlebenden und ihren Nachkommen effektiv das Recht auf Eigentum nahm, das ihnen gestohlen worden war. Darüber hinaus kündigte Außenminister Lapid eine Überprüfung der gemeinsamen polnisch-israelischen Erklärung an, die Netanjahu 2018 unterzeichnet hatte; vgl. TOI Staff, »Israeli leaders pan ›disgrace‹ as Poland passes law curbing WWII property claims«, in: *The Times of Israel* (11. August 2021).

71 Chemi Shalev, »Netanyahu to American jews: Drop dead«, in: *Haaretz* (26. Juli 2017).

72 Reuf Bajrovic/Tanya Domi, »Israel just dropped a diplomatic bomb into Bosnia's politics«, in: *Haaretz* (21. August 2022).

73 Sam Sokol, »Head of Bosnian Jewish community ›astonished‹ by Israeli memo on election reform«, in: *Haaretz* (11. August 2022).

74 Vgl. zu dem Tweet und zum Kontext Natasha Roth-Rowland, »How the antisemitic far right fell for Israel«, in: *+972 Magazine* (7. September 2022).

75 Inglehart/Norris, »Trump, Brexit, and the rise of populism«.

76 Naomi Dann, »Richard Spencer might be the worst person in America. But he might also be right about Israel«, in: *Forward* (17. August 2017); Peter Beinart, »The real reason so many Republicans love Israel? Their own white supremacy«, in: *Forward* (29. Juli 2019).

77 Mark S. Weiner, »Trumpism and the philosophy of world order«, Project Syndicate (23. Juli 2018).

78 Johann Pautz, »Death panels on the prison planet. The new world order conspiracy and the radicalization of American politics«, in:

Hisham Ramadan/Jeff Shantz (Hg.), *Manufacturing Phobias. The Political Production of Fear in Theory and Practice*, Toronto 2016, S. 209-241, S. 214, mit einem Zitat aus Arjun Appadurai, *Die Geographie des Zorns*, aus dem Englischen von Bettina Engels, Frankfurt am Main 2009, S. 68.

79 Eyal Lewin, *Patriotism. Insights from Israel*, Amherst, NY, 2010, S. 21.

80 Ebd., S. 22.

Epilog: Die Gefühle einer anständigen Gesellschaft

1 Jonathan Haidt, »The moral emotions«, in: Richard J. Davidson/Klaus R. Scherer/H. Hill Goldsmith (Hg.), *Handbook of Affective Sciences*, New York 2003, S. 852-870.

2 Nussbaum, *Politische Emotionen*.

3 Hannah Arendt, *Vita activa oder Vom tätigen Leben*, München 1981 [1958], S. 309.

4 Jürgen Habermas, »Öffentlichkeit (ein Lexikonartikel)« (1964), in: ders., *Kultur und Kritik. Verstreute Aufsätze*, Frankfurt am Main 1973, S. 61-69.

5 Ulrich K. Preuß, »Nationale, supranationale und internationale Solidarität«, in: Kurt Bayertz (Hg.), *Solidarität. Begriff und Problem*, Frankfurt am Main 1998, S. 399-410, S. 401.

6 Kurt Bayertz, »Begriff und Problem der Solidarität«, in: ders. (Hg.), *Solidarität*, S. 23.

7 Ebd., S. 29.

8 Preuß, »Nationale, supranationale und internationale Solidarität«, S. 402.

9 Beide Begriffe im Original deutsch.

10 Paul Spicker, *Liberty, Equality, Fraternity*, Bristol 2006, S. 130.

11 »Solidarity«, in: *Cambridge Dictionary*.

12 H. Tristram Engelhardt, Jr., »Solidarität. Postmoderne Perspektiven«, in: Bayertz (Hg.), *Solidarität*, S. 430-452, S. 435.

13 John Rawls, *Eine Theorie der Gerechtigkeit*, aus dem Englischen von Hermann Vetter, Frankfurt am Main 1991 [1971]; Véronique Munoz-Dardé, »Brüderlichkeit und Gerechtigkeit«, in: Bayertz (Hg.), *Solidarität*, S. 146-171.

14 Danny Kaplan, »Commemorating a suspended death. Missing soldiers and national solidarity in Israel«, in: *American Ethnologist* 35/3 (2008), S. 413-427.

15 Tamar Hermann et al., »The Israeli democracy index – 2021«, Israeli Democracy Institute (2021).
16 Zit. n. Munoz-Dardé, »Brüderlichkeit und Gerechtigkeit«, S. 146.
17 Wolfgang Palaver, »Fraternity versus parochialism«, S. 319.
18 Ebd.
19 Ebd.
20 Ebd., S. 326.
21 Ebd.
22 »Dokument über die Brüderlichkeit aller Menschen für ein friedliches Zusammenleben in der Welt«, unterzeichnet von Papst Franziskus und dem Kairoer Großimam Ahmad Mohammad Al-Tayyeb (Abu Dhabi, 4. Februar 2019).
23 Jane Kramer, »The Carpentras Affair«, in: *The New Yorker* (29. Oktober 2000).
24 Edward Cody, »Jews' graves desecrated in France«, in: *Washington Post* (11. Mai 1990).
25 Patrick McDowell, »200,000 march in anti-semitism demonstration in Paris«, AP News (15. Mai 1990).
26 Munoz-Dardé, »Brüderlichkeit und Gerechtigkeit«, S. 147.
27 Zit. n. ebd., S. 153.
28 Zit. n. ebd., S. 156.
29 Vgl. Spicker, *Liberty, Equality, Fraternity.*
30 Giovanni de Lorenzo, »Was bedeutet Glaube? Ein ZEIT-Gespräch mit Papst Franziskus«, in: *Die Zeit* (9. März 2017).
31 Zit. n. Munoz-Dardé, »Brüderlichkeit und Gerechtigkeit«, S. 163.
32 James D. Ingram, *Radical Cosmopolitics. The Ethics and Politics of Democratic Universalism*, New York 2013, S. 15.
33 Ebd.
34 Ebd., S. 8.
35 Henry Felix Srebrnik, »Introduction. American Jews, Communism, the ICOR and Birobidzhan«, in: ders., *Dreams of Nationhood. American Jewish Communists and the Soviet Birobidzhan Project, 1924-1951*, Boston 2010, S. 1-28.
36 Mark Weitzmann, »The vanishing«, in: *Tablet* (6. Januar 2021).
37 Um dies ins rechte Licht zu rücken: Insgesamt kam Zemmour nur auf 7,07 % aller gültigen Stimmen; vgl. David Sadler, »Presidential election 2022. The French in Israel voted more than 50 % for Eric Zemmour«, in: *Globe Echo* (12. April 2022).
38 Mitchell Plitnick, »How Donald Trump exposed AIPAC«, in: *The New Republic* (24. März 2016).
39 »U.S. Jews' political views«, Pew Research Center (11. Mai 2021).

edition suhrkamp
Eine Auswahl

Bini Adamczak. Beziehungsweise Revolution. 1917, 1968 und kommende. es 2721. 313 Seiten

Bruno Amable / Stefano Palombarini. Von Mitterrand zu Macron. Über den Kollaps des französischen Parteiensystems. es 2727. 255 Seiten

Perry Anderson. Hegemonie. Konjunkturen eines Begriffs. es 2724. 249 Seiten

Scott Anderson. Zerbrochene Länder. Wie die arabische Welt aus den Fugen geriet. es-Sonderdruck. 263 Seiten

Wolfgang Bauer
- Bruchzone. Krisenreportagen. es-Sonderdruck. 349 Seiten
- Über das Meer. Mit Syrern auf der Flucht nach Europa. es-Sonderdruck. 133 Seiten

Zygmunt Bauman
- Die Angst vor den anderen. Ein Essay über Migration und Panikmache. es-Sonderdruck. 124 Seiten
- Retrotopia. es-Sonderdruck. 220 Seiten

Michael Butter. »Nichts ist, wie es scheint«. Über Verschwörungstheorien. es-Sonderdruck. 270 Seiten

Ann Cotten
- Die Anleitungen der Vorfahren. es-Sonderdruck. 157 Seiten
- Verbannt! Versepos. es-Sonderdruck. 168 Seiten

NF 383/1/03.23

Colin Crouch
- Postdemokratie revisited. es 2761. 278 Seiten
- Gig Economy. Prekäre Arbeit im Zeitalter von Uber, Minijobs & Co. es 2742. 135 Seiten
- Postdemokratie. es 2540. 159 Seiten

Adrian Daub
- Cancel Culture Transfer. Wie eine moralische Panik die Welt erfasst. es 2794. 371 Seiten
- Was das Valley denken nennt. Über die Ideologie der Techbranche. es 2750. 158 Seiten

Didier Eribon
- Gesellschaft als Urteil. Klassen, Identitäten, Wege. es-Sonderdruck. 264 Seiten
- Rückkehr nach Reims. es-Sonderdruck. 237 Seiten

Nancy Fraser. Der Allesfresser. Wie der Kapitalismus seine eigenen Grundlagen verschlingt. es-Sonderdruck. 282 Seiten

Heinrich Geiselberger (Hg.). Die große Regression. Eine internationale Debatte über die geistige Situation der Zeit. es-Sonderdruck. 318 Seiten

Masha Gessen. Leben mit Exil. Über Migration sprechen. 98 Seiten

Kristen R. Ghodsee. Warum Frauen im Sozialismus besseren Sex haben. Und andere Argumente für ökonomische Unabhängigkeit. es-Sonderdruck. 275 Seiten

Marius Goldhorn. Park. Roman. es 2764. 179 Seiten

Mark Greif. Bluescreen. Essays. es 2629. 231 Seiten

NF 383/2/03.23

Jürgen Habermas. Im Sog der Technokratie. Kleine politische Schriften XII. es 2671. 193 Seiten

Lea Haller. Transithandel. Geld- und Warenströme im globalen Kapitalismus. es 2731. 512 Seiten

Sabine Hark. Gemeinschaft der Ungewählten. Umrisse eines politischen Ethos der Kohabitation. es 2774. 271 Seiten

David Harvey. Rebellische Städte. es 2657. 283 Seiten

Wilhelm Heitmeyer. Autoritäre Versuchungen. Signaturen der Bedrohung 1. es 2717. 394 Seiten

Axel Honneth. Vivisektionen eines Zeitalters. Porträts zur Ideengeschichte des 20. Jahrhunderts. es 2678. 307 Seiten

Eva Illouz. Israel. Soziologische Essays. es 2683. 228 Seiten

Dirk Jörke. Die Größe der Demokratie. Über die räumliche Dimension von Herrschaft und Partizipation. es 2739. 280 Seiten

François Jullien. Es gibt keine kulturelle Identität. es 2718. 95 Seiten

Susanne Kaiser. Politische Männlichkeit. Wie Incels, Fundamentalisten und Autoritäre für das Patriarchat mobilmachen. es 2765. 268 Seiten

Ariane Koch. Die Aufdrängung. Roman. es 2784. 179 Seiten

Ivan Krastev. Europadämmerung. Ein Essay. es 2712. 143 Seiten

NF 383/3/03.23

Nils C. Kumkar. Alternative Fakten. Zur Praxis der kommunikativen Erkenntnisverweigerung. 336 Seiten

Benjamin Kunkel. Utopie oder Untergang. Ein Wegweiser für die gegenwärtige Krise. es 2687. 245 Seiten

Bruno Latour
- Das terrestrische Manifest. es-Sonderdruck. 136 Seiten
- Wo bin ich? Lektionen aus dem Lockdown. es 2771. 199 Seiten

Bruno Latour / Nikolaj Schultz. Zur Entstehung einer ökologischen Klasse. Ein Memorandum. es-Sonderdruck. 93 Seiten

Philipp Lepenies. Die Macht der einen Zahl. Eine politische Geschichte des Bruttoinlandsprodukts. es 2673. 186 Seiten

Enis Maci. Eiscafé Europa. Essays. es 2726. 240 Seiten

Philip Manow
- (Ent-)Demokratisierung der Demokratie. es 2753. 160 Seiten
- Die Politische Ökonomie des Populismus. es 2728. 160 Seiten

Lorenzo Marsili/Niccolò Milanese. Wir heimatlosen Weltbürger. es 2736. 280 Seiten

Steffen Mau. Das metrische Wir. Über die Quantifizierung des Sozialen. es-Sonderdruck. 307 Seiten

Robert Misik
- Das große Beginnergefühl. Moderne, Zeitgeist, Revolution. es 2788. 284 Seiten
- Die falschen Freunde der einfachen Leute. es 2741. 138 Seiten

NF 383/4/03.23

Chantal Mouffe. Für einen linken Populismus. es 2729. 111 Seiten

Jan-Werner Müller
- Furcht und Freiheit. Für einen anderen Liberalismus. es-Sonderdruck. 170 Seiten
- Was ist Populismus? Ein Essay. es-Sonderdruck. 159 Seiten

Oliver Nachtwey. Die Abstiegsgesellschaft. Über das Aufbegehren in der regressiven Moderne. es 2682. 263 Seiten

Ole Nymoen/Wolfgang M. Schmitt. Influencer. Die Ideologie der Werbekörper. es-Sonderdruck. 191 Seiten

Volker Perthes. Das Ende des Nahen Ostens, wie wir ihn kennen. es-Sonderdruck. 143 Seiten

Paul B. Preciado. Ein Apartment auf dem Uranus. Chroniken eines Übergangs. es-Sonderdruck. 368 Seiten

Adam Przeworski. Krisen der Demokratie. es 2751. 256 Seiten

Jedediah Purdy. Die Welt und wir. Politik im Anthropozän. es-Sonderdruck. 186 Seiten

Katharina Raabe / Kateryna Mishchenko (Hg.). Aus dem Nebel des Krieges. Die Gegenwart der Ukraine. es-Sonderdruck. 288 Seiten

Hanno Rauterberg
- Die Kunst der Zukunft. Über den Traum von der kreativen Maschine. es 2775. 195 Seiten
- Wie frei ist die Kunst? Der neue Kulturkampf und die Krise des Liberalismus. es 2725. 141 Seiten

NF 383/5/03.23

Andreas Reckwitz. Das Ende der Illusionen. Politik, Ökonomie und Kultur in der Spätmoderne. es 2735. 305 Seiten

César Rendueles
- Gegen Chancengleichheit. Ein egalitaristisches Pamphlet. es-Sonderdruck. 329 Seiten
- Kanaillen-Kapitalismus. Eine literarische Reise durch die Geschichte der freien Marktwirtschaft. es 2737. 300 Seiten
- Soziophobie. Politischer Wandel im Zeitalter der Utopie. es 2690. 262 Seiten

Rachel Salamander. Heine und der deutsche Donner. Heine-Preis 2020. Laudatio: Frank-Walter Steinmeier. es-Sonderdruck. 48 Seiten

Grégory Salle. Superyachten. Luxus und Stille im Kapitalozän. 170 Seiten

Michel Serres. Was genau war früher besser? Ein optimistischer Wutanfall. es-Sonderdruck. 80 Seiten

Olga Shparaga. Die Revolution hat ein weibliches Gesicht. Der Fall Belarus. es 2769. 231 Seiten

Peter Sloterdijk. Die Reue des Prometheus. Von der Gabe des Feuers zur globalen Brandstiftung. es-Sonderdruck. 80 Seiten

Philipp Staab
- Anpassung. Leitmotiv der nächsten Gesellschaft. es 2779. 240 Seiten
- Digitaler Kapitalismus. Markt und Herrschaft in der Ökonomie der Unknappheit. es-Sonderdruck. 345 Seiten

NF 383/6/03.23

Carlo Strenger
- Abenteuer Freiheit. Ein Wegweiser für unsichere Zeiten. es-Sonderdruck. 122 Seiten
- Diese verdammten liberalen Eliten. Wer sie sind und warum wir sie brauchen. es-Sonderdruck. 172 Seiten

Natascha Strobl. Radikalisierter Konservatismus. Eine Analyse. 192 Seiten

Kate Tempest
- Brand New Ancients/Brandneue Klassiker. Lyrik. es 2733. 103 Seiten
- Let Them Eat Chaos. Sollen sie doch Chaos fressen. es 2754. 154 Seiten

Philipp Ther. Das andere Ende der Geschichte. Über die Große Transformation. es 2744. 199 Seiten

David Van Reybrouck. Zink. es-Sonderdruck. 86 Seiten

Raul Zelik. Wir Untoten des Kapitals. Über politische Monster und einen grünen Sozialismus. es 2746. 328 Seiten

Slavoj Žižek. Auf verlorenem Posten. es 2562. 319 Seiten

Gabriel Zucman. Steueroasen. Wo der Wohlstand der Nationen versteckt wird. es-Sonderdruck. 118 Seiten

NF 383/7/03.23

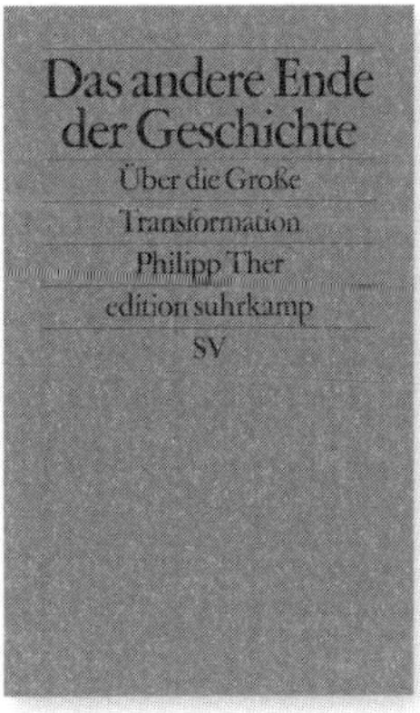

Philipp Ther
Das andere Ende der Geschichte
Über die Große Transformation
200 Seiten
€ 16,00 [D], € 16,50 [A], Fr. 23,50 [CH]
ISBN 978-3-518-12744-5
Auch als eBook erhältlich

1989 erschien der Westen als der alleinige Sieger der Geschichte. Heute klingt der damalige Triumphalismus mehr als schal. Was ist schiefgelaufen? In einer Reihe thematisch verflochtener Essays sucht der vielfach ausgezeichnete Historiker Philipp Ther nach einer Antwort. Er befasst sich u. a. mit wirtschaftspolitischen Irrwegen seit der Wiedervereinigung (von der Treuhand bis zu Hartz IV), analysiert die Entwicklung der USA ab den Clinton-Jahren und fragt, warum Russland und die Türkei sich vom Westen abgewandt haben. Anknüpfend an Karl Polanyis bahnbrechendes Buch *The Great Transformation*, rekapituliert Ther die rasanten Veränderungen der letzten drei Jahrzehnte, die westlich des ehemaligen Eisernen Vorhangs nicht minder dramatische Folgen hatten als östlich davon.

»Die Gegenwart sieht anders aus, als es die triumphalistisch Verblendeten, aber auch die intelligenten Reformer nach dem Ende des Kalten Krieges erwartet hatten. Der Frage, was da schiefgelaufen sei, spürt Philipp Ther in sechs Essays nach. Sie gehören zu den interessantesten unter den vielen neuen Zeitdiagnosen.«

Jens Bisky, Süddeutsche Zeitung

Michael Butter
»Nichts ist, wie es scheint«
Über Verschwörungstheorien
271 Seiten
€ 18,00 [D] / € 18,50 [A]
Fr. 25.90 [CH]
ISBN 978-3-518-07360-5
Auch als eBook erhältlich

Neben mangelndem Vertrauen in die Politik ist der Glaube an Verschwörungstheorien ein Merkmal des populistischen Brodelns. Doch was macht eine Erklärung zu einer Verschwörungstheorie? Warum sind sie für viele so attraktiv? Und was kann man dagegen unternehmen?
Antworten auf solche Fragen findet man seltener als Verschwörungstheorien selbst. Michael Butter erläutert, wie solche Erzählungen funktionieren, wo sie herkommen und welche Auswirkungen sie haben können. Da sie die Eigenlogik sozialer Systeme unterschätzten, seien solche Theorien zwar immer falsch; als Symptom müsse man sie dennoch ernst nehmen. Gegenwärtig seien sie ein Indikator für die demokratiegefährdende Fragmentierung der Öffentlichkeit.

»Michael Butter hat das erste gute Buch über Verschwörungstheorien geschrieben.« *DIE ZEIT*